KB111222

현장에서 만난 20세기

CES IMAGES
QUI NOUS RACONTENT
LE MONDE

현장에서 만난 20세기

마티

글 에릭 고두 · 사진 매그넘

들어가기 전에

우리가 사는 지금 이 세상은 제2차 세계대전의 폐허 위에 세워졌다. 50년이라는 시간 동안 우리는 베를린 장벽이 세워졌다가 허물어지는 것을 보았으며, 뉴욕의 세계무역센터가 무너지는 모습도 지켜보았다. 우리는 지구상 오대륙에서 대규모 인명 살생을 초래하는 분쟁과 평화의 희망이 엎치락 뒤치락 뒤섞이는 과정을 바라보았다. 또한 세기의 뛰어난 인물들에게 아낌없는 박수를 보냈다. 의학은 괄목할 만한 발전을 이루었지만, 우리는 여전히 에이즈의 공포와 더불어 살아야 한다. 도처에서 인간들은 스스로의 손으로 역사를 만들어가기 위해 바리케이드를 뛰어넘거나 탱크에 맞서야 했다.

이 책은 지난 50년이라는 시간을 빠짐없이 낱낱이 보여주겠다는 허황된 야심이 낳은 산물은 아니다. 이 책은 다만 가슴 벅찬 순간들을 재현하며, 한 시대의 분위기를 상기시켜주며, 결정적인 사건과 상황을 그대로 전달하는 것으로 만족할 뿐이다. 각각의 사진은 교류의 장이며 좀더 깊은 사색으로의 초대이며, 세 세대가 교차하는 세계를 정리해주는 계기가 될 것이다.

이와 같은 의도를 만족시키기 위해서는 다양하고 풍부한 의미를 담은 사진들을 선별해야 할 필요가 있었다. 당연히 매그넘 에이전시 이상의 보고(寶庫)는 그 어디에서도 찾을 수 없었다. 1947년 로버트 카파, 앙리 카르티에-브레송, 데이비드 세이무어, 조지 로저가 주축이 되어 설립한 매그넘 에이전시는 현재 60여 명의 기라성 같은 사진작가들이 활동하고 있다. 이곳 문서보관소에 보관되어 있는 수많은 값진 사진들 중에서 오직 300장을 선택하는 일은 모진 결단을 요구하는 일이었다. 선택된 사진들은 남다른 예리함으로 번득이는 시선들을 한자리에서 만나게 해줄 것이며, 그로써 이 책의 존재는 정당화될 것이다.

독자들이 사건을 역사적인 맥락 속에 위치시킬 수 있도록 사진마다 서술적인 설명을 곁들였으며, 당시의 구호, 중요 인물의 어록 혹은 사진작가의 부연 설명도 달았다. 매 쪽마다 상세한 연표를 삽입해서 독자들이 힘들이지 않고 중요한 연도나 날짜를 살펴볼 수 있도록 배려했다.

우리는 『현장에서 만난 20세기』가 지식을 습득하는 도구, 기억을 담아놓은 저장고 그리고 무엇보다도 좋은 사진책이 되기를 소망한다.

편집자

차례

KILL
TRAITORS

PHIL
MOR
RETTES
R & KING-SIZE
Mild
Good
RETTES
HERE
ROYAL CROWN
ROYAL CROWN
COLA
Buy REGULAR OR KING-SIZE
CHESTERFIELD
Chesterfield
Chesterfield
KING-SIZE
CIGARETTES
CIGARETTES
MUCH MILDER

1950년대

전쟁이 끝나고 새로운 시대가 시작되었다

또 다시 전쟁이 터지는 것을 방지하고 민주주의의 승리를 공고히 하며, 번영을 약속하고, 보다 확실한 사회 정의를 보장하기…. 이런 일들이야말로 전쟁으로 피폐해진 민중들의 한결 같은 소망이었다. 1945년 11월부터 1946년 10월까지 국제법정에서는 '반인류 범죄'라는 죄목으로 기소된 전범들의 재판이 진행되었다. 반인류 범죄라는 개념은 전쟁 동안 유대인을 학살한 자들의 책임을 묻기 위해 새로이 만들어진 개념이며, 이때 열린 국제재판이 바로 뉘른베르크 재판이다. 이 재판은 사회정의를 확립하면서 동시에 전쟁으로 극심한 고통을 겪은 민중들의 슬픔에 종지부를 찍으려는 의지의 표현이었다. 국제사회는 번영의 세계를 건설하는 데 필요한 경제 정책을 수립했으며, 새롭게 번성하는 세계 경제는 연대감을 강조했다. 국제통화기금(IMF), 세계은행 등이 이렇게 해서 탄생했으며 관세 장벽도 낮아졌다. 미국은 경제 재건을 필요로 하는 유럽에 기꺼이 대규모 재정 지원을 약속했다(마샬 플랜). 산업재해, 질병, 노화 등으로 대표되는 삶의 우여곡절로부터 시민들을 보호하기 위해 서구 각국은 사회복지 체계를 정비했다. 이것이 바로 복지국가의 탄생이다. 1945년에 창설된 국제연합(UN, 이하 유엔)은 세계의 평화와 안전을 수호한다는 야심찬 목표를 추구한다. 하지만 창설된 지 얼마 지나지 않아 미국과 소련이라는 두 강대국 간의 알력과 갈등이 점점 커지면서 유엔의 영향력은 축소되고 만다.

냉전 시대를 맞은 세계

1945년, 미국과 소련 두 강대국은 독일 문제를 놓고 격돌했다. 스탈린은 미국의 트루만 대통령, 영국의 처칠 수상, 프랑스의 드골 대통령 등 서방 세계가 주도하던 재건 정책에 불만을 제기했다. 뿐만 아니라 스탈린은 독일 전 영토와 수도를 네 개의 구역으로 분할한다는 방침을 수용하려 들지 않았다. 1948년 6월, 그는 급기야, 온통 동독으로 둘러싸여 마치 섬 같은 상황에 놓여 있던 서베를린을 병합하고자 서베를린과 서방 세계와의 통신을 완전히 두절시켜버린다. 이렇게 되자 인류 역사상 최대 규모의 공수 작전이 시작되었다. 무려 11개월 동안 미국은 비행기를 이용해 서베를린에 물자를 공급했다. 1949년 5월, 마침내 스탈린이 항복하고 베를린은 다시 독일의 휘하로 돌아갔다. 냉전 시대로 접어든 후 처음 맞은 이 위기는 결국 독일을 아주 다른 두 개의 나라, 즉 민주적이며 자유주의를 신봉하며 전적으로 서방 세계를 지향하는 독일연방공화국(서독), 공산주의 모델을 채택하여 소련의 영향력 아래에서 유지되는 독일민주공화국(동독)으로 분열시키는 결과를 초래했다. 바야흐로 '철의 장막'(1946년 처칠이 처음으로 이 표현을 사용했다)이 유럽 대륙에 드리워졌으며, 이 장막을 경계로 미국의 영향을 받는 서쪽 진영과 무력으로 공산주의를 정착시킨 인민민주주의 진영이 나뉘었다.

'냉전'이라는 용어는 미국과 소련이 1949년부터 1989년까지의 기간 동안 경제적 정치적, 이념적으로 맞대결을 펼쳤던 상태를 가리킨다. 두 나라 모두 핵무기를 보유했기 때문에, 두 강대국이 전 지구를 멸망으로 몰아넣을 각오를 하지 않는 한 무력을 동원해서 직접적으로 맞선 적은 없다. 이 두 나라는 항상 다른 나라를 사이에 두고 간접적으로 대결을 벌였다. 가령 1950년대의 가장 큰 위기 상황이라고 할 수 있는 한국전쟁의 경우, 제3차 세계대전으로 확대될지도 모른다는 우려를 낳았다. 중국 공산당의 도움을 받은 북한이 남한을 공격하자, 남한이 미국에 도움을 요청한 것이다. 이 동족상잔 전쟁은 3년 동안 계속되었으며, 이로 인해 100만 명 이상이 사망했다. 전쟁은 두 나라 간의 휴전협정으로 종결되었고, 그때 정해진 국경은 오늘날까지도 그대로 남아 있다.

쿠바의 해방을 안겨준 피델 카스트로

독립을 쟁취한 식민지들

세계는 두 초강대국이 절대적인 패권을 장악하고, 그때까지 세계를 지배했던 유럽의 세력이 현저하게 약화되는 새로운 질서에 의해 재편되었다. '노쇠한 유럽'이 쇠락의 길로 접어든 가장 큰 이유로는 식민지들로 이루어졌던 제국의 와해를 꼽을 수 있다. 식민지들 중에서는 아시아 국가들이 가장 먼저 독립을 쟁취했다. 1947년 인도, 1949년 인도네시아, 프랑스와의 긴 전쟁(1946~54년) 끝에 베트남이 각각 독립을 선언했다. 1954년부터는 아프리카 대륙에서 탈식민지화가 시작되었다. 사하라 사막 이남 지역에서는 평화롭게 독립 절차가 이루어진 반면, 사하라 사막 이북 지역에서는 팽팽한 긴장감이 지속되었다. 알제리 전쟁(1954~62년)이 당시 역사에서 가장 고통스럽고 인명 피해가 많았던 시기로 기록되었다. 이 전쟁으로 프랑스의 민주주의는 끝없는 갈등의 수렁 속으로 빠져들었고, 전쟁 기간 중 고문을 사용했다는 비난을 받던 제4공화국의 종말을 재촉했으며, 드골 장군에게 다시금 최고 권력을 부여하는 결과를 낳았다. 전쟁을 겪으면서 갈갈이 분열된 알제리 사회는 오랜 기간 후유증으로 괴로워했다. 새로이 독립을 쟁취하는 나라들은 국가의 결속력을 다지고 민주주의를 정착시키며, 경제 도약을 달성하고 인구 증가를 통제해야 하는 등의 엄청난 도전에 직면해야 했다. 하지만 이들 신생독립국가들이 저개발 상태를 벗어나기란 쉬운 일이 아니었으며, 따라서 급속도로 경제 성장을 이룩한 선진국가들(혹은 서방국가들)과의 격차는 점점 더 벌어져갔다.

!리자베스 여왕 자메이카를 방문하다.

현대적 안락함이여, 만세!

재건(1945~50년)이 마무리되자 미국, 유럽, 아시아 지역의 민주주의 국가들은 경제 급성장 단계에 들어갔다. 독일이나 일본의 획기적인 성장을 가리켜 '기적'이라는 표현이 쓰였으며, 프랑스에서는 '영광의 30년'이 시작되었다. 가난은 점차 자취를 감추고 실업자는 찾아볼 수 없었으며 각 가정은 부유해져, 사회 전반적으로 생활 수준이 향상되었다. 가정마다 가전 제품(냉장고, 전기 오븐, 전기 다리미, 전기 주전자, 토스터, 진공청소기, 믹서, 세탁기 등)을 구입했으며 자동차를 장만했다. 신용 대출이 보편화되었고 광고와 마케팅이 비약적으로 성장했으며, 최초의 셀프서비스 매장(할인매장의 원조)이 출현했다. 이른바 '소비사회'로의 첫발을 내딛은 것이다. 관광과 여가 활동이 사회 모든 계층으로 확산되어갔으며, 진정한 의미에서의 대중문화가 뿌리를 내리기 시작했다. 라디오, 생활 수준이 더 나은 가정에서는 텔레비전을 통해서 운동 경기(월드컵 축구)나 문화 행사(칸 영화제, 영국 엘리자베스 여왕의 즉위식) 같은 대중문화가 보급되었다. 이 밖에 1950년대는 미국 문화의 보급이라는 현상으로 특징지울 수 있다. 미국식 생활 방식은 특히 젊은이들에게 커다란 영향력을 행사했다. 젊은이들은 청바지를 입고 코카 콜라를 마셨으며, 록앤롤이나 비밥 음악을 듣고 영화관으로 달려가 「이유없는 반항」을 보면서 제임스 딘과 함께 호흡했으며, 알프레드 히치콕 감독의 스릴러 영화 「이창」(1954년) 「현기증」(1958)을 보면서 전율했다. 엘비스 프레슬리나 마릴린 먼로는 명실공히 1950년대의 아이콘이었다. 이들은 사망 후에도 오래도록 우리의 집단 상상력을 자극하는 스타로 남아 있다. '미국식 생활방식'은 사람들의 마음을 사로잡았으나, 동시에 비판의 대상이 되기도 했다. 특히 공산주의 사상에 동조하는 대중들이나 지식인들이 이를 비판했다. 공산주의자들의 공공연한 홍보에 따르면, 공산주의야말로 진정으로 민주적이며 공산주의만이 유일하게 개인의 자유를 보장해준다는 것이었다. 하지만 현실은 이와 완전히 달랐다. 유럽이나 아시아의 공산주의 국가에서는 민주주의와 기본적인 자유가 유린되었으며, 이들 국가들은 개인의 자유에 제동을 걸고 모든 불만을 잠재우기 위해 공포와 선전, 검열을 일삼았다.

마릴린 먼로

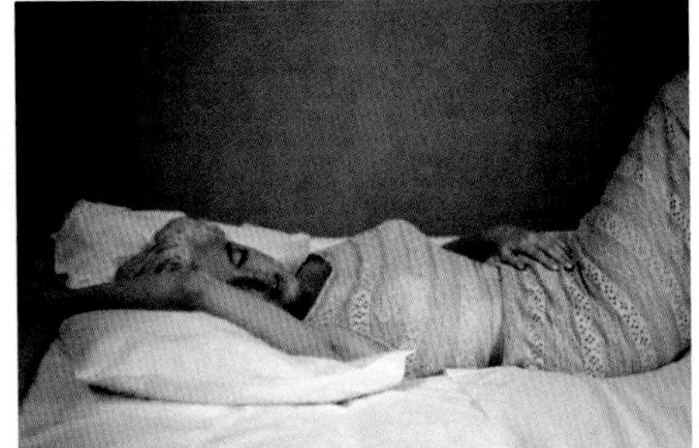

유럽의 재건

오른쪽: 서독, 1953년

제2차 세계대전으로 유럽은 무참하게 파괴되었다. 수백만 명에 이르는 사상자 외에 물질적인 손실 또한 어머어마했다. 집중 폭격을 당한 패전국 독일의 피해가 특히 커서, 독일 도시 대부분은 거의 완전히 폐허로 변해버렸다. 1953년, 요컨대 전쟁이 끝난 지 8년이 지나도록 독일의 도시 보름스는 여전히 전쟁 때 파괴된 상처를 그대로 간직하고 있었다.

(앙리 카르티에-브레송)

뉘른베르크 재판

뉘른베르크, 1945년

제2차 세계대전 후 미국, 영국, 소련, 프랑스는 19개국으로부터 임무를 부여받아 인류 역사상 최초로 전쟁 범죄자 재판을 시도했다. 국제 군사법정은 1945년 9월 20일부터 1946년 10월 1일까지 독일의 뉘른베르크에서 열렸다. 이 재판에서 책임이 위중하다고 판단되는 22명의 나치 전범들이 심판을 받았다. 유대인들을 대량으로 학살한 범죄 행위에 붙여진 '반인류 범죄'라는 죄목은 이렇게 해서 생겨났다.

(예브게니 칼데이)

"나는 전쟁을 피하기 위해서라면 모든 것을 다했다. 하지만 일단 전쟁이 시작되고 난 다음에는, 전쟁에서 이기는 것만이 나의 의무였다."

헤르만 괴링이 재판 과정에서 한 증언

국제평화회의

린, 1955년

제2차 세계대전은 인류가 이제까지 전혀 경험해보지 못했던 대단히 큰 상처였다. 새로운 전쟁이 터지는 것을 미연에 방지하고 국가 간의 평화를 보장하기 위해, 1945년 국제연합기구(UN, 이하 유엔)가 창설되었다. 전쟁 직후에는 세계 각국의 노동조합과 평화 단체들이 주동이 된 국제평화회의도 열렸다.

(에리히 레싱)

4월 9~10일 콜롬비아에서 자유주의 지도자 가이탄(일명 보고타조)이 암살됨에 따라 격렬한 폭동이 일어남. '폭력 시대'라고 불리는 갈등 시대가 시작.

4월 16일 마샬 플랜으로 지급되는 원조 배분을 위한 유럽경제협력기구(OEEC) 창설.

5월 남아프리카공화국에서 민족주의 정당이 정권을 잡으면서 인종차별 정책 실시.

5월 14일 이스라엘 정부 수립.

5월 15일 아랍 국가들의 이스라엘 침공. 이스라엘과 아랍 국가들 간에 벌어진 최초의 전쟁에서 이스라엘이 승리.

6월 24일 소련의 서베를린 봉쇄.

6월 28일 서방 세계의 서베를린 지역에 공중보급로 개설.

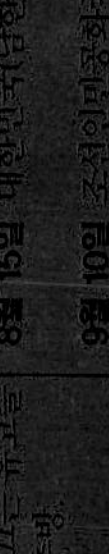

“나는 언제나 내가 할 줄 모르는 일을 해보려고 시도한다. 그렇게 하다보면 배울 수 있을 거라고 기대한다.”

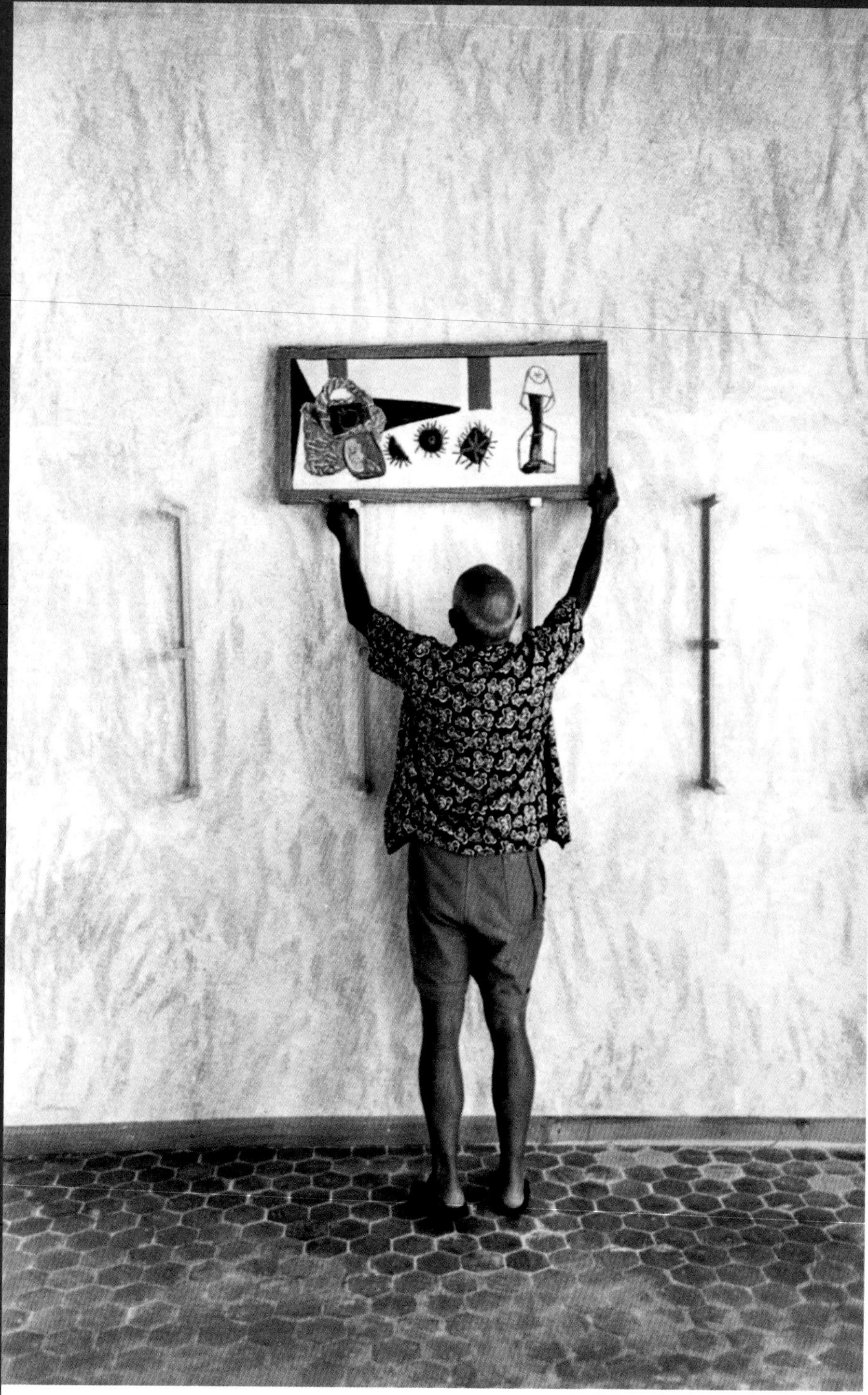

파블로 피카소

앙티브, 1951년

파블로 피카소는 20세기가 낳은 가장 위대한 화가 가운데 한 명이다. 독창적이며 엄청난 다작인데다가, 한동안 초현실주의자들과 가까이 지내기도 한 그는 입체파의 선구자로 기억된다. 대표작 중 하나로 1937년에 스페인 내전의 참혹함을 고발하기 위하여 제작한 「게르니카」를 통해 알 수 있듯, 그는 참여작가로서도 널리 알려져 있다.

(로버트 카파)

“나는 어린 아이처럼 그림 그리는 법을 배우기 위해 평생을 보냈다.”

파블로 피카소

6월 28일 스탈린이 티토가 이끄는 유고슬라비아를 소비에트연방에서 추방.

8월 15일 대한민국(남한) 정부수립.

9월 10일 조선인민공화국(북한) 정부수립 | 남한과 북한의 분단.

12월 10일 유엔 총회에서 인권선언문을 채택.

12월 16일 캄보디아 독립.

과학과 기술 최초의 33회전 레코드 발매 | 전자레인지와 트랜지스터 라디오 발명 | 소형 상자형 카메라 발명.

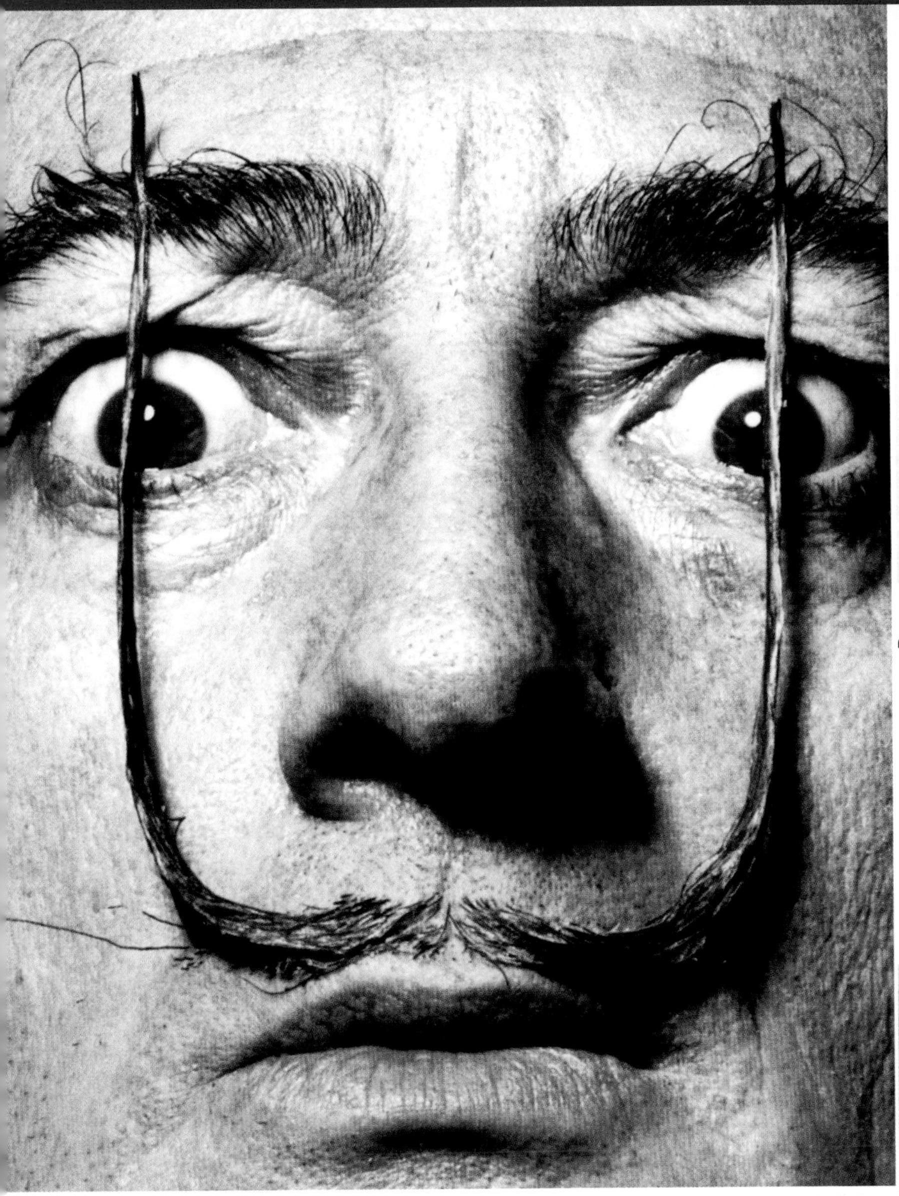

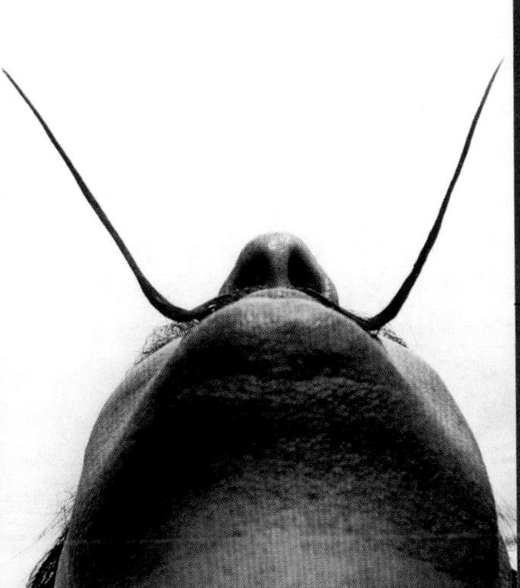

"사람들은 자신들이 살아가는 어느 순간엔가 반드시 자신들이 나를 흠모하고 있음을 알게 될 것이다." 살바도르 달리

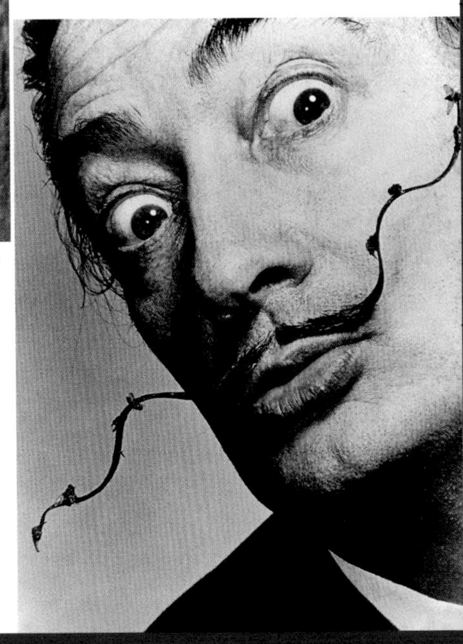

"미치광이와 나의 유일한 차이점은, 나는 미치광이가 아니라는 점이다."
살바도르 달리

살바도르 달리

1954년

필리프 할스만이 1954년에 찍은 사진으로, 이 사진 덕분에 살바도르 달리의 콧수염은 영원히 남게 되었다. 스페인의 카탈루냐 지방 출신 화가이자 드로잉 작가, 문필가였던 살바도르 달리(1904~89년)는 20세기 초현실주의의 중심적인 인물이다. 독특하며, 왕성한 작품 활동을 벌인 그는 상황에 따라 음침하기도 하고 도발적이기도 한 기인이었다. 달리는 스스로가 주인공이 되는 걸 주저하지 않았으며, 자신만의 고유한 신화를 창조했다.

(필리프 할스만)

1월 25일 공산권의 경제협력기구인 코메콘(COMECON, 경제상호원조회의) 창설.

4월 4일 서방 11개국의 군사동맹기구인 나토(NATO, 북대서양조약기구) 창설.

4월 14일 나치 전범들을 심판한 뉘른베르크 국제재판 종결.

4월 18일 아일랜드공화국 정부 수립.

5월 5일 유럽이사회 창설.

5월 12일 베를린 봉쇄 해제.

"세기의 목소리" 마리아 칼라스

필라델피아 오페라, 1959년

마리아 칼라스(1923~77년)는 아테네에서 데뷔한 이래 전 세계를 순회했다. 의심할 여지 없이 20세기가 낳은 가장 아름다운 소프라노 목소리를 지녔던 칼라스는 오페라에 혁명을 가져왔다.

(르네 뷔리)

"아름답게 마감하는 것만이 내가 원하는 일이에요."

마리아 칼라스

재즈의 황금 시대

1950년대는 재즈의 시대였다. 1959년에 사망한 가수 빌리 홀리데이가 아마도 이 시대를 대표하는 가장 감동적인 가수로 꼽힐 수 있을 것이다. 한편 루이 암스트롱은 현재까지도 세계에서 가장 유명한 가수이자 트럼펫 주자로 인정받고 있다.

아래: 빌리 홀리데이, 1958년 (데니스 스톡)
오른쪽: 루이 암스트롱, 1957년 (데니스 스톡)

"나를 부드럽게 사랑해주오, 나를 진정으로 사랑해주오, 절대로 날 떠나보내지 말아요…."

"Love me tender, Love me sweet, Never let me go…"

엘비스 프레슬리의 노래 가사

엘비스 프레슬리

957년

엘비스 프레슬리는 의심할 여지 없이 록앤롤계에서 가장 위대한 스타이다. 30편 가량의 영화에도 출연해 그의 명성은 배가되었다. 살아 있는 동안에나 사후에나 엘비스는 '더 킹'으로 불리면서 전 세계 팬들로부터 사랑을 받았다. 그는 미국의 진정한 아이콘이 되었다.

F. 드릭스 컬렉션)

"기타리스트치고는 나쁘지 않은 편이군."

마릴린 먼로가 엘비스에게 한 말

"엘비스가 건물을 벗어났다."

'엘비스가 건물을 벗어났다'는 표현은 콘서트가 끝나고 나면 늘 흥분의 도가니에서 깨어나지 못하는 청소년 팬들을 진정시키기 위해 사용되던 일종의 주문이었다.

5월 24일 독일연방공화국(RFA: 서독) 정부수립.

7월 19일 라오스 독립.

8월 8일 부탄 독립.

8월 20일 헝가리인민공화국 정부 수립.

8월 29일 소련의 첫 핵실험.

8월 30일 그리스 정부 소속 군대가 공산 게릴라를 진압함으로써 내전 종식(10월 16일).

10월 1일 마오쩌둥이 중국인민공화국 정부수립 선포.

10월 7일 독일민주공화국(RDA: 동독) 정부 수립.

11월 8일 캄보디아 독립.

12월 8일 장제스 총통이 이끄는 중국 정부는 타이완에 집결.

12월 27일 인도네시아 독립.

"나는 행복한 사람들 틈에서 마음을 졸였다. 나의 마음 속에는 아무런 기쁨도 없었다. 나는 오직 한 가지만 생각했다. 우리가 앞으로 치러야 할 전쟁만을."
데이비드 벤구리온의 일기 중에서

이스라엘 국가의 탄생

데이비드 벤구리온, 1948년 5월 14일

1948년 5월 14일, 데이비드 벤구리온(1886~1973년)은 텔아비브에서, 시오니즘의 창시자 테오도르 헤르츨의 초상화 아래에서 이스라엘 국가의 탄생을 선포했다. 1948년 유엔은 팔레스타인을 두 개의 나라, 즉 유대 국가와 아랍 국가로 분할하기로 결정했다. 유대인 측은 이 분할 계획을 받아들였으나, 이와는 대조적으로 아랍 국가들은 반대하며 이스라엘에 전쟁을 선포했다.

(로버트 카파)

"이것은 유대인들의 당연한 권리입니다. 유대인들도 다른 민족처럼 자신들의 고유한 영토 위에 자신들의 고유한 주권국가를 세워 그 국가의 운명을 책임지는 주인이 될 권리가 있습니다."

데이비드 벤구리온의 독립선언

앙리 카르티에-브레송

"나는 그 다음날 간디의 사진을 찍기로 되어 있었기 때문에, 내가 주로 어떤 작업을 하는 사람인지 보여주기 위하여 간디에게 내 사진첩을 한 권 보여주었다. 간디는 어떤 사진 앞에서 동작을 멈추더니 '죽음, 죽음, 죽음'이라고 외쳤다. 그게 전부였다. 그러고나서 우리는 헤어졌다. 우리의 만남이 15분 남짓 계속되었을까. 그리고는 몇 분 후에 헤어졌다. 내가 밖으로 나갔을 때, 간디는 죽었다."

간디 암살

1948년 1월 30일

인도 출신 철학자이면서 정치가인 마하트마 간디(1869~1949년)는 20세기를 대표하는 상징적 인물 가운데 하나다. 간디를 가리켜 흔히 '위대한 영혼'을 뜻하는 '마하트마'라고들 한다. 부유한 가정에서 태어나 런던에서 학업을 마친 간디는 남아프리카에서 변호사로 일한다. 그는 그곳에서 인도인들의 권리를 옹호하기 위해 정치가의 길로 접어든다. 1915년에 인도로 돌아온 간디는 영국의 식민 통치에 항거하는 움직임을 주도하며, 반식민주의의 지도자가 된다. 정치적 리더이며 정신적 지도자였던 간디는 영국 식민 지배자들에 대항하는 매우 독특한 방식, 즉 비폭력 저항운동을 구체화시킨다. 카르티에-브레송이 이 사진을 찍은 지 얼마 되지 않아 간디는 비폭력 저항에 적대적이던 힌두교 광신도에 의해 살해되었다.

(앙리 카르티에-브레송)

'내일이면 곧 죽을 사람처럼 살라. 영원히 살 수 있을 것처럼 사는 방법을 배워라." 마하트마 간디

1950

1월 26일 인도공화국 정부 수립.

2월 14일 중소동맹, 우호조약 체결.

3월 18일 세계평화지지자들의 주도로 어떠한 경우에도 핵무기 사용을 금지한다는 내용을 담은 '스톡홀름 선언' 발표.

6월 25일 북한이 38도선을 넘어 남한으로 침공함으로써 한국전쟁 발발(1953년 7월 휴전).

10월 21일 중국이 티베트를 병합하여 강제 점령.

11월 4일 유럽인권협약 체결.

“한 개인의 죽음은 비극이다. 하지만 수백만 명의 죽음은 한낱 통계에 불과할 뿐이다.”

요제프 스탈린

“스탈린은 신이었다. 그는 인간과 사물을 만들어낼 수도, 파괴해버릴 수도 있었다.”

니키타 흐루시초프

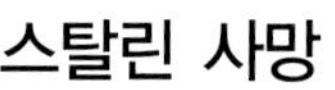

스탈린 사망

모스크바의 학교, 1954년

스탈린은 1922년 레닌으로부터 지도자의 자리를 물려받은 이후 강철같이 막강한 힘으로 소련을 지배했다. 그는 개인의 신격화와 대중을 공포로 몰아넣는 방식으로 전체주의 체제를 완성했다. 1953년 3월 5일 스탈린이 죽자, 소련과 경쟁 관계였던 미국의 관계는 해빙 무드로 돌아섰다. 스탈린의 후계자인 니키타 흐루시초프는 선임자의 지나침을 비난하기는 했지만, 그렇다고 해서 소련의 독재 체제를 종식시키지는 않았다.

(앙리 카르티에-브레송)

"그녀는 고통받는 인류가 세계적인 재앙을 맞이하느냐 황금 시기를 맞이하느냐의 갈림길에서, 아슬아슬한 균형의 순간에 즉위했다."

윈스턴 처칠, 1952년 2월 11일

여왕 엘리자베스 2세 즉위

자메이카 방문, 1953년

1953년 6월 2일, 전 세계 카메라가 지켜보는 가운데 즉위한 여왕 엘리자베스 2세는 대대적인 영연방 순방길에 올랐다. 영연방은 과거 영국의 식민지였다가 이제는 자유 주권국가가 된 나라들의 연합으로, 50여 개국으로 이루어져 있다. 이 순방 여행의 일환으로 여왕은 자메이카를 방문했으며 군중들의 열광적인 환호를 받았다.

(이브 아놀드)

"마릴린 곁에서는 태양조차 빛을 잃고 희미해진다."

아서 밀러

마릴린 먼로

『라이프』 잡지 표지, 1952년

죽은 지 50년이 지난 지금까지 마릴린 먼로는 매력과 관능미의 화신으로 군림하며 섹스 심벌로 기억된다. 불행한 어린 시절을 보내고 스타가 된 마릴린 먼로의 일대기, 다시 말해서 배우로서의 놀라운 경력, 여러 번의 결혼, 염문(가령 극작가 아서 밀러나 케네디 대통령과의 연애담), 약물 중독으로 1962년 겨우 서른 여섯살의 나이로 세상을 하직한 모든 일화들은 마릴린이 진정한 20세기 아이콘이 되기에 충분하다.

(필리프 할스만)

"난 돈에는 관심없어요. 나는 그저 놀라운 사람이 되고 싶을 뿐이예요."

마릴린 먼로

"서둘러서 살고 젊을 때 죽어야 해. 그래야 시체라도 보기 좋을 테지."

「이유 없는 반항」에 나오는 제임스 딘의 대사

"나는 엄청 진지하고 끔찍하게 서투르며 다른 사람들이 어떻게 나와 한 방에 있을 수 있는지조차 이해하지 못할 정도로 굉장한 불안감에 시달리는 악동이다. 나는 나 스스로를 내 자신조차 견딜 수 없으리라는 사실을 잘 알고 있다." 제임스 딘

제임스 딘

「이유없는 반항」 촬영, 1955년

1955년 니콜라스 레이 감독의 「이유없는 반항」을 촬영할 무렵의 제임스 딘을 찍은 사진이다. 이 작품에서 제임스 딘은 한창 반항기에 접어들어 심사가 뒤틀린 나머지, 삶의 권태를 몰아내기 위해 위험한 모험에 몰입하는 청년 역을 맡았다. 제임스 딘이 약관 스물네 살의 나이에 스포츠카를 몰다가 불의의 사고로 죽자, 그는 명실공히 1950년대의 젊은 세대를 상징하는 전설적인 인물로 승화되었다.

데니스 스톡

"딘은 혼자만의 감성으로 청소년기의 불안감을 연기했다. 그가 세 개의 작품을 통해서 일관되게 청소년기의 실존적 불안감을 표현한 것은 결코 우연이 아니었다. 그는 세 작품 모두에서 고독, 부모와 세상의 몰이해에 부딪쳤다. 자기를 방어하기 위해 그는 '쿨한' 사람으로서의 이미지를 보여주는 방식을 택했다. 이 '쿨한' 이미지야말로 흉내내기 어려운 그만의 스타일이 되었다."

1952

"정말로, 잘못된 장소에서 잘못 택한 적군을 상대로 벌인 잘못된 전쟁이었다."

미군 총사령관 브래들리 장군.

한국의 거제도, 1952년

한국전쟁(1950~53년)은 냉전 시대에 몰아닥친 심각한 위기 상황이었다. 이 전쟁은 중국 공산당과 소련의 지원을 받는 북한과, 유엔군과 미국의 지원을 받는 자본주의 남한이 맞붙은 전쟁이었다. 전쟁은 북한 측이 1950년 6월 25일 남한을 침공함으로써 시작되었다. 3년간 계속되면서 100만 명 이상의 사망자를 낸 이 전쟁으로 두 나라 사이에는 국경이 생겨났고, 지금까지도 두 나라는 적대적인 상태를 유지하고 있다. 이 전쟁은 냉전 시대를 특징짓는 중요한 사건 중 하나라고 할 수 있다. 북한 측 전쟁 포로들이 수감되어 있는 수용소에서 찍은 이 사진에서, 포로들은 자유의 여신상 모형 앞에서 '스퀘어 댄스'(미국의 민속춤)를 추고 있다.

(베르너 비쇼프)

베르너 비쇼프

"거제도에서는 모든 것이 조작되었다. 모든 사람들에게 지시가 내려졌고, 사진을 찍는 우리들 앞으로는 그럴 듯한 사람들만이 지나가도록 계획되었다. 이 사람들은 '보도 사진'에 찍히기 위해 포즈를 취했다. 나는 이게 진정으로 수용소에서의 생활인지를 끊임없이 자문하지 않을 수 없었다."

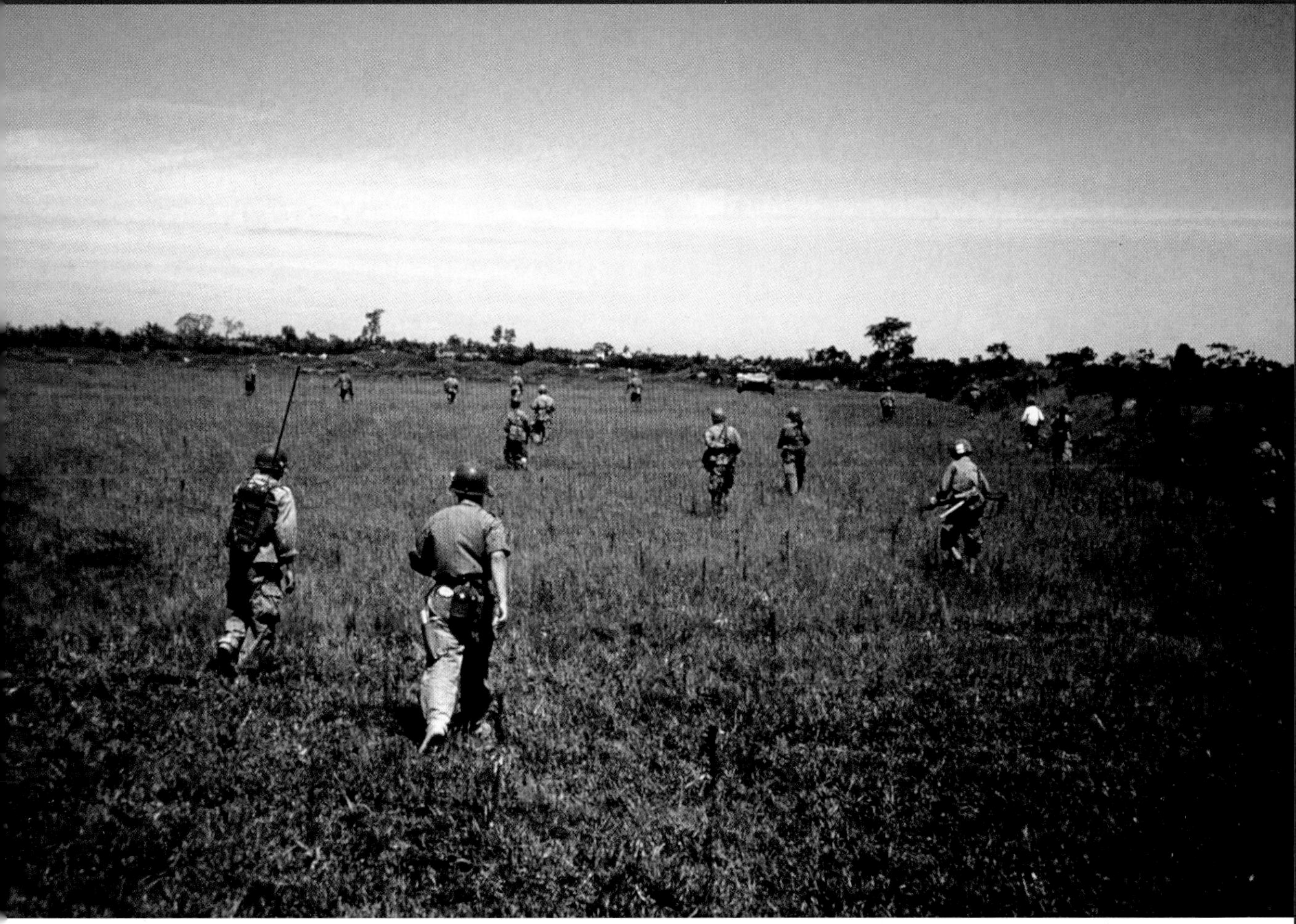

“이번 전쟁에서 가장 대규모 격전지였던 디엔비엔푸는 전투를 치른 후 가장 큰 무덤이 되어버렸다. 이 불편부당한 전쟁은 그저 쓸데없는 짓이었다.”

『뤼마니테』 사설, 1954년 7월

인도차이나 전쟁

1954년 5월 25일

가장 위대한 종군 사진기자 중 한 명인 로버트 카파는 1954년 5월 25일 대인지뢰를 밟았다. 이 사진은 그가 죽기 전에 찍은 마지막 사진이다. 이 날, 그는 임무 수행을 위해 하노이 남쪽으로 진군하는 2,000명 규모의 프랑스 군대와 동행했다. 이 무렵 이미 인도차이나 반도의 독립전쟁은 프랑스에게 불리한 상태였으며, 그로부터 머지 않아 프랑스는 디엔비엔푸에서 대패한다(1954년 7월).

(로버트 카파)

“디엔비엔푸 전투에 참가한 병사들은 스스로를 기만하는 우리의 무성한 거짓말 때문에 죽음을 맞아야 했다.”

『피가로』 사설

"자유 국가에서는 범죄에 한해서만 사람들을 벌해야지, 그들의 사상이나 견해를 문제삼아 처벌해서는 안 된다."

미국 대통령 해리 트루먼

"남편과 나는 죄가 없습니다. 우리는 우리의 양심을 속일 수 없습니다. 그 어떤 권력도 우리가 살아 있는 동안, 아니 죽은 다음에라도 우리를 갈라놓지는 못할 겁니다. 나는 당신들에게 오직 한 가지만 부탁하겠습니다. 우리 아이들을 보살펴주십시오."

처형을 앞둔 에텔 로젠베르크

로젠베르크 부부

소련을 위한 첩자 노릇을 했다는 혐의로, 율리우스와 에텔 로젠베르크는 1950년 7월에 체포되었다. 이들 부부의 재판은 조지프 매카시 상원의원에 의해 촉발된 '마녀 사냥'을 가장 극적으로 보여주는 사건이었다. 조지프 매카시 상원의원은 공산주의자 색출을 독려했으며, 이로써 공산주의자들은 미국 땅에서 전혀 달갑지 않은 존재들로 전락했다. 1951년 4월 사형 선고를 받은 로젠베르크 부부는 1953년 6월에 처형되었다. 이들 부부의 재판은 무수히 많은 반대 시위가 일어나는 계기가 되었다.

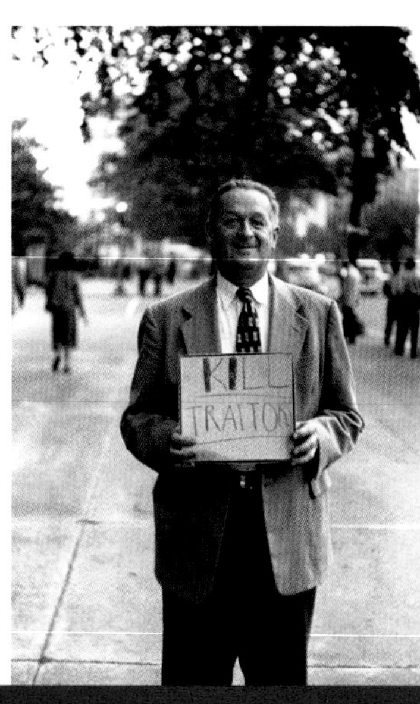

위: 로젠베르크 부부를 옹호하는 시위, 1951년 (데니스 스톡)
옆: 1953년. 피켓에는 '배신자를 죽여라'라고 적혀 있다. (엘리어트 어위트)

7월 27일 남북한 휴전 협정.
8월 12일 소련 최초의 수소폭탄 폭발.

"민중들의 눈동자를 응시할 때마다 나에게 부여된 초자연적인 임무를 확신하곤 한다." 에바 페론

에바 페론

추모식, 1955년

아르헨티나 대통령 후안 페론의 부인 에바 페론(애칭인 에비타로 더 잘 알려져 있음)은 비천한 신분으로 태어나 일생 동안 가난한 사람들에게 관심을 쏟아 전 세계적으로 유명해졌다. 에바 페론은 그야말로 집중적인 인물 숭배의 대상으로서, 이 같은 현상은 1952년 7월, 33세의 나이로 그녀가 죽은 후 한층 강화되었다. 이날로부터 1955년 9월 16일 군사 정변으로 후안 페론 대통령이 실각할 때까지 아르헨티나의 라디오 방송 진행자들은 매일 저녁 "지금은 8시 25분, 에바가 영면에 들어간 시간입니다"라고, 청취자들에게 그녀의 죽음을 상기시켰다.

(코넬 카파)

"민중의 손으로 행해지는 폭력은 폭력이 아니라 정의다."
에바 페론

패션

내내 물자 부족에 시달려야 했던 전쟁이 끝나자, 여자들은 우아함과 매력을 되찾고 싶어했다. 1953년 겨울, 크리스티앙 디오르는 어깨선은 부드럽게 떨어지는 반면, 잘록한 허리와 볼륨 있는 가슴을 강조하며, 꽃잎처럼 활짝 퍼지는 스커트는 무릎까지 내려오게 (정확하게 땅에서 42센티미터) 재단함으로써 여성성이 강하게 느껴지는 스타일, 이른바 '뉴룩'을 선보였다. 이 스타일은 폭발적인 인기를 얻어, 그가 창조해낸 이 새로운 여성 실루엣은 1950년대를 줄곧 풍미했다.

아래: 크리스티앙 디오르 패션쇼, 1957년 (앙리 카르티에-브레송)
오른쪽: 브리지트 바르도, 1951년 (필리프 할스만)

경애하는 크리스티앙 씨! 당신의 디자인은 얼마나 새로운지!

카멜 스노우, 디오르가 창안한 스타일에 '뉴룩'이라는 이름을 붙인 『하퍼스 바자』 편집장

비키니 수영복

두 조각으로 된 이 수영복은 1946년 처음으로 선보였다. 비키니를 처음으로 만들어낸 디자이너 루이 레아르는 가히 혁명적인 이 수영복에 태평양에 떠 있는 작은 섬의 이름을 붙였다. 이보다 앞서 그 섬에서는 핵실험이 있었는데, 그는 자기가 만든 수영복도 핵처럼 폭발적인 효과를 내라는 뜻에서 이같이 명명했노라고 밝혔다.

(에리히 레싱)

"그녀의 이치비치 티니위니 너무 작고 작은 비키니 / 그 여자가 처음으로 입은 / 이치비치 티니위니 너무 작고 작은 비키니 / 빨강고 노란 물방울 무늬가 있는 비키니…" 달리다

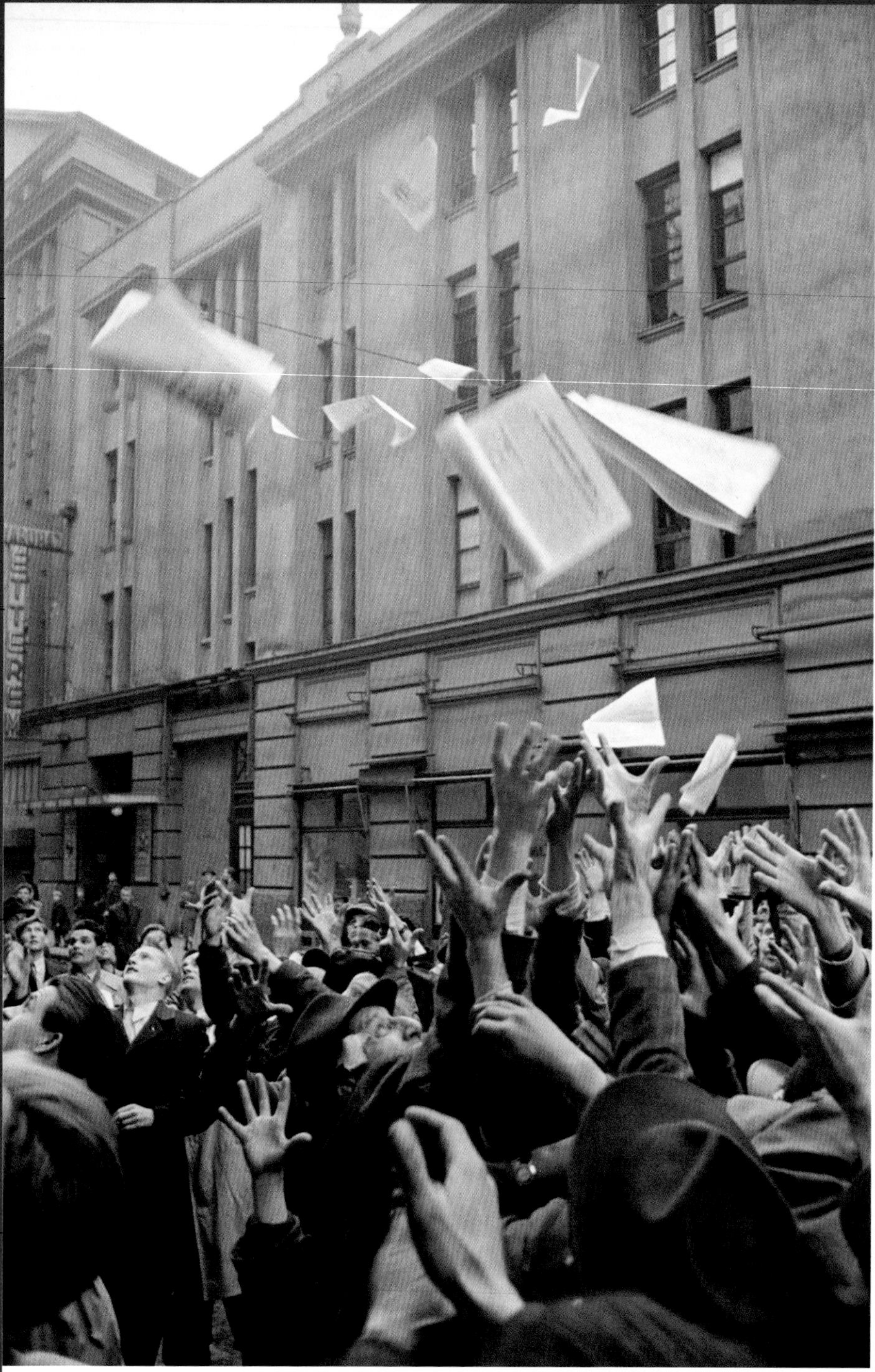

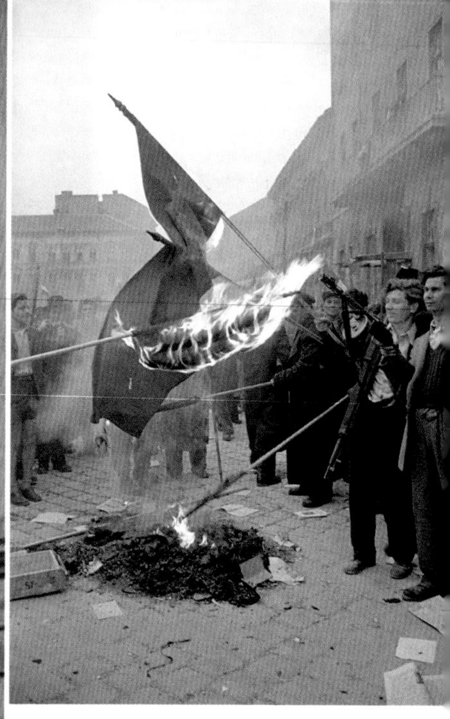

헝가리의 반소 항거

1956년 가을

10월과 11월에 헝가리에서는 국가의 독립과 민주주의의 복원, 즉 스탈린주의의 종말을 요구하는 대규모 시위가 벌어졌다.

11월 2일, 열정에 들뜬 군중들은 예전에 스자바드 네프 사의 본사였던 곳에서 뿌려지는 『푸게틀렌세그』(독립을 의미) 창간호를 받으려고 법석이었다. 헝가리 항거는 소련이 파견한 붉은 군대에 의해 가차없이 진압되었다(오른쪽 사진). 수천 명의 헝가리인들이 체포되거나 수상 임레 나지처럼 처형되었다.

위와 옆: (에리히 레싱)

오른쪽: (데이비드 헌)

과학과 기술 태양전지 발명 | 최초로 컬러 텔레비전 수상기 판매 | 하이파이(HiFi) 발명.

미술 이집트 투탕카멘 왕의 '죽음의 배' 발굴 | 화가 앙리 마티스 사망.

문학 『반지의 제왕』 출간.

영화 알프레드 히치콕 감독의 『이창』.

음악 엘비스 프레슬리 1집 발매.

“유럽이여, 우리는 너를 위해 죽는다.”

1956년 부다페스트 시위대들이 부르짖던 절규

에리히 레싱

“당시 상황은 아마도 앞으로 다시는 재현되지 않을 것이며, 그 이전에도 결코 본 적이 없는 장면의 연속이었다…. 부다페스트는 민중 봉기의 상징이며, 앞으로도 영원히 그렇게 기억될 것이다.”

데이비드 헌

“1956년 헝가리에서는 혁명이 일어났다. 정치에 관심이 많았던 나는, (친구들과) 술집에 모이기만 하면 정치 이야기를 했다. 친구 존 앤로버스와 나는 부다페스트에 가기로 결정했다. 나는 우리가 이 역사적인 사건의 증인이 되는 광경을 상상했다. 나는 정말로 그곳에서 무슨 일이 일어나는지 알고 싶었다. 우리는 스스로를 기자라고 생각하지 않았지만, 그래도 내 생애 최초로 꽤 괜찮은 카메라인 콘택스 중고 제품을 한 대 장만했다. 나는 도로에서 자동차를 세워 무료로 타고 가면서 카메라 사용법 책자를 읽었다. 입문치고는 아주 근사한 방식이었다.”

“우리는 우리의 모든 권리를 되찾을 것이다. 왜냐하면 이것은 우리의 재산이고, 운하는 이집트 소유이기 때문이다.”

1956년 7월 26일, 나세르 대통령의 수에즈 운하 국유화 기념 연설

수에즈 위기

나세르, 1956년 11월

1956년 11월, 영국과 프랑스는 이스라엘의 지원을 받아, 같은 해 7월 26일 나세르(1918~70년) 이집트 대통령이 국유화한 수에즈 운하의 관리권을 되찾기 위해 군사 작전을 개시했다. 하지만 미국과 소련은 두 나라에게 이집트를 떠날 것을 종용했다. 나세르는 수에즈 위기의 승자일 뿐 아니라, 국제사회에서의 영향력을 강화할 목적으로 새로 부상하는 정치 세력, 이른바 ‘제3세계’의 영웅이 되었다.

(르네 뷔리)

“수에즈 운하는 지금까지도 그랬고 앞으로도 내 조국의 영광일 것이다.”

무스타파 알 헤프나위, 1950년 프랑스 주재 이집트 대사

LE SOLEIL CONSTITUE LA SOURCE D' ÉNERGIE
POUR L'APPAREILLAGE DU SPOUTNIK

"오늘 우리는 위대한 개척자인 콘스탄틴 에두아르도비치 치올코프스키와 같은 몇몇 선구자들의 꿈을 실현하게 되었다. 그가 말하기를, 인류는 결코 지구에만 머무르지 않을 것이라고 했다."

소련 우주비행학의 아버지이며 스푸트니크 호 발명가인 S. P. 코롤레프

우주선 스푸트니크 호 발사

브뤼셀 만국박람회장의 소련관, 1958년

1957년 10월 4일, 소련은 인류 역사상 최초의 인공위성인 스푸트니크(러시아어로 '여행 동반자'를 의미) 호를 궤도에 쏘아올렸다. 스푸트니크 호는 지름 58센티미터, 무게 83.6킬로그램인 금속 구로, 네 개의 안테나가 장착되어 있어 지구에서 수신 가능한 신호를 보낼 수 있다. 언론을 통해 대대적으로 보도된 이 신기술의 개가는 냉전 체제를 고수하던 미국과 소련의 우주정복 경쟁에 불을 붙이는 도화선이 되었다.

(앙리 카르티에-브레송)

"미국의 참담한 패배"

『뉴욕 헤럴드 트리뷴』

1956

1월 1일 수단 독립.
2월 14~25일 제20차 소련 공산당 전당대회. 탈스탈린 시대의 개막.
3월 2일 모로코 독립.
3월 20일 튀니지 독립.
7월 26일 이집트의 수에즈 운하 국유화.
10월 23일 부다페스트 봉기 시작.
10월 29일~11월 6일 수에즈 위기. 운하를 국유화하면서 이집트가 이스라엘을 공격하자, 미국과 소련의 반대에도 불구하고 프랑스와 영국이 개입. 결국 유엔 조정군이 배치됨.

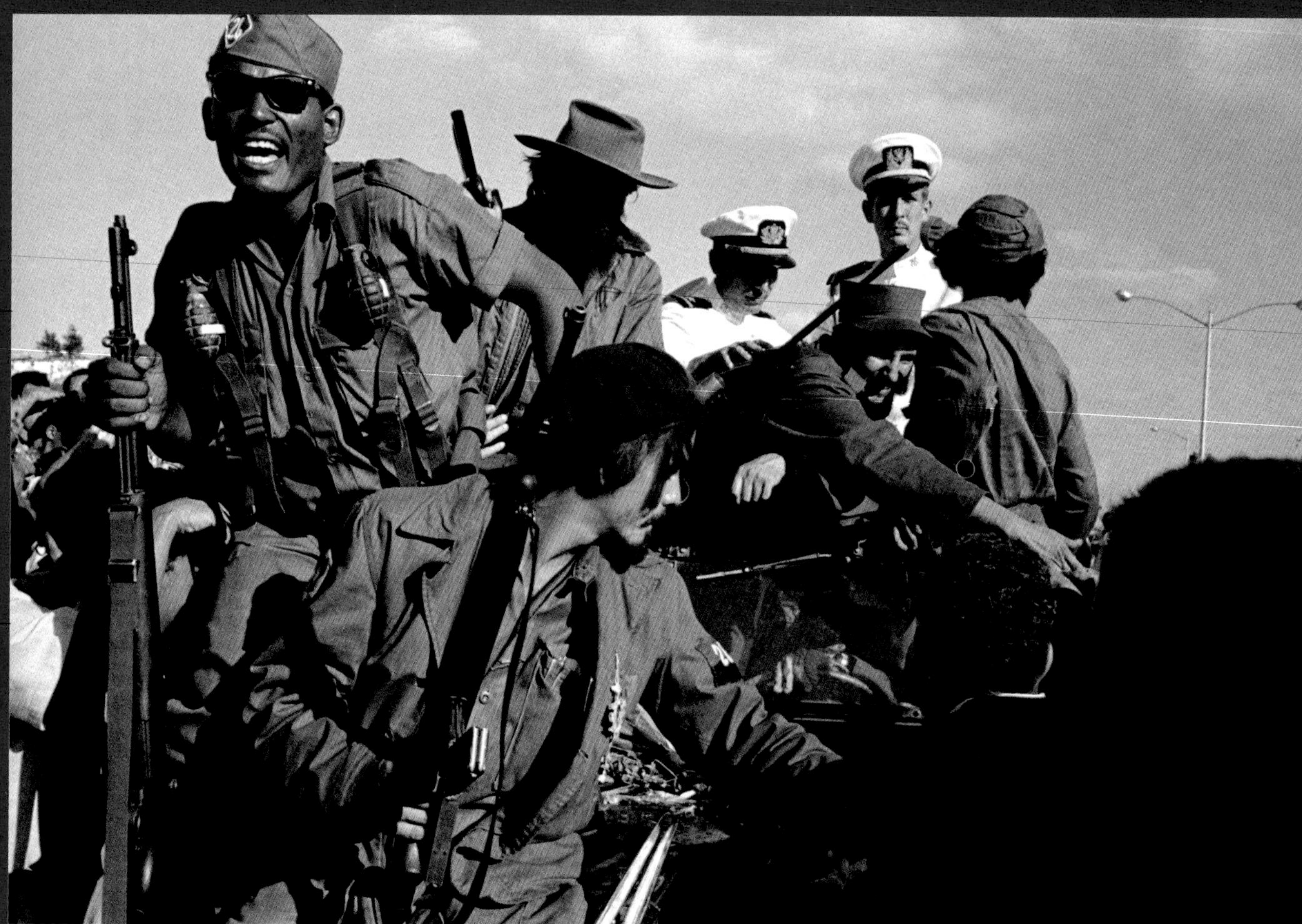

“우리의 혁명은 민주주의 원칙에 입각하고 있으며, 인간적인 얼굴을 한 민주주의다.”

피델 카스트로

쿠바 혁명

1959년 1월 1일

피델 카스트로와 그의 ‘바르부도스’(쿠바 혁명 당시 카스트로와 체 게바라를 따르던 동지들을 일컫는 말로, 면도할 시간이 없어서 수염을 길게 기르고 다닌 데서 연유)들은 권력을 장악하자, 미국의 지원을 받던 독재자 바티스타를 몰아냈다. 당시 쿠바인들은 정권 교체에서 기대와 희망을 보았다. 그러나 얼마 지나지 않아 피델 카스트로 역시 독재를 실시했다.

버트 글린

“우리는 자동차를 한 대 찾아내서 산길을 달렸다. 우리는 무작정 (피델을) 기다렸다. 얼마 지나지 않아 버스와 자전거, 트럭들이 줄을 지어 행진하기 시작했다. 뒤에서는 피델이 뚜껑을 열어젖힌 세단을 타고 행렬을 따랐다. 우리는 망설일 것도 없이 이 뒤죽박죽인 행렬과 합류했다. 앞으로 무얼 하게 될지, 어딘가에 멈춰서게 될지 아니면 전속력으로 달리게 될지, 아무것도 알 수 없었다. 행렬을 따라가기란 쉽지 않았다. 그 와중에도 괜찮은 사진을 찍기란 그리 어렵지 않았다.”

“이 혁명은 붉은 혁명이 아니라 올리브 그린색 혁명이다.”

피델 카스트로, 1959년

11월 4~13일 소련군이 헝가리 소요 진압.

사회 영화배우 그레이스 켈리와 모나코의 레니에 공 결혼 | 마릴린 먼로와 아서 밀러 결혼.

과학과 기술 최초의 대서양 횡단 전화 통화 | 아이비엠 사에서 최초의 하드 디스크 발명.

영화 로제 바딤 감독의 「그리고 신은 여자를 창조했다」(브리지트 바르도 주연).

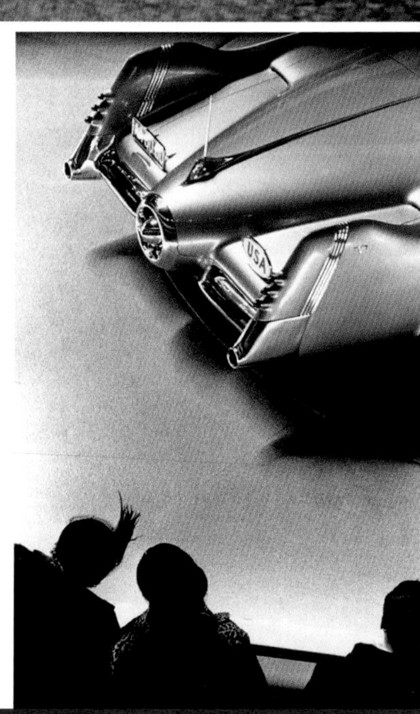

시대의 총아 자동차

성장을 거듭하는 서구 사회에서, 자동차를 구입하는 가구의 수가 폭발적으로 증가했다. 이동을 쉽게 해주며, 수백만 명에게 일자리를 제공하는 자동차는 강력한 자유의 상징이자, 휴가와 여가 산업의 발전을 촉진한 촉매였다. 미국에서는 측면이 유선형으로 생긴 큼지막하고 근사한 '미국제 자동차'와 더불어 황금 시대가 열렸다. 반면, 유럽 자동차들은 도시 안에서 이동하기에 편하게 일부는 아주 작게 만들어지기도 했다

오른쪽 위: 로마의 좁은 길을 달리는 피아트 500. 일명 야구르트 용기
시계 방향으로: (엘리어트 어위트, 브뤼노 바르비, 데니스 스톡, 베르너 비쇼프)

"오늘날의 자동차는 중세 시대의 거대한 고딕 성당과 정확하게 맞먹는 존재라고 할 수 있다. 무슨 말인가 하면, 무명의 예술가들이 열정으로 빚어낸 시대의 산물이라는 뜻이다."

롤랑 바르트, 『신화』, 1957년

1월 1일 유럽경제공동체(EEC) 효력 발생 시작.

2월 10일 통일아랍공화국(시리아와 이집트가 결합된 나라) 구성.

4월 4일 흐루시초프가 일방적으로 핵실험 중단 선언.

4월 15~22일 가나에서 최초의 아프리카 독립국가 회의 개최.

5월 5일 마오쩌둥이 간단한 정책인 '대약진' 운동 실시. 이 운동으로 끔찍한 기근 발생(1,500만~3,000만 명 정도 아사자 발생).

마릴린 실버스톤

"나는 결국 (캘커타로) 돌아왔는데, 그때 마침 '그 유명한 분'이 그곳에 계셨다!" 마릴린 실버스톤은 달라이라마의 인도 망명을 위와 같이 표현했다. 3월 10일, 티베트의 수도인 라사는 중국 군대의 침공을 받았으며, 이로 인해 8만 명 이상이 목숨을 잃었다. 뉴델리에 근거지를 두고 활동하던 마릴린 실버스톤은 달라이라마의 인도 망명을 취재한 유일한 여성 사진기자였다. 달라이라마의 망명 직후 20만 명의 티베트인들이 그를 따라 망명길에 올랐다. 그로부터 18년이 지난 후, 마릴린 실버스톤은 티베트불교로 개종했으며, 여승으로 출가했다. 그녀는 1999년 마지막 숨을 거둘 때까지 네팔 카트만두의 세첸 수도원에서 살았다. 이 수도원은 그녀의 도움으로 세워졌다.

"사원을 지을 필요도 없고, 복잡한 철학도 필요없다. 우리의 머리와 마음이 곧 사원이다."

달라이라마

달라이라마의 망명

델리 도착, 1959년

'달라이라마'는 '지혜의 바다'라는 뜻이다. 티베트불교도들은 자신들의 영적 지도자를 '달라이라마'라고 부른다. 망명 중인 14대 달라이라마 텐진 갸초는 영적 지도자이면서 동시에 정치적 지도자이기도 하다. 1959년 3월, 중국 군대는 티베트에서 일어난 항거를 무자비하게 진압했다. 티베트인들의 항거가 실패로 끝나자 달라이라마는 중국에서 도피, 인도의 델리에서 망명 생활을 시작한다(달라이라마가 기차에서 내리는 모습이다).

"우리가 폭력을 사용한다면, 우리에게는 더 이상 지켜야 할 아무 것도 남지 않게 될 것이다." 달라이라마

버트 글린
"… 이 촬영에서 놓치지 말아야 할 중요한 점은
호루시초프를 보여주는 것이 아니라, 그가 무엇을
보는지를 보여주는 일이었다. 미국이 이루어놓은
믿기 어려울 정도의 부 앞에서 그가 어떤 반응을
보일 것인가? 이런 생각 때문에 나는 결국 등 쪽에서
바라본 그의 두상을 찍었다."

흐루시초프의 미국 방문

워싱턴의 링컨 기념관, 1959년

1956년, 니키타 흐루시초프는 스탈린의 만행을 규탄했다. 그는 1953년 스탈린의 뒤를 이어 소련의 지도자가 되었다. 1959년 흐루시초프의 미국 방문은 두 '열국'간에 긴장을 완화시키려는 의지의 구현으로 인식되었다. 미국 사회 발전의 중심을 이루는 양대 가치인 자유와 민주주의의 상징으로 존경받는 링컨 대통령의 동상 앞에서 흐루시초프가 무슨 생각을 했을까?

(버트 글린)

"미국 땅에 첫 발을 딛자마자 어찌나 삼엄한 경호를 받았던지, 미국의 보통 사람들과는 전혀 아무런 접촉도 할 수 없었다." 니키타 흐루시초프

6월 1일 드골 장군이 프랑스에서 재집권.
6월 4일 드골 장군이 알제리 수도 알제를 방문하며 '나는 당신들을 이해한다'고 연설.
7월 14일 이라크에서 왕정을 폐지, 압둘 카림 카셈 장군이 공화국을 선포.
10월 1일 미국항공우주국 나사(NASA) 창설.
10월 2일 기니 독립.
10월 29일 교황 요한23세 선출.
과학과 기술 세슘133 원자시계 발명.
스포츠 힐러리 원정대 남극 탐험 성공 | 약관 17세인 펠레의 맹활약으로 브라질이 월드컵 정취.

비트 세대

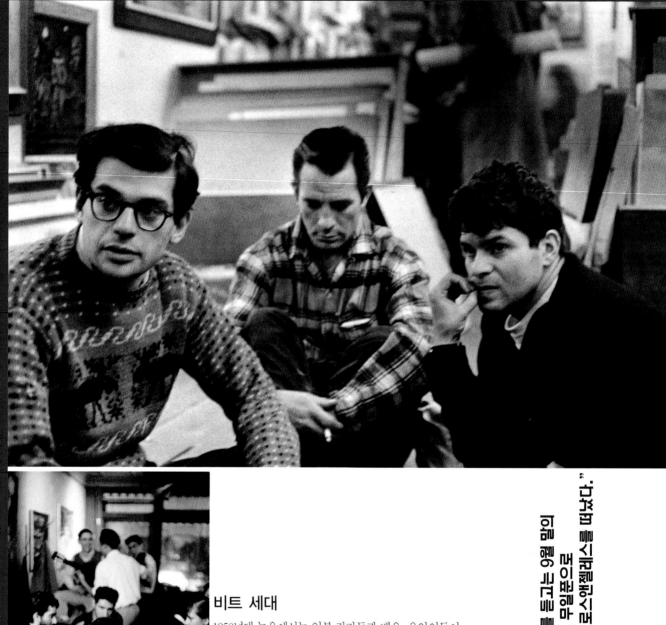

1950년대 뉴욕에서는 일부 작가들과 배우, 음악인들이 이른바 '비트 세대'를 형성했다. 이는 자유와 자발성, 약간의 무정부주의를 표방하는 문화적 경향이라고 할 수 있다. 문학에서 '비트 세대'의 가장 좋은 예로는 잭 케루악의 『길 위에서』와 『수행자』, 윌리엄 버로우의 『네이키드 런치』 등을 꼽을 수 있다.

위: 알렌 진스버그, 잭 케루악, 그레고리 코르소. 그리니치 빌리지에서 1957년 (브루스 데이비슨)
옆: '비트 파티'에 참석한 잭 케루악, 1959년 (버트 글린).

"나는 정오를 알리는 소리를 듣고는 9월 말의 어느 아름다운 날 갑자기, 무일푼으로 화물차 칸에 몸을 숨기고 로스앤젤레스를 떠났다."

소설 『수행자』, 첫 머리

오늘, 엄마가 돌아가셨다. 어쩌면 어제일 수도 있는데, 나는 잘 모르겠다.” 『이방인』의 첫 귀절

알베르 카뮈

리, 1951년

기자 출신이자 연극인이었던 알베르 카뮈(1913~60년)는 부조리나 반항의 철학을 주조로
는 많은 작품을 남겼다. 『이방인』『페스트』『반항인』『악령』 등이 대표작이다.

테네시 윌리엄스

욕, 1948년

시인이자 소설가이며 극작가인 미국 출신 테네시 윌리엄스(1911~83년)는
0세기에 뚜렷한 자취를 남겼다. 『유리 동물원』『욕망이라는 이름의 전차』
뜨거운 양철 지붕 위의 고양이』 등 그가 쓴 대부분의 희곡작품들은 무대에서
대단한 성공을 거두었으며, 영화로도 만들어졌다.

: (앙리 카르티에-브레송)
: (유진 스미스)

음악 록밴드의 스타 버디 홀리, 리치 밸런스, 빅 보퍼가 비행기 사고로 사망.

사회 미국에서 바비인형 판매.

10월 7일 최초로 달의 보이지 않는 부분을 촬영하는 데 성공.

12월 1일 남극을 과학탐사 지역으로 규정한 남극조약에 12개국이 서명.

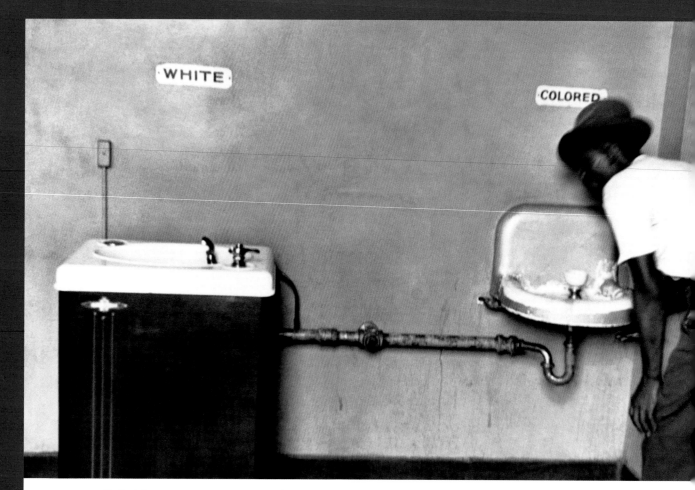

“어렸을 때, 나는 백인들을 위한 수돗물은 흑인들을 위한 수돗물보다 맛이 더 좋을 거라고 생각했다.”

버스에서 백인에게 자리 양보하기를 거절함으로써 미국 흑인들의 인권 투쟁에 불을 지핀 흑인 여성, 로자 파크스

미국의 인종차별

노스캐롤라이나: 한 남자가 흑인들만 사용하게 되어 있는 식수대에서 물을 마시고 있다. 1950년

1960년대까지도 미국은 불평등하고 인종차별이 심한 사회였다. 실제로 1964년 7월 2일 민권법이 제정되기 전까지, 일부 주에서 백인과 흑인은 동등한 권리를 누리지 못했다. 일상생활만 살펴보더라도 불평등은 확연히 눈에 띄며, 그렇기 때문에 마틴 루터 킹 목사나 말콤 X, 평등 사회를 꿈꾸는 모든 인사들이 이를 철폐하기 위해 투쟁했다.

(엘리어트 어위트)

KKK단, 1959년

1866년 미국 남부에서 창설된 쿠 클룩스 클란(KKK)은 매우 격렬하고 폭력적인 인종차별 비밀결사단으로 백인의 우월성 유지를 목적으로 한다. 1950년대까지 매우 적극적이었던 이들의 활동은 1960년대에 들어서 뜸해졌다.

(콘스탄틴 마노스)

유럽의 빈곤

파리의 걸인들, 1959년

서구 유럽 국가들은 1950년대 말까지 극심한 주택 위기에 맞서 싸워야 했다. 이 위기가 발생한 데에는 여러 가지 이유가 있었다. 전쟁 동안 무수히 많은 주택과 건물들이 파괴되었고, 재건은 더디게 진행되었으며, 베이비붐으로 주택 공급률보다 인구 증가율이 훨씬 높았기 때문이다.

(세르지오 라레인)

피에르 신부, 1954년

1954년 프랑스에 극심한 겨울 추위가 몰아쳤을 때, 피에르 신부는 라디오 방송을 통해 주택난을 겪고 있는 사람들에게 연대감을 보여달라고 호소했다. 2007년 1월 영면에 들어갈 때까지 피에르 신부는 줄곧 이들을 위해 헌신했다.

(마르크 리부)

"친구들이여, 도와주십시오… 방금 한 여인이 동사했습니다. 이 여인은 전날 받은 추방명령서를 가슴에 끌어안은 채 오늘 새벽 3시 세바스토폴 가의 인도에서 숨졌습니다."

피에르 신부의 호소, 1954년

“나는 그녀가 예쁘고, 어쩐지 남과는 다르다고, 그러니까 아마도 유명한 사람이 될 거라고 생각했다.”

그레이스 켈리에 대한 게리 쿠퍼의 단상

그레이스 켈리, 모나코의 레니에 3세와 결혼

두 사람의 약혼식 사진, 1956년

그레이스 켈리와 모나코 레니에 공의 약혼식은 1956년 1월 뉴욕에서 거행되었다. 두 사람은 1955년 칸 영화제에 그레이스 켈리가 초대되어 프랑스를 방문했을 때 처음으로 만났다. 그때 이미 그레이스 켈리는 배우로서 어마어마한 명성을 누리고 있었지만, 레니에 공과의 약혼식, 곧 이은 결혼식(1956년 4월 18일), 불의의 자동차 사고로 비극적인 죽음을 맞은 일화로 인해 명실공히 20세기 전설의 일부가 되었다.

(세르지오 라레인)

이란의 샤와 파라 디바

1959년 12월 21일, 이란의 샤는 파라 디바를 세 번째 아내로 맞았다. 파라는 이 성대한 결혼식을 통해 황후가 되었다. 이 결혼식은 세기의 결혼식 가운데 하나로 기억된다.

(세르지오 라레인)

"나는 즉시 '네'라고 대답했습니다. 생각해볼 필요가 없었으니까요. 망설일 여지가 없었어요. 그건 당연히 '네'였어요. 나는 그를 사랑했고 그가 가는 곳이라면 어디든 따라갈 준비가 되어 있었으니까요." 파라 디바, 『회상록』

1960년대

미국과 소련의 줄다리기 관계

1960년대는 다른 어느 때보다 더 미국과 소련의 첨예한 대립관계로 특징지어진다. 1961년, 소련은 베를린에 '수치의 벽'을 세웠다. 이 벽으로 말미암아 베를린은 두 구역으로 나뉘었으며, 동독과 서독의 분단 상황은 한층 강화되었다. 이듬해 쿠바에서 미사일 분쟁이 터졌을 때, 전 세계는 숨을 죽이고 제3차 세계대전이 발발하지 않을까 마음 졸였다. 미사일 분쟁의 내막은 다음과 같다. 소련이 미국의 영토를 직접적으로 조준할 수 있는 위치에 미사일 발사대를 장치한 쿠바를 향해 핵미사일을 이동시키자, 미국의 케네디 대통령은 강력하게 반발했다. 이에 소련은 할 수 없이 이 계획을 단념하는 대신, 미국 측이 피델 카스트로에게 어떠한 불이익도 가하지 않겠다는 약속을 받아냈다. 냉전 시대를 상징하는 이 사건이 있고 난 후, 두 '초강대국'은 긴장을 완화시키려는 의지를 표명했다. 따라서 1960년대 후반부에 들어서 두 나라의 관계는 '데탕트'라고 하는 새로운 국면을 맞는다. 이 시기를 상징하는 사건으로, 크레믈린 궁과 백악관을 잇는 전화선('붉은 전화')의 개설을 들 수 있으며, 전화 연결로 흐루시초프와 케네디 사이의 접촉은 보다 원활해졌다.

점점 미쳐가는 세계

그럼에도 불구하고 1960년대는 지구 곳곳에서 분쟁이 끊이지 않았던 '격동의 시기'로 기억된다. 소련과 중국(중국에서는 이 무렵 마오쩌둥의 주도로 문화혁명이 시작되었다) 사이의 긴장은 고조에 달했고, 미국은 베트남에서 끝이 보이지 않는 전쟁에 말려들었다. 더구나 미국 전역은 케네디 대통령(1963년 11월 22일)과 노벨평화상 수상자인 마틴 루터 킹 목사(1968년 4월 4일)의 암살로 크게 흔들리고 있었다. 1967년에 일어난 6일전쟁에서 이스라엘이 승리를 거둠으로써 중동 지역의 정치적 안정은 위기에 처했으며, 같은 해 나이지리아로부터 독립하기 위해 전쟁을 일으킨 비아프라 지역은 극심한 굶주림에 시달렸다.
1960년대는 또한 탈식민지 시대였다. 이 움직임은 특히 아프리카를 중심으로 확산되었다. 8년간의 전쟁에 종지부를 찍은 알제리는 1962년 독립을 쟁취, 130년 동안의 프랑스 식민지 시대를 청산하고 새로운 시대를 맞았다. 과거에 식민지였다가 새로이 독립을 쟁취한 모든 나라들은 정치, 사회, 경제 등 모든 분야에서 난관에 부딪혀야 했다. 가령, 콩고 같은 나라는 내란에 휘말리기도 했다. 한편 부유한 선진국들이 포진한 북반구 지역과, 여러 난제와 대면해야 하는 남반구 지역 국가 사이의 대립 양상이 점점 뚜렷해졌다.

에르네스토 체 게바라

평화와 사랑, 텔레비전과 로켓

서양은 1950년대부터 시작된 경제 성장 덕분에 점점 번영 가도를 달렸으며, 이에 따라 생활 수준도 지속적으로 향상되었다. 대형 할인매장들이 우후죽순처럼 생겨나 소비자들에게 더 많은 상품들을 제공했다. 동시에 소비사회에 대한 비판도 시작되었는데, 미국에서 발생한 '히피' 문화가 가장 대표적인 예라고 할 수 있다. 서양은 과학과 기술의 발전에 전적인 신뢰를 보냈으며, 과학과 기술은 그 보답으로 일상 생활의 변화(생활에 편리함을 더해주는 가전제품이 속속 개발되었고 최초의 컴퓨터도 등장했다)뿐만 아니라 인간이 간직해온 가장 황당무계한 꿈 중의 하나인 우주 정복의 꿈을 실현해주었다. 최초의 우주 비행이 1961년 러시아 출신 유리 가가린에 의해 실현된 반면, 1969년 7월 21일 최초로 달을 밟은 사대는 에드윈 알드린과 닐 암스트롱이라는 두 명의 미국인이었다. 5억 명 이상의 지구인이 텔레비전 생중계를 통해 이 놀라운 사건을 지켜보았다. 텔레비전은 모든 가정을 파고 들었으며, 순식간에 일상과 문화적인 측면 모두에서 중요한 자리를 차지하게 되었다. 케네디 대통령, 흐루시초프 서기장, 드골 장군의 연설을 비롯하여 투르 드 프랑스나 1968년 그르노블 동계 올림픽에서 장 클로드 킬리가 보여준 환상의 묘기 등이 모두 텔레비전을 통해 대중과 만났다. 이렇듯 텔레비전은 대중문화를 키우고 상상력에 자양분을 공급했다. 텔레비전의 비약적인 발전에도 불구하고 영화는 여전히 인기 있는 여가 활동으로 군림했다. 자유분방한 표현, 관습 거부, 즉흥적인 순간 포착 등으로 정의할 수 있는 '누벨 바그' 작품들이 속속 등장했다. 이러한 '제7의 예술'에 있어서의 혁신은 클로드 샤브롤이나 프랑수아 트뤼포, 1965년에 「미치광이 피에로」를 선보인 장 뤽 고다르 등의 프랑스 감독들이 이끌었다.

세계를 바꾸려는 젊은이들의 몸짓

전쟁이 끝난 후 태어난 많은 아기들, 이른바 '베이비붐 시대'의 아이들이라 불리는 이 세대는 1960년대에 성장했다. 부모 세대와 결별한 이들은 자신들만의 고유한 문화를 창조했다. 추잉검을 씹으며 청바지를 입고 가죽 점퍼를 걸친 이 젊은이들을 지칭하기 위해서, 틴 에이저 혹은 청소년이라는 새로운 용어가 등장했다. 이들은 록이나 예예 음악에 열광했으며, 자신들의 우상에게 갈채를 보내기 위해 콘서트장으로 몰려다녔다. 비틀즈나 롤링 스톤즈가 나타나는 곳에는 늘 어마어마한 팬들이 뒤따랐다. 젊은이들은 트랜지스터 라디오나 45회전 레코드판 (일명 도너츠판)을 사기 위해 기꺼이 용돈을 털었고 자기들만의 파티를 열어 친구들과 함께 음악을 들었다. 실업이라는 것이 존재하지 않았던 번영의 시대에 성장한 이 세대들에게는 모든 것이 가능해보였다. 그러나 이처럼 걱정 없는 세대였음에도 불구하고, 60년대의 젊은이들은 매우 정치적인 경향을 보였다. 기꺼이 반체제주의자 역을 맡은 이들은 감히 자신들이 성장한 세계를 바꾸어야 한다고 믿었다. 1965년, 젊은이들은 현대 사회가 낳은 낭만적 영웅 체 게바라의 사망 소식에 오열했다. 그들에게 있어서 체 게바라는 혁명 정신을 상징하는 인물로, 자유와 사회 정의가 도처에서 승리를 거두어야 한다는 생각을 몸으로 실천한 사람이었다. 미국을 비롯하여 유럽 여러 나라에서는 젊은이들이 명분도 없는데 지나치게 인명의 희생이 많다는 이유를 들어 베트남 전에 반기를 들었다. 1968년 프라하는 대대적인 시위의 물결에 휩싸였다. '인간의 얼굴을 한 사회주의'를 실시하고, 소련이 강요하는 독재적인 정치 체제를 민주화하려는 체코인들의 열망을 담은 시위였다.

무하마드 알리

그해 8월, 소련과 소련의 맹방들은 이 시위를 반란으로 규정하고 이를 진압하기 위해 체코를 침략했다. 이렇게 해서 '프라하의 봄'은 스러져갔으나, 동유럽인들의 자유를 향한 갈망만큼은 전 세계의 지지를 얻게 되었다. 1968년 5월에 일어난 일련의 움직임은 프랑스 역사뿐만 아니라 세계 역사에서 매우 중요한 의미를 갖는다. 3주 동안 계속된 파업이 프랑스 전국을 마비시켰지만, 뭐니뭐니 해도 1968년 5월은 관습의 대전환기를 마련했다는 의미가 훨씬 크다. 기성 사회에서 젊은 세대와 여성들의 지위는 물론 교회, 노동조합, 정치 집단, 수직적 위계 질서, 국가의 권력 등 반체제주의자들은 기존의 모든 질서에 대해 문제를 제기했다. 학생들이 이 거대한 항의의 물결을 주도하는 기폭제 역할을 했다. '금지는 절대 금지', '현실주의자가 되어라, 따라서 불가능을 요구하라!', '상상력을 권좌로!' 파리의 학생 구역인 카르티에 라탱의 벽엔 이런 표어들을 적은 포스터들이 즐비하게 나붙었다. 이 슬로건들은 다가올 1970년대에 비해서 훨씬 축복 받은 이 시대의 분위기를 상징한다. 1970년대는 모든 면에서 1960년대에 비해서 어렵고 암울한 상황이 펼쳐지기 때문이다.

와이트 섬의 페스티벌

1월 1일 카메룬 독립.

1월 4일 오스트리아, 덴마크, 영국, 노르웨이, 포르투갈, 스웨덴, 스위스가 참여하여 유럽자유무역협회(EFTA) 창립.

1월 9일 이집트의 아스완 댐 건설 공사 시작.

1월 11일 차드 독립.

2월 13일 프랑스 최초의 핵실험.

4월 21일 브라질의 새 수도 브라질리아 준공.

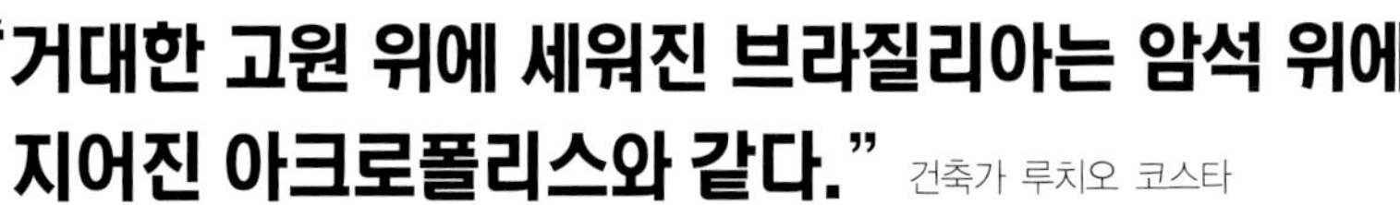

"거대한 고원 위에 세워진 브라질리아는 암석 위에 지어진 아크로폴리스와 같다." 건축가 루치오 코스타

르네 뷔리

"프랑스와 영국의 합작품인 초음속 비행기 콩코드가 1969년 성공적으로 최초의 비행을 마쳤다. 콩코드는 이듬해 시속 마하2, 즉 소리 속도보다 2배 빠른 비행 속도에 도달했다."

근대 건축

브라질리아, 1960년

1956년, 브라질의 후셀리노 쿠비체크 대통령은 자국 영토의 중심부에 새로운 수도를 건설하기로 결정했다.
건축가 오스카 니마이어가 브라질리아라고 이름붙인 이 신수도를 설계했다. 미래적인 건축물인 이 도시는 1960년에 준공되었으며, 1987년에 완성되었다.

(르네 뷔리)

디자인과 순수한 선의 아름다움

1955년 열린 자동차박람회에서 시트로앵 사는 'DS 19'라는 신형 자동차를 대중들에게 선보였다. 혁신적인 기술과 독특한 항공학적 형태가 접목된 이 자동차는 나오자마자 현대성의 상징이 되어버렸다. 롤랑 바르트 같은 문필가는, 이 신형 자동차가 대중들의 가슴을 홀리며 신비함을 조장한다고 말했다. 'DS'(프랑스식으로는 데에스라고 읽음)는 자동차 이상 가는 존재로, '데에스'(여신을 뜻하는 프랑스어)이기도 하다.

왼쪽 위: 콩코드 비행기, 1967년 (레이몽 드파르동)
위: DS 자동차, 1967년 (레이몽 드파르동)

"데에스는 새로운 노틸러스(쥘 베른 소설에 등장하는 잠수함)다."

롤랑 바르트, 『신화』, 1957년

4월 27일 토고 독립.

5월 1일 미국 측의 정탐기가 소련에 의해 격침.

5월 7일 흐루시초프가 소련 공산당 서기장에 임명.

6월 20일 말리, 세네갈 독립(말리 연방) | 6월 26일: 마다가스카르, 소말리아 독립 | 6월 30일: 콩고 (현재 킨샤사 콩고) 독립, 내전 시작.

7월 1일 가나 독립.

7월 20일 시리마보 반다라나이케가 실론(지금의 스리랑카)의 수상이 되면서 세계 최초로 여성 수상 탄생.

8월 1일 다호메(현재 베냉) 독립 | 8월 3일: 니제 독립 | 8월 5일: 오트 볼타(현재 부르키나파소) 독립 | 8월 7일: 코트디부아르 독립 | 8월 15일: 콩고인민공화국(브라자빌 콩고) 독립 | 8월 16일: 사이프러스 독립

|8월 17일: 가봉 독립.

8월 20일 말리 연방 와해. 세네갈과 말리로 분리 독립.

9월 14일 콩고에서 모부투 장군이 쿠데타로 정권 장악.

9월 14일 석유수출국기구(OPEC) 창설. 이라크, 사우디아라비아, 이란, 쿠웨이트가 가입.

10월 1일 나이지리아 독립.

“그건 내 인생 최악의 순간이었다. 나는 완전히 무너졌다.”

존 F. 케네디가 흐루시초프와 인터뷰가 끝난 후 『뉴욕 타임스』 기자에게 한 말

"나는 지구를 바라보았다. 그 순간 내가 느낀 감정을 한마디로 표현하자면, 바로 기쁨이었다." 유리 가가린

가가린, 최초의 우주비행사

고의 비행을 축하하는 포스터, 1961년

961년 4월 12일, 우주 비행사 유리 가가린은 보스톡 호를 타고 지구를 한 바퀴 돌았다. 이렇게 소련이 인류 최초로 인간을 우주에 보냄으로써, 인간의 가장 황당무계한 꿈 중의 하나가 실현되었다. 이 탐험에 성공한 유리 가가린은 소련의 영웅이 되었다.

빈에서 만난 두 'K'

961년 6월 3일과 4일 양일 동안, 존 F. 케네디와 니키타 흐루시초프가 냉전이 빚어낸 가장 큰 비극인 양분된 유럽의 한가운데, 빈에서 만났다. 이 만남은 특히, 피델 카스트로의 체제 전복 시도(1961년 4월 15일 피그스만 상륙작전을 가리킴) 이후 첨예화되었던 긴장을 누그러뜨리려는 양국의 의지를 반영한다. 하지만 두 열강 정상의 만남은 실패로 끝났다. 그로부터 몇 주가 지나고 나서 소련은 베를린 장벽을 쌓기 시작했다.

코넬 카파)

마르크 리부

"1961년 소련 사람들은 인간을 지구 궤도에 올려놓는 데 성공했다. 그때의 경탄과 경악이란! 그로부터 얼마 후 케네디는 "이번 세기가 끝나기 전에 적어도 한 명의 미국인이 달을 밟을 것"이라고 선언했다. 이 약속을 지킴으로써 소련으로부터 받은 모욕은 말끔히 지워졌지만, 케네디 대통령은 1963년 암살당했다. 1962년, 내가 '너는 신을 믿니?'라고 물었을 때, 모스크바의 한 젊은이가 이렇게 대답했다. '아뇨, 난 믿지 않아요. 가가린이 하늘에 올라갔지만, 신을 보지는 못했다고 하더군요!'"

10월 12일 흐루시초프가 유엔에서 연설하던 도중, 동유럽에 대한 소련 측의 입장에 관해 토론이 벌어지자 신고 있던 구두를 벗어 탁자를 내리침.

11월 8일 존 F. 케네디가 미국 대통령에 당선.

11월 28일 모리타니아 독립.

12월 1일 중앙아프리카공화국 독립.

12월 20일 유엔이 우주에 관한 헌장을 채택(우주를 특정 국가의 소유로 인정하지 않는다는 내용).

과학 레이저 발명.

사회 메리 퀀트가 미니스커트 발명.

영화 장 뤽 고다르 감독의 「네 멋대로 해라」, 페데리코 펠리니 감독의 「달콤한 인생」이 칸영화제에서 황금종려상 수상.

문학 알베르 카뮈 교통사고로 사망.

1월 3일 미국과 쿠바 외교 단절.

1월 17일 킨샤사 콩고에서 파트리스 루뭄바 암살. 유엔군 파견.

3월 3일 모로코의 하산 2세 즉위.

3월 9일 달라이라마가 유엔에 티베트 독립을 호소.

4월 16~20일 미국의 쿠바 상륙 실패(피그스만의 위기).

"베를린 장벽은 허물어져야 한다."

빌리 브란트, 1961년 10월

베를린 장벽 건설

1961년 8월

1961년 8월, 동베를린 시민들이 서베를린으로 대거 이주하는 현상을 막기 위해 소련은 도시를 둘로 가르는 장벽을 쌓기 시작했다. 이 '수치의 벽'은 가족들을 갈라놓았으며, 짧지 않은 기간 동안 두 개의 독일이 화해하게 되리라는 희망을 산산조각 내버렸다. 슬픔, 호기심, 믿을 수 없음, 체념…. 장벽이 구축되어 가는 광경을 무력감에 빠져 지켜보는 베를린 시민들은 아득한 감정을 느꼈을 것이다. 베를린 장벽은 1989년 붕괴될 때까지 냉전의 확고부동한 상징이었다.

"어디까지나 하나의 독일이 있을 뿐이다."

1961년 8월 13일 서독 시위대들이 외친 구호

왼쪽: (버트 글린)
위: (레이몽 드파르동)
아래: (앙리 카르티에-브레송)

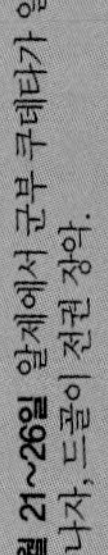

4월 21~26일 알제리에서 군부 쿠데타가 일어나자, 드골이 전권 장악.

4월 27일 시에라리온 독립.

5월 31일 남아프리카공화국 정부 수립. 정부수립과 동시에 인종차별 정책 실시.

6월 4일 빈에서 '두 K의 만남'(미국 대통령 케네디와 소련 공산당 서기장 흐루시초프). '평화 공존'의 시작.

6월 19일 쿠웨이트 독립(이라크에서는 여전히 쿠웨이트를 자국 영토라고 주장).

8월 12일 밤~13일 베를린 장벽 쌓기 시작.

9월 1~6일 티토, 나세르, 네루의 제안에 따라 벨그라드 비동맹회의 소집(24개국 참가).

9월 28일 시리아가 이집트와 함께 구성했던 통일아랍공화국에서 탈퇴.

10월 17일 소련과 중국 결별.

12월 9일 탕가니카 독립(현재 탄자니아로 편입).

12월 15일 8개월간의 재판 끝에 나치 전범 아돌프 아이히만에게 사형 선고.

12월 16일 미국이 베트남 사태에 개입하기 시작.

과학과 기술 유리 가가린이 최초로 우주 비행에 성공(4월 12일) | 최초의 비디오 게임, '우주전쟁'의 본격적인 개발.

사회 루돌프 누레예프 서방 세계로 망명. 어니스트 헤밍웨이 자살.

영화 프랑스에서 프랑수아 트뤼포 감독의 「쥘과 짐」 개봉.

"진정한 음악은 침묵이다. 모든 음표들이란 결국 이 침묵을 에워싸기 위한 장치에 지나지 않는다."

마일즈 데이비스

"미국은 변했다. 나는 운명의 힘이 전진하고 있음을 느낀다. 내가 그를 타고 달렸으므로." 밥 딜런, 「연대기」

"당신 생각엔?" 기 르케렉

마일즈 데이비스

미국 출신 작곡가이자 트럼펫 주자인 마일즈 데이비스(1926~91년)는 독창적인 스타일, 재능있는 아방가르드 음악가들을 끌어들이는 흡인력 등으로 재즈 음악에 크게 공헌했다. 존 콜트레인이나 허비 핸콕이 그와 함께한 대표적인 음악가들이다.
(유진 스미스)

레이 찰스

가수면서 피아니스트였던 레이 찰스(1930~2004년)는 시각장애인이기도 했으며, 재즈, 컨트리, 블루스 그리고 소울 음악 등 여러 장르를 가로지르며 활동한 것으로 유명하다. 그의 대표작 중 하나인 '왓 아이드 세이'(1959년)는 전 세계에서 가장 유명한 노래 중 하나로 손꼽힌다.
(기 르케렉)

밥 딜런

음악가이자 시인인 밥 딜런은 끊임없이 변모를 거듭했기 때문에 분류하기 쉽지 않다. 1960년대에 그는 조운 바에즈 같은 예술가와 함께 베트남전 반대 운동에 나섰다. 밥 딜런은 반미국 문화운동의 대표적인 인물이었다.
(엘리어트 랜디)

1962

3월 18일 알제리 전쟁을 종결 짓는 에비앙 협약 체결(7월 3일 알제리 독립 선언).

6월 1일 이스라엘에서 나치 전범 아돌프 아이히만 사형 집행.

7월 1일 르완다, 부룬디 독립.

8월 5일 남아프리카공화국에서 아프리카 민족회의(ANC)의 지도자 넬슨 만델라가 체포, 수감.

9월 12일 존 케네디가 "우리는 달에 가기로 결정했다"고 연설.

10월 9일 우간다 독립.

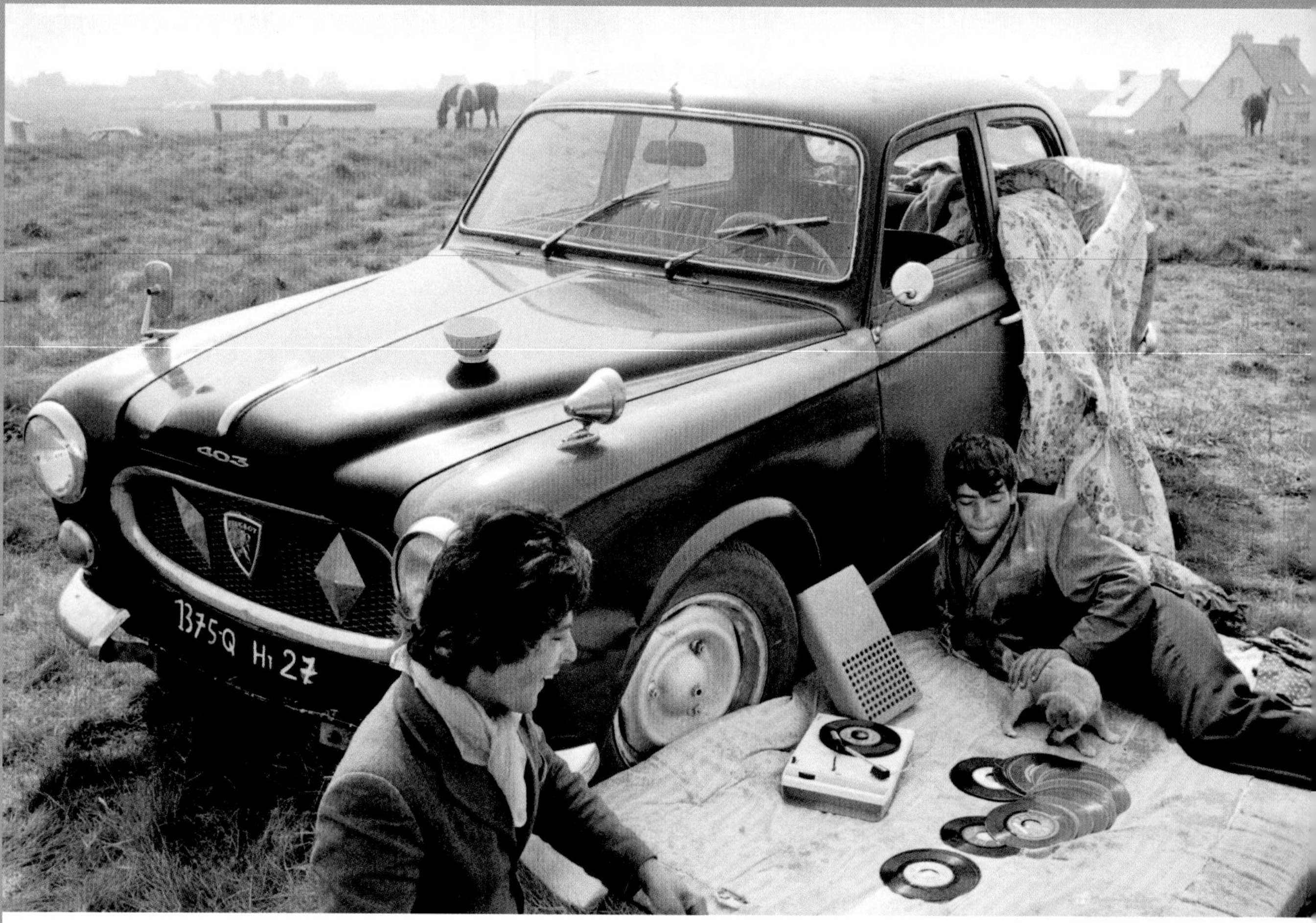

과학과 기술 텔스타 위성을 통해 최초로 정기적 대서양 횡단 텔레비전 방송 성공 | 미국 우주관측기 마리너 2호 금성 탐사 시작.

음악 롤링 스톤즈 그룹 결성 | 비틀즈 첫 음반 출시.

영화 마릴린 먼로 사망(8월 5일) | 제임스 본드 연작의 첫 작품 「007 살인번호」 개봉 | 「아라비아의 로렌스」가 오스카 최우수 작품상 수상.

10월 20일~11월 22일 인도와 중국 국경분쟁. 중국이 승리.

12월 5일 나토가 핵무기로 무장.

10월 11일 2차 바티칸 주교회의 시작(1965년까지 계속).

10월 18~31일 냉전 시대의 정점으로 기억되는 쿠바의 '미사일 위기'.

도처에 흘러넘치는 음악

1960년대에는 대중 소비사회의 대두와 '청년' 문화의 부상이 비닐 음반의 보급을 부추겼으며, 최초로 선보인 녹음기가 선풍적인 인기를 끌었다. 베이비붐 세대 젊은이들은 록이나 예예 음악에 열광했으며, 친구들끼리 깜짝 파티를 열어 '테파즈' 기계에서 45회전 비닐판을 돌리며 함께 음악을 즐겼다.

위: 45회전 음반을 듣는 젊은이들, 프랑스 (기 르케렉)
옆: 자기 집에서 작업 중인 미국 안무가 제롬 로빈스 (필리프 할스만)

"펠레라는 이름을 풀어쓰면 어떻게 되나요? 축-구-의-신"

『선데이 타임스』의 헤드라인

축구의 제왕 펠레

브라질 출신 펠레는 축구 역사상 가장 위대한 축구 선수로 손꼽힌다. 축구계에 있어서 전설적인 존재인 그는 브라질 대표 선수로 출전하여 세 번이나 브라질에 월드컵을 안겨주었다(1958년, 1962년, 1970년). 그는 1363회의 경기에 출전하여 1281개의 골을 넣었으며, 92번이나 국가대표 선수로 발탁되었다.

"축구를 하면서 노는 전 세계의 어린 아이들은 누구나 펠레가 되기를 꿈꾼다. 그러므로 나는 그 아이들에게 어떻게 해야 축구 선수가 되는지를 보여주어야 할 뿐만 아니라 어떻게 해야 인간이 되는지를 보여주어야 할 책임도 있다."

펠레

미술 팝아트의 거장 앤디 워홀이 마릴린 먼로 실크스크린 작품 완성.

문학 존 스타인벡 노벨문학상 수상 | 알렉산더 솔제니친의 『이반 데니소비치의 하루』 출간.

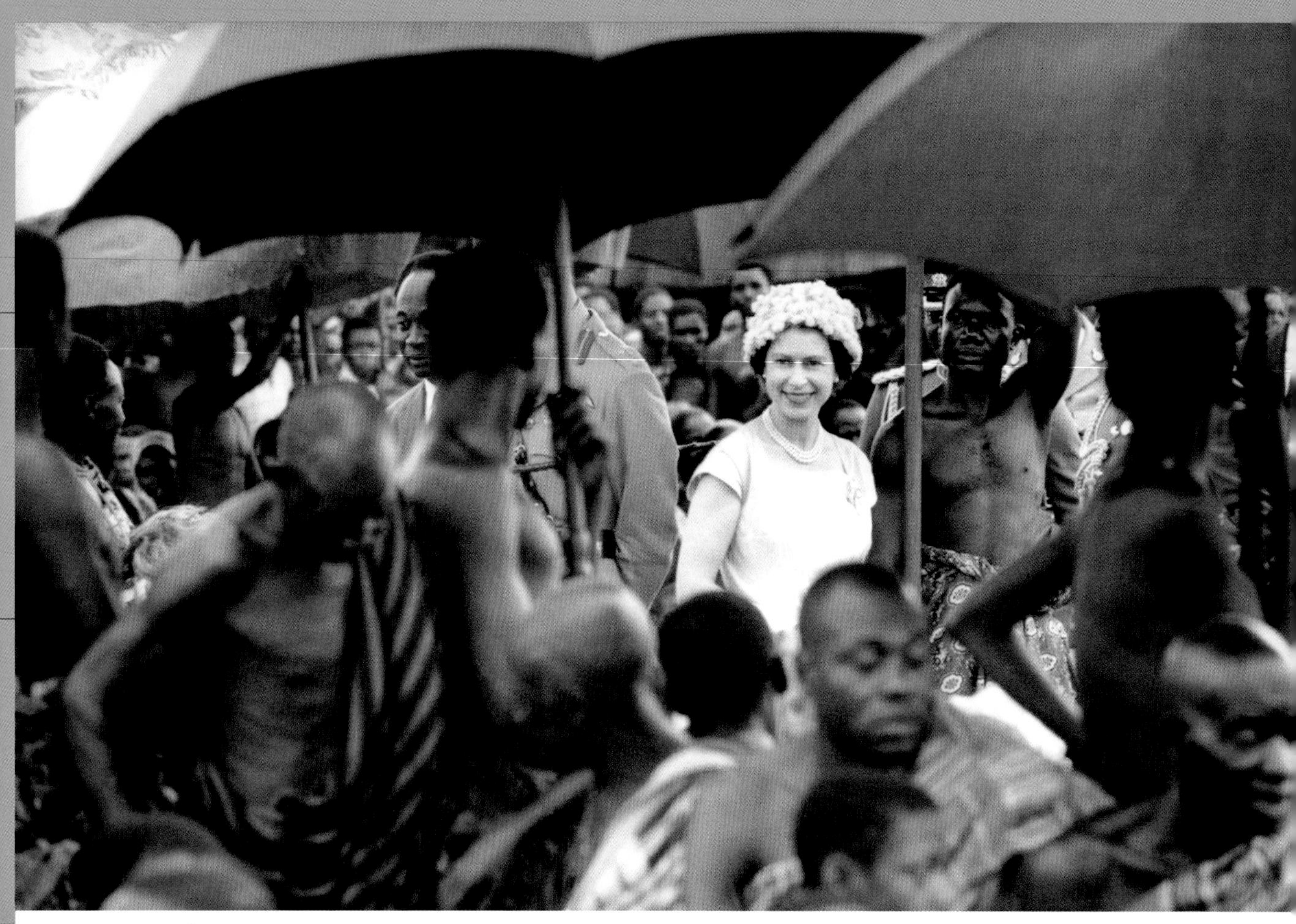

식민지로부터 해방

여왕 엘리자베스 2세의 가나 방문, 1961년

1960년대는 아프리카 국가들 대부분이 독립을 쟁취한 시기이다. 카메룬, 차드, 토고, 말리, 세네갈, 마다가스카르, 소말리아, 킨샤사 콩고, 가나, 베닌, 니제르, 부르키나 파소, 코트디브아르, 브라자빌 콩고, 가봉, 나이지리아, 모리타니아, 중앙아프리카공화국 등이 식민 지배자들과 분리를 선언했다. 이들 국가의 독립을 위한 협상은 대체로 평화적인 분위기 속에서 진행되었다.

(이언 베리)

"백인들이 처음으로 아프리카에 들어왔을 때 우리는 땅을 가지고 있었고, 그들은 성경을 들고 있었다. 백인들은 우리에게 눈을 감고 기도하는 법을 가르쳐주었다. 우리가 눈을 뜨고 보니 백인들은 땅을 차지했고, 우리는 성경을 들고 있었다."

조모 케냐타, 케냐 최초의 수상을 지냈고 1964년부터 1978년까지는 대통령으로 재직했다.

1963

1월 22일 프랑스의 드골과 독일의 콘라트 아데나워 수상이 양국의 협력을 골자로 하는 파리조약 체결.

3월 8일 시리아에서 쿠데타가 일어나 바스당이 정권 장악.

5월 25일 아프리카통합기구(OAU) 창설(아프리카 국가들의 단결과 우애 강화를 위해 35개국이 참가).

6월 23일 존 케네디 대통령이 유럽과 베를린을 순방해 '나는 베를린 사람' 이라고 하는 유명한 연설을 남김.

알제리 때문에 우리는 대가를 치렀다. 적어도 그렇게 말할 수 있다. 실제로 알제리는 우리에게 득보다 실이 컸다고 말할 수 있다. 그건 사실이다. 식민지의 독립은 우리에게도 득이 되며 그것이 우리의 정책이다.” 드골 장군, 1961년

“알제리는 과거에 한번도 프랑스였던 적이 없고, 현재도 그렇지 않으며, 미래에도 알제리는, 후손들의 의지에 힘입어, 절대로 그렇게 되지 않을 것이다.”

메살리 하지, 1926년

알제리 독립

알제, 1962년 7월 5일

알제리인들은 8년 동안 전쟁을 치른 후에 고통 속에서 독립을 쟁취했다. 이들의 독립기념일인 1962년 7월 5일은 1830년부터 시작된 프랑스의 식민 통치가 종식된 날이기도 하다.

마르크 리부)

마르크 리부

“1962년 7월 2일, 알제리인들은 열광과 환호 속에서 독립을 축하했다. 이와 같은 열정은 곧 주변에까지 전염되어서 나는 그 안에 푹 빠져버렸다. 햇빛과 먼지로 범벅이 된 눈 앞으로 수많은 이미지들이 지나가고 뒤엉켰다. 나는 더 이상 관람객도, 이방인도 아니었다. 나 역시 이 거대한 울림 속에 속해 있었으며, 나는 이 울림이 지구 반대편에서도 느껴졌으리라고 생각한다. 하지만 잔치의 다음날은 준엄했다. 여자들의 베일은 엄격하게 준수되었으며, 남자들은 예전보다 더 자주 실업에 직면해야 했다.”

7월 20일 카메룬이 아프리카 18개국과 유럽경제공동체를 결합시킨 야운데 협약에 가입.

8월 5일 미국, 소련, 영국이 지하 핵실험을 제외한 다른 핵실험을 금지하는 모스크바 조약 체결.

8월 28일 미국의 워싱턴에서 시민 권리를 위한 대규모 행진이 펼쳐짐. 마틴 루터 킹 목사의 '나는 꿈꿉니다' 연설.

8월 31일 워싱턴과 모스크바에 '레드 라인' 전화선 설치.

11월 22일 케네디 대통령 암살.

12월 10일 잔지바르 독립 | 12월 12일: 케냐 독립.

쿠바 미사일 위기

군대 행진, 쿠바, 1963년

1962년 10월, 쿠바에서 미사일 위기가 불거져나오자, 전 세계는 숨을 죽이고 제3차 세계대전이 터질까봐 두려워했다. 소련은 자신들의 편인 피델 카스트로가 다스리는 쿠바에 공격용 로켓을 설치했으며, 해로를 통해 미사일을 실어보냈다. 자국의 영토는 물론 '자유 세계' 전체가 직접적으로 위협을 받게 되었다고 판단한 존 F. 케네디 미국 대통령은 쿠바 섬 주위를 봉쇄하고, 흐루시초프에게 로켓 발사대를 철수시키라는 최후통첩을 보냈다. 결국 소련은 일단 후퇴했으나, 미국으로부터 쿠바의 독재자를 건드리지 않겠다는 확약을 얻어낸다. 극단으로 치달은 냉전의 정점을 보여준 이 위기 이후, 두 열강 사이에는 이른바 '평화 공존' 시대가 열리게 되었다.

(르네 뷔리)

영화 루키노 비스콘티 감독의 「레오파드」가 칸영화제에서 황금종려상 수상 | 엘리자베스 테일러와 리처드 버튼 주연의 「클레오파트라」 촬영(두 배우의 파란만장한 연애가 시작됨).

과학과 기술 최초의 여자 우주비행사가 우주 비행에 성공(소련의 발렌티나 테레슈코바).

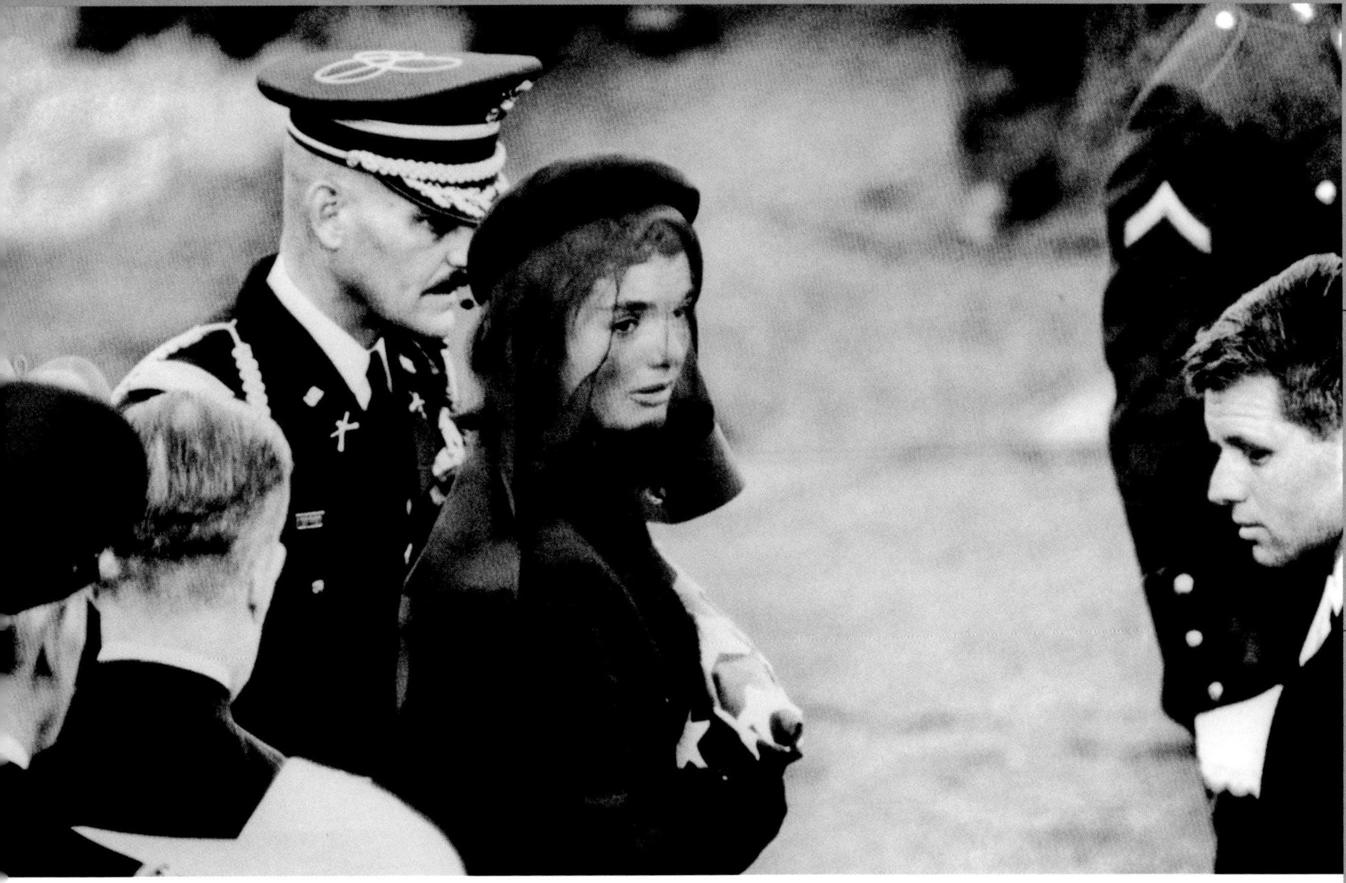

"우리는 오늘 광적인 사람들이 모여 사는 지역에 발을 들여놓게 될 거요."

존 F. 케네디가 달라스에 도착하기 직전 부인 재키에게 한 말

JFK의 암살

재키와 로버트 케네디, 1963년 11월 25일

1963년 11월 22일, 존 F. 케네디는 달라스 공식 방문 도중에 암살당했다. 이 소식으로, 미국 국경 너머에서도 놀라움과 흥분의 물결이 가라앉지 않았다.

케네디 대통령은 대담한 정책뿐만 아니라 예사롭지 않은 사생활, 특히 여배우 마릴린 먼로와의 애정 행각으로도 굉장히 인기가 많았다.

(엘리어트 어위트)

"당신이 누구이든 상관없이, 당신은 케네디 대통령의 사망 사실을 듣는 순간 자신이 어디에 있었는지, 자신이 무얼하고 있었는지 항상 기억할 것이다."

1963년 10월 22일 NBC 저녁 뉴스

1964

1월 27일 프랑스, 중국인민공화국과 국교 수립.

4월 26일 탕가니카와 잔지바르가 탄자니아로 통합.

5월 13일 이집트의 아스완 댐 완공 (준공식에 나세르와 흐루시초프 참석).

5월 28일 카이로에서 팔레스타인 해방기구(PLO) 발족.

7월 2일 미국에서 소수인종의 인권을 옹호하고, 인종차별에 종지부를 찍는 민권법 통과.

7월 6일 니아살란드 독립(현재 말라위).

8월 미국이 베트남 사태에 개입.

10월 5~10일 카이로에서 비동맹회의 개최(56개국 참가).

10월 14일 니키타 흐루시초프가 물러나고 레오니드 브레즈네프가 소련 공산당 서기장에 임명.

10월 16일 중국 최초의 핵실험.

10월 24일 잠비아 독립.

과학과 기술 액정화면 발명.

스포츠 권투 선수 카시우스 클레이가 세계 헤비급 챔피언에 등극 | 자크 앙케틸 5년 연속 투르 드 프랑스 제패.

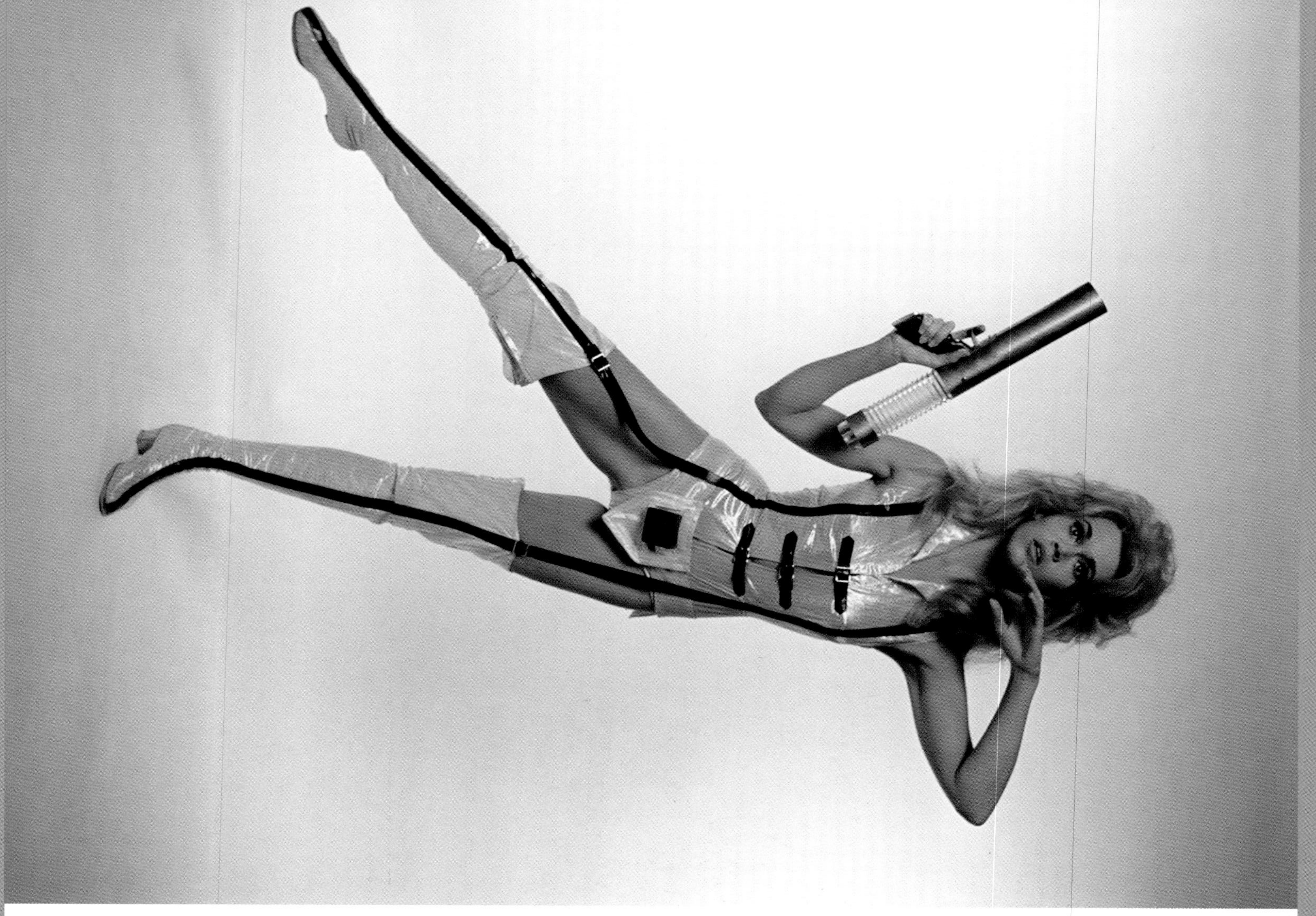

"자신의 육체를 증오하며 폭식증으로 고통받는 젊은 여자였던 내가 거의 벗다시피한 차림의 섹스 심벌을 연기했다."

제인 폰다 『나의 인생』

고다르와 누벨 바그

장 뤽 고다르와 미국 여배우 진 세버그, 1960년
스위스에서 출생하여 프랑스에서 활동하며, 1959년 진 세버그를 주연으로 하는 「네 멋대로 살아라」를 찍은 감독 장 뤽 고다르는 1960년대 내내 누벨 바그의 기수로 활약했다. 누벨 바그란, 고답적이고 학구적인 방식과 결별하고 자유분방한 스타일과 당돌함을 추구하려는 영화계의 새로운 움직임을 일컫는다.

(레이몽 드파르동)

"인생에서 당신은 어떤 야심을 갖고 있나요? 불멸의 존재가 되어 죽고 싶지요."

장 뤽 고다르 감독의 영화 「네 멋대로 살아라」에 등장하는 대사

제인 폰다

바바렐라, 1968년
968년, 제인 폰다는 로제 바딤 감독의 공상과학 영화 「바바렐라」에서 여주인공을 연기했다. 장 클로드 포레스가 만든 동명의 만화영화를 각색한 작품이었다. 바바렐라는 현대적이고 관능적인 여인으로 성해방 시대를 만끽하며 산다. 미니스커트에 롱부츠를 매치한 여주인공의 차림새는 당시 패션에 지대한 영향을 끼쳤다.
데이비드 헌)

제임스 본드

007 위기 일발」에 출연한 숀 코네리, 1963년
이언 플레밍의 상상력의 산물인 제임스 본드 시리즈는 1962년에 제1탄(「007 살인번호」)을 선보였다. 숀 코네리는 테렌스 영이 감독한 이 영화에서 영국 스파이 역을 맡았다.
데이비드 헌)

음악 비틀즈에 관한 영화 「하드 데이즈 나이트」 개봉 | 밥 딜런은 앨범 「더 타임즈 데이 알 어 체인징」을 발표함으로써 반문화의 기수로 확실하게 자리매김함.

사회 마틴 루터 킹 목사 노벨평화상 수상.

1965

2월 7일 미국, 북부 베트남에 처음으로 폭격.

2월 18일 감비아 독립.

2월 21일 말콤 X 암살.

4월 28일 도미니카공화국에서 민주적인 방식으로 선출된 좌파 정부가 전복되면서 일어난 폭동을 진압하기 위해 미군이 개입.

8월 5일~9월 18일 인도와 파키스탄이 카슈미르 지역을 놓고 격렬한 국경 분쟁.

"나는 네 명의 어린 내 자식들이 더 이상 피부색이 아닌 그들의 인격으로 평가받는 나라에서 살게 되기를 꿈꿉니다."
마틴 루터 킹 목사의 연설

"나는 꿈 꿉니다."

마틴 루터 킹

마틴 루터 킹 목사는 1955년 인종차별을 실시하는 버스에 대해서 승차를 거부하는 캠페인을 시작했다. 해가 거듭되면서 그는 흑인과 백인의 평등을 위해 투쟁하는 중심 인물로 각인되었다. 그는 1968년 4월 4일 멤피스에서 살해당했다. 그의 가장 유명한 연설 "나는 꿈 꿉니다"는 이렇게 끝난다. "마침내 자유. 전능하신 하느님 감사합니다, 우리는 이제 비로소 자유를 얻었습니다."

위: 1964년 노벨평화상을 수상한 뒤 미국으로 돌아온 킹 목사 (레오너드 프리드)
옆: 워싱턴으로 행진, 1963년 (밥 아델만)

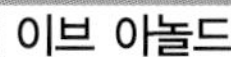

이브 아놀드

"시간이 흐를수록 그는 대중적인 영웅이 되었으며, 흑인 저항 운동의 상징이 되었다. 유창한 언변과 남의 이야기를 경청하는 태도를 지닌 그는 흑인들을 위해 전적으로 헌신했다. 나는 그 인물의 사적인 모습을 엿볼 수 있는 특권을 누렸다. 엄격한 지도자 모습 뒤로 매우 인간적인 면모가 드러났다."

"용감하고, 가치를 존중하며 영원히 굴복하지 않는 아프리카 출신 미국인." 마틴 루터 킹

말콤 X

시카고 1961년

흑인 이슬람 교도들의 지도자인 말콤 X (1925~65년)는 이슬람의 이름으로 인종차별을 폐지하는 투쟁을 벌였다. 그는 모든 국가에서 핍박받는 흑인들을 규합할 수 있는 국제흑인연맹을 창설할 것을 주장하기도 했다. 그의 우아한 외모 기저에는 강력한 연설가의 면모뿐만 아니라 직접적인 행동과 반항을 추구하는 매우 격렬한 심성도 숨겨져 있었다. 그는 총격전에 휘말려 서른아홉 살의 나이로 사망했다.

"할렘이 지닌 가장 강력한 희망 중의 하나." 마틴 루터 킹

8월 9일 싱가포르 독립.

9월 30일 인도네시아 군대가 수십만 명의 공산주의자들을 학살. 쿠데타를 일으키려 했다는 것이 공식적인 이유였으며, 곧 이어 수하르토 장군이 수카르노를 축출.

10월 29일 모로코 국왕 하산 2세 반대파의 지도자인 메흐디 벤 바르카가 파리에서 납치된 후 행방불명.

11월 11일 남로데지아(현재 짐바브웨)가 독립을 선언했으나, 백인의 통치는 계속됨.

11월 24일 예전 벨기에령 콩고에서 쿠데타. 모부투 장군이 정권 장악.

12월 19일 프랑스에서 드골 장군이 대통령에 선출.

12월 31일 중앙아프리카에서 쿠데타. 장 베델 보카사가 정권 장악.

과학과 기술 몽블랑 터널 개통 | 미국인 우주비행사 에드워드 화이트가 최초로 우주복 차림으로 우주에서 유영 | 우주탐사선 마리너 호가 보내온 최초의 식별 가능한 화성 사진 입수.

영화 『메리 포핀스』가 줄리 앤드류스의 여우주연상을 포함하여 오스카상 5개 부문 석권.

미니스커트

1962년 런던에서 처음으로 선보인 후 프랑스에서 앙드레 쿠레주가 패션쇼에 등장시킨 미니스커트는 60년대 중반에 들어서며 점점 더 인기가 상승했다. 미니스커트는 여성해방 또는 기존 관습 타파의 상징으로까지 여겨졌다.

옆: 파리의 한 카페, 1969년 (앙리 카르티에-브레송)
아래: 쿠레주, 봄/여름 시즌을 위한 패션쇼, 1969년 (앙리 카르티에-브레송)

트위기

사진 촬영, 1966년
가냘픈 몸매에 커다란 눈망울을 가진 트위기(어린 가지를 뜻함)는 1960년대를 주름잡은 모델이었으며, 최초로 스타의 지위에 올라선 모델이라고 할 수 있다.

오른쪽: (버트 글린)

"연설이란 미니스커트 같아야 한다. 주제를 전개할 수 있을 만큼 길면서 사람들의 주의를 끌 정도로 짧아야 하니까." 1970년에서 74년까지 니에브르의 경찰서장을 지낸 자크 강두엥

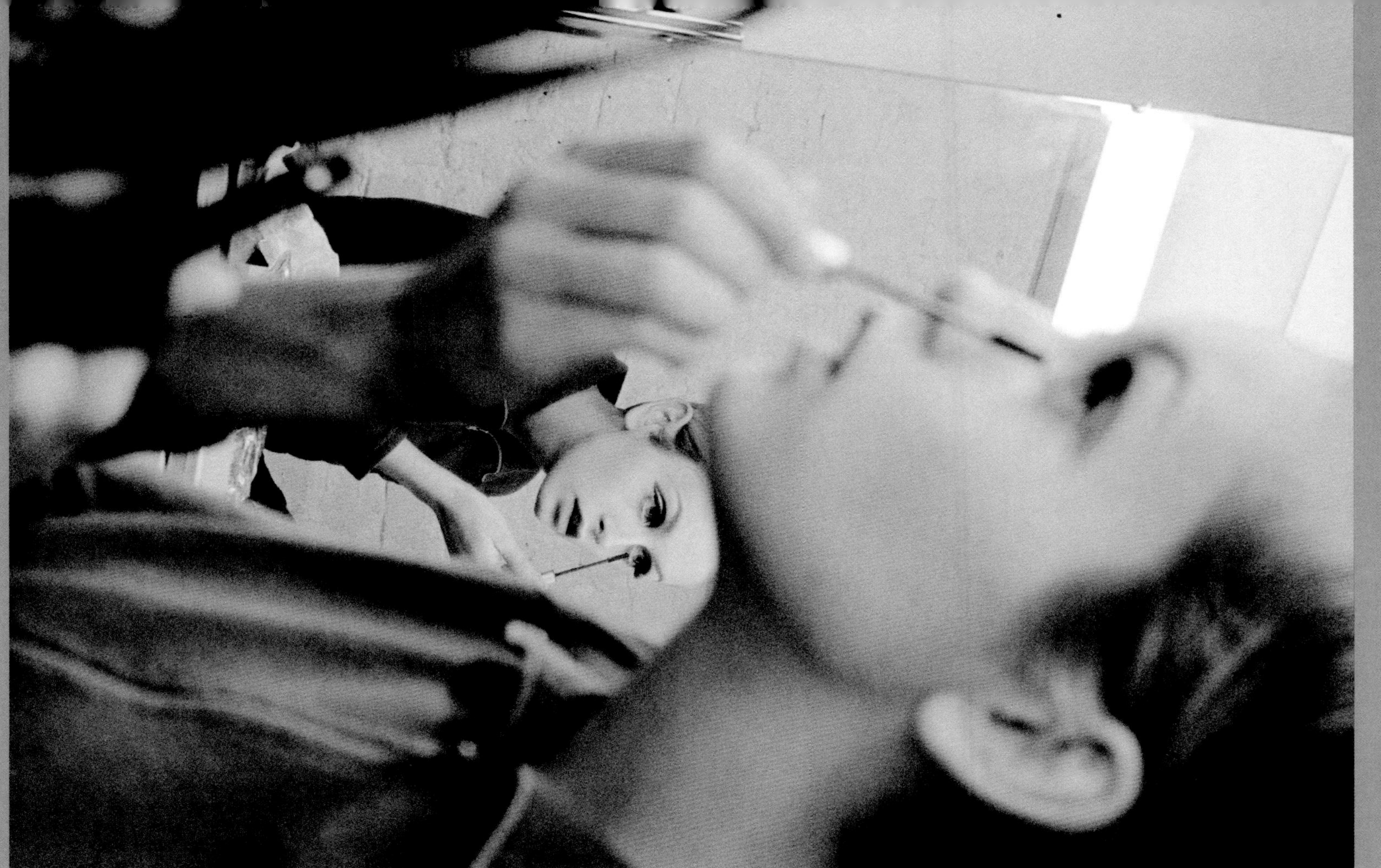

“작고 작고 작아, 우리 삶의 모든 건 다 작아, 미니 모크에 미니 쥐프 미니 모슈에 릴리퓌트….”

자크 뒤트롱의 노래 「미니 미니 미니」 중에서

1966

1월 3~15일 하바나에서 열린 3대륙회의에서 아프리카, 아시아, 라틴아메리카 민족연대기구(OSP) 창설.

1월 11일 인디라 간디, 인도의 수상으로 임명.

2월 21일 프랑스 나토에서 탈퇴.

8월 1일 공산주의 중국에서 '문화혁명' 시작.

8월 31일 프놈펜을 방문 중이던 드골 장군, 미국의 베트남 전 개입을 비판.

9월 30일 베추아나랜드(현재 보츠와나) 독립.

비틀즈 열풍

존 레논, 폴 매카트니, 링고 스타, 조지 해리슨. 이렇게 네 명으로 구성된 비틀즈는 전 세계에서 가장 많은 앨범 판매 기록을 보유한 록그룹이다. 1964년, 미국과 유럽의 젊은이들 사이에는 '비틀즈 매니아' 바이러스가 대대적으로 확산되었다. 비틀즈 그룹의 팬들은 비틀즈의 머리 모양이나 옷차림을 그대로 따라하고, 우상의 콘서트가 열리는 곳이라면 어디든 모여들었으며, 콘서트는 광적인 분위기 속에서 진행되었다.

위: 「하드 데이즈 나이트」 촬영, 1964년 (데이비드 헌)
오른쪽: 비틀즈의 콘서트장을 가득 채운 열혈팬들, 1964년 (데이비드 헌)

"우리는 지금까지 단 한 번도 그런 광경을 본 적이 없었다. 전혀…. 왕이나 여왕이 올 때도 이렇지는 않았다."

뉴욕 존 F. 케네디 공항 대변인이 비틀즈가 도착한 날 한 논평, 1964년

10월 4일 바수토란드(현재 레소토) 독립.

과학과 기술 달 관측기(미국의 서베이어 1호와 소련의 루나 9호) 달에 착륙.

영화 클로드 를루슈 감독의 「남과 여」가 칸 영화제에서 황금종려상 수상.

"힘든 날 저녁이었지, 나는 개처럼 일을 해야 했거든. 힘든 날 저녁이었지, 나는 곯아떨어질 판이었지. 그런데 나는 집에 도착해서 당신이 해놓은 일들을 보면 내 기분이 좋아질 걸 알고 있지…."

"It's been a hard day's night, and I've been working like a dog, it's been a hard day's night, I should be sleeping like a log, But when I get home to you I find the things that you do, Will make me all right…"

비틀즈가 부른 노래 '하드 데이즈 나이트'의 가사

1967

1월 7일 미국 우주비행사 버질 그리섬, 에드워드 화이트, 로저 채프가 우주선 아폴로 1호의 화재로 사망.

1월 27일 국제사회는 우주를 평화적, 비핵화 목적으로 사용할 것에 동의.

2월 14일 라틴아메리카 비핵화조약 체결.

3월 18일 토리-캐넌 호의 침몰로 도버 해협에 기름 유출.

4월 21일 그리스에서 쿠데타가 일어나 왕정을 폐지하고 '군사 독재' 실시.

5월 27일 나이지리아의 한 지방인 비아프라가 분리되면서, 1970년까지 계속될 전쟁이 시작됨.

6월 5일 시나이 반도에서 6일전쟁 발발. 전쟁에서 승리한 이스라엘이 시나이 반도, 시조르다니, 가자, 예루살렘 동부와 골란 지역을 점령.

6월 14일 중국에서 최초로 수소폭탄 실험.

7월 16~18일 몬트리 팝 음악 페스티벌의 개최로 '사랑의 여름'이 시작.

9월 6일 드골 대통령이 '유럽을 대서양에서 우랄산맥까지'를 골자로 폴란드에서 연설함.

"1989년 톈안먼 광장에 모인 무방비 상태의 학생들이 대량으로 학살당하는 비극이 벌어진 이후, 그 사태를 언급하는 것만으로도 투옥될 위험에 처하게 되었다. 1965년에 찍은 이 사진에서, 그럭저럭 발맞춰 행진하던 어린 학생들은 무질서와 잔학 행위의 집대성이었던 문화혁명을 예고했다." 마르크 리부

마오쩌둥의 중국

베이징 톈안먼 광장에서 시위를 벌이는 대학생들

중국 당국은 공식적으로 애써 부인하려 하지만, 1965년 무렵의 중국 공산당은 소련 공산당과 매우 닮은 모습을 보여준다. 행진을 좋아하는 것만 보아도 그렇다. 행진은 아주 어릴 때부터 규율 없는 개인은 아무 것도 아니며 단체를 떠나서는 개인이 있을 수 없음을 일깨워주는 듯하다. 국가와 기존 권력 집단의 위엄과 명예의 과시가 행진의 목적이다. 이 사진은 1965년에 찍은 것으로, 이듬해 마오쩌둥은 '문화혁명'을 시작했다.

(마르크 리부)

마르크 리부
"1965년, 중국의 대학생들과 지식인들은 예술가들과 마찬가지로 들판으로 끌려갔다. 안경을 낀다는 이유만으로도 위험에 처할 수 있었다. 교수 같은 지식인일 가능성이 높다는 개연성 때문이었다. 사진에 등장하는 교수는 한 번도 곡괭이를 다뤄본 적이 없는 사람이었다. 곡괭이를 다루려면 수천 년 동안 이어져온 균형 감각과 리듬 감각이 필요했다. 다른 교수들과 마찬가지로 그 역시 이런 류의 노동을 해본 적이 없었기에 능숙해지려면 앞으로 적어도 몇 년간은 농촌에 살아야 할 것이다."

공사장으로 끌려간 지식인들

광시성, 1965년

지식인들이란 모든 독재체제에 위험스러운 존재들이다. 기존 정권의 부당성을 입증하기 위하여 비판정신을 발휘하는 집단이기 때문이다. 공산 중국은 체제의 적이라고 판단되는 사람들을 강제 노역에 동원시키기 위해 많은 수용소를 설치했다.

(마르크 리부)

사회 미국에서 '히피'라는 용어 등장.

과학과 기술 크리스티앙 바르나르 교수 집도로 최초의 심장 이식 수술.

10월 26일 이란의 마지막 왕 즉위.

11월 30일 남예멘 독립.

9월 7일 미국에서 '우먼스 리브'가 창설됨으로써 여성해방운동 시작.

10월 9일 에르네스토 체 게바라가 볼리비아에서 암살당함.

"아마도 100년 후 쯤이면, 사람들은 내가 백인이었다고 말할 것이다. 예수에 대해서도 그랬으니까." 무하마드 알리

무하마드 알리

시카고, 1966년

1966년에 벌써 무하마드 알리는 잘 나가는 권투 선수였다. 1960년에 이미 올림픽 타이틀을 땄으며, 1964년에는 세계헤비급 챔피언 벨트를 거머쥐었다. 재능있고 야심이 넘치는 이 젊은 권투 선수는 이제 권투계의 신화가 되려는 판이었다. 20년 경력에 여러 차례 세계 챔피언 타이틀을 방어했는데, 특히 조 프레이저나 조지 포먼 같은 선수를 맞아 역사에 길이 남을 시합을 벌인 끝에 거둔 승리였기 때문에 그의 진가가 더욱 높아졌다. 이제까지 권투 역사상 가장 뛰어난 선수임이 분명한 그는 정치적으로도 매우 적극적인 '참여 선수'라고 할 수 있었다. 흑인들의 해방을 위해 투쟁을 벌이는 정치 · 종교 단체인 '이슬람국가'를 알게 되면서 그는 자신의 이름을 '무하마드 알리'로 바꿀 정도로 열성을 보였다.

토마스 회프커

"이 리포트는 정말로 굉장한 것이다. 요즘 무하마드 알리 정도 되는 정상급 인사들을 만나면, 호텔 방에서 30분 정도 앉아 있다가 작별하는 게 보통이다. 나는 아내와 같이 런던, 마이애미, 시카고로 알리를 따라다녔다. 우리는 알리와 함께 4주를 보냈고, 덕분에 아주 풍부한 이야기와 귀한 디테일들을 건져낼 수 있었다. 우리는 그가 런던의 양복점에 가서 처음으로 맞춤 양복을 마련하는 모습을 지켜보았고, 그가 연습하는 광경도 바라보았다. 우리는 그와 그의 여자 친구들과 더불어 함께 좋은 시간을 보낼 수 있었다."

1968

1월 31일 베트남에서 베트콩 게릴라들의 텟 반격 이후 서양에서 반전 여론이 고조되기 시작.

2월 '프라하의 봄' 시작.

3월 12일 모리셔스 독립.

4월 4일 마틴 루터 킹 목사 암살.

5월 13일 프랑스에서 노동자들이 총파업에 돌입. 이미 진행 중이던 학생 운동과 더불어 사회 전반적인 항거로 확산.

7월 1일 유럽경제공동체 내에서 관세 철폐.

7월 17일 이라크에서 쿠데타가 일어나, 아흐마드 하산 알 바크르가 이끄는 바스 당이 정권 장악.

인도의 수상이 된 인디라 간디

1966년

인디라 간디는 1966년부터 1977년, 1980년부터 1984년, 이렇게 두 차례에 걸쳐서 인도를 통치했다. 인디라 간디는 1947년 인도 독립 이후 1964년까지 인도의 수상을 지낸 국민회의당 지도자 네루의 딸이다. 이 사진은 인디라 간디가 1966년 선거 운동 중 국민회의당 회합 때 찍었다. 인디라 간디의 뒤로 마하트마 간디의 사진이 보인다.

(마릴린 실버스톤)

"인도를 보기 위해서는 시골 마을을 돌아다녀야 한다. 인도를 이해하기 위해서는 타고르의 글을 읽어야 한다. 그리고 인디라 간디 같은 사람을 스승으로 두어야 한다."

클라우디아 알타 존슨, 일명 '레이디 버드'라고도 불리는 린든 존슨 대통령 부인

"나이든 여인들로 이루어진 내각에서 유일한 남자."

비자야 라크슈미 판디트가 조카 인디라 간디에 대해서 한 말

8월 20~21일 '프라하의 봄' 진압.

9월 6일 스와질란드 독립.

10월 2일 멕시코에서 정부군이 시위 학생들에게 발포(최소 350명 사망).

10월 12일 적도기니 독립.

11월 5일 리처드 닉슨이 미국 대통령에 당선.

12월 26일 팔레스타인 게릴라들이 아테네 공항에서 이스라엘 항공 엘-알 비행기 공격.

영화 미국에서 스탠리 큐브릭 감독의 「2001 스페이스 오딧세이」 개봉 | 세르지오 레오네 감독의 「옛날 옛적 서부에서」 개봉(클라우디아 카르디날레, 헨리 폰다 주연).

1969

1월 19일 대학생 얀 팔라흐가 소련의 체코슬로바키아 침공에 항의하기 위해 프라하에서 분신 자살.

2월 1일 아세르 아라파트가 팔레스타인해방기구(PLO) 의장에 임명.

3월 17일 골다 메이어가 이스라엘 수상에 임명.

4월 28일 프랑스에서 개혁을 제안하는 국민투표가 부결됨에 따라, 드골 대통령 하야.

7월 21일 인간의 달 착륙.

8월 14일 영국 군대가 북아일랜드에 배치.

9월 1일 리비아에서 카다피가 쿠데타 주동.

"나는 내가 배우인지 사기꾼인지 바보인지, 아니면 아주 신중한 놈인지 알 수 없다. 하지만 자연적으로 생긴 그대로의 코 모양을 베껴야 한다는 사실만큼은 알고 있다." 알베르토 자코메티

"대형 할인매장은 거대한 미술관과 같다." 앤디 워홀

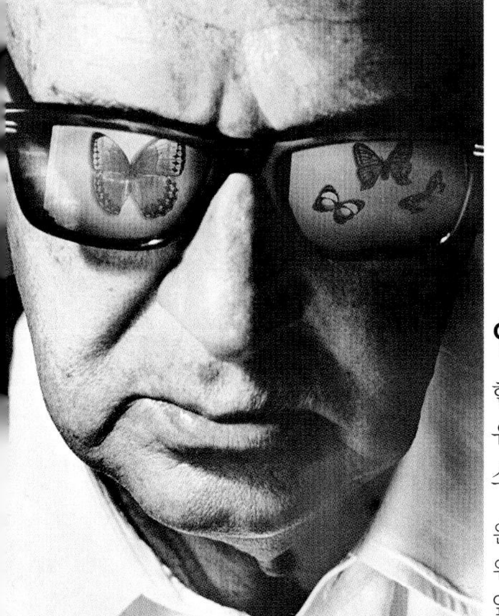

"내 생각엔 오직 한 사람의 독자, 즉 자기 자신을 위해서 글을 써야 한다." 블라디미르 나보코프

앤디 워홀과 팝아트

한때 광고회사 직원으로 일하다가, 실크스크린으로 제작한 마릴린 먼로나 마오쩌둥의 초상화로 유명해진 앤디 워홀은 가히 '팝아트'의 화신이라고 할 수 있다. 팝아트는 대중 예술과 소비사회에서 영감을 얻은 우상파괴적 표현 형식이다.

왼쪽: 조각가 알베르토 자코메티, 파리, 1961년 (앙리 카르티에-브레송)
위: 워홀과 재니스 조플린, 팀 버클리, 1968년 (엘리어트 랜디)
옆: 작가이자 유명한 나비 수집가인 블라디미르 나보코프, 1968년 (필리프 할스만)

9월 2일 호치민 사망.

과학과 기술 콩코드 비행기 최초 비행 | 보잉 747 최초 비행 | 인터넷의 전신인 아르파넷 개통.

스포츠 요트 경기에서 에릭 타발리가 태평양을(미국에서 일본까지) 39일 15시간만에 횡단함으로써 세계 신기록 수립.

사회/음악 뉴욕 주의 베델에서 우드스탁 페스티벌(8월 15~18일).

6일전쟁

아랍군으로부터 재탈환한 통곡의 벽 앞에 서 있는 이스라엘 군인, 1967년 6월 7일

1967년 6월 4일부터 11일까지 벌어진 6일전쟁에서 이스라엘 군대는 시리아, 이집트, 요르단 연합군을 상대로 싸웠다. 이 기습전에서 승리함으로써 이스라엘 영토는 눈에 띄게 넓어졌다. 동시에 이로 인하여 불안정한 이 지역 지정학적 균형이 다시 한 번 동요했다.

(미차 바르암)

"나는 괴나리 봇짐 하나와 어린 자식을 등에 짊어지고 걷는 엄마를 보았다. 여인은 난리 통에 세 명의 자식을 잃었는데, 그 아이들은 아마도 피난민들의 발에 밟혀 죽은 것으로 추정된다." 적십자 소속 간호사가 비아프라를 강타한 집단 패닉에 대해서 남긴 말

비아프라의 기근

전쟁 종결 1년 후 어린이들의 모습, 1971년
1967년부터 나이지리아의 한 지방인 비아프라에서, 독립을 요구하는 격렬한 분쟁이 시작되었다. 이렇게 시작된 전쟁은 이후 3년 동안 내란으로 번졌으며, 같은 기간 기근까지 겹쳐 상황은 한층 어려워졌다. 정치적, 종교적, 인종적인 문제 등 복합적인 이유로 치러진 이 전쟁은 1970년 1월, 비아프라가 종전대로 나이지리아의 한 지방으로 재편입되면서 종결되었다.

(압바스)

"남자, 여자, 어린아이 할 것 없이 길을 따라 줄줄이 죽어간다." 적십자 파견 직원

"승리할 때까지, 영원히!"

체 게바라를 추모하는 연설에서 피델 카스트로가 인용한 말, 1967년 10월 18일

체 게바라

피델 카스트로의 혁명 동지인 에르네스토 체 게바라(1928~67년)는 바티스타 정권 몰락 후 쿠바에서 대사, 중앙은행 총재, 산업부장관 등 요직을 두루 거쳤다. 그러나 그는 1965년 쿠바를 떠나 콩고로 갔다가 볼리비아로 건너간다. 체 게바라는 게릴라를 조직하여 활동하던 중 1967년 암살당한다(CIA에 의한 암살이었으리라고 추측된다). 체는 죽은 후 전 세계 혁명 단체들의 우상이 되었으며, 오늘날까지도 현대 사회의 낭만적 영웅으로 길이 기억된다.

위: 체 게바라, 쿠바의 산업부 장관실에서, 1963년 (르네 뷔리)

르네 뷔리

"그는 산업부 장관 사무실에서 우리를 맞았다. 대담은 두 시간 동안 계속되었고, 이 두 시간 동안 시종일관 극도의 긴장감이 감돌았다. 그 이유는 (나와 동행한) 기자(라우라 베르퀴스트)가 그가 극도로 증오하는 양키 출신인데다가, 미국식으로 즉 도발적인 질문을 상대에게 쏟아붓는 식으로 인터뷰를 진행했기 때문이었다. 기자 입장에서 보자면, 체 게바라는 미국 지도자들과 여론이 오히려 피델 카스트로보다도 더 증오하는 상대였다. 더구나 그는 당황하지 않고 온갖 까다로운 질문을 받아 넘겼다. 이 두 사람의 만남은 말하자면 두 개의 서로 다른 세계, 화해가 불가능한 두 세계가 충돌한 거나 마찬가지였다. 논쟁에 전념하느라 체 게바라는 나를 배려해주지 못했고, 따라서 사진 찍으라고 포즈를 취해주지도 않았다. 그래서 나는 필름을 여덟 통이나 썼다. 이때 찍은 사진 중 일부는 요즘도 여전히 전 세계에 돌아다닌다."

브뤼노 바르비
"서둘러서 서로의 의사를 타진해야 했다. 서로 대화를 나누고, 모든 것을 다시 생각해보아야만 했다. 이것은 기존 사회가 제시하는 모든 것, 다시 말해서 위로부터 내려오는 모든 것에 대한 항거였다. (…) 세계에서 가장 부유한 나라 중의 한 곳에 사는 청소년들이, 1973년 석유 파동이 나기 전에 벌인 대대적인 반항이었던 것이다."

"너의 욕망을 현실로 간주하라."

"금지는 절대 금지"

"현실주의자가 되어라, 따라서 불가능을 요구하라."

1968년 5월

생제르맹 거리, 파리, 1968년 5월 6일

1968년 5월에 일어난 일련의 움직임은 프랑스 사회를 완전히 바꾸어놓았다. 파업의 물결은 3주 동안 사회를 완전히 마비시켰다. 1968년 5월은 특히 그간의 모든 관습과 질서에 일대 혁명을 가져다주었다. 가정, 교회, 노동조합, 정당, 사회에서 여성과 젊은이들이 차지하는 위치 등 모든 것이 불만의 대상이었다. 파리 시내 한가운데에 위치한 학생 지역인 라틴 구역은 학생들과 소요 진압 책임자들 간의 격렬한 전투장으로 변했다. 경찰과 투석전을 벌이는 학생들. 5월 6일, 생제르맹 거리.

(브뤼노 바르비)

"보도블럭 아래 해수욕장"

"상상력을 권좌로"

**"달려라, 동지여,
오래된 세계를 뒤로하라."**

"나는 그곳이 정신적인 비아프라가 되어 가고 있다고 믿기를 거부한다."

루이 아라공, 10월

프라하의 봄

1968년, 자유주의자 둡체크의 지휘를 받은 체코슬로바키아의 지도자들이 공산당 개혁을 시작했다. 이 움직임은 지식인, 학생, 노동자들의 지지를 얻어 동지들을 규합하는 데 성공한다. 체코 공산당은 다른 정당의 설립을 받아들였으며, 언론 검열을 폐지하고 국민들이 외국을 여행할 수 있는 권리를 인정했으며, 스탈린 정권의 희생자들을 복권시키고 이들에게 보상했다. 한편 이런 식의 일련의 개혁이 다른 인민공화국에까지 확산될 것을 염려한 소련 당국은 긴장했다. 결국 1968년 8월 21일, 바르샤바 조약군들은 체코슬로바키아를 침공했으며, 둡체크를 체포함으로써 모든 개혁을 정지시켰다.

위: 소련군의 프라하 진격, 1968년 8월 (요제프 쿠델카)
오른쪽: 젊은 시민과 소련군의 대치, 1968년 8월 (이언 베리)

요제프 쿠델카

"1968년의 프라하는 물론 비극으로 끝났지만, 나는 그래도 그 비극의 증인이 되었던 것을 다행이라고 여긴다. 나는 사람들 사이에 그와 같은 연대감이 존재하리라고는 꿈에도 생각지 못했다. 그건 정말로 기적이었다. 소련 탱크에 대항하는 모습은 한결 같았다. 공산당, 지식인, 젊은이, 노인 구별없이 모두가 하나가 되었다. 심지어는 도둑들까지도 다시는 도둑질을 하지 않겠노라고 맹세했다. 경찰들에게 도둑 잡는 일 외에도 할 일이 많았기 때문이다. 그처럼 강렬한 순간은 나에게 처음이었다."

"공산당 내부는 어떻게 여론에 대응해야 할지 모른 채 헤매고 있다."

알렉산더 둡체크, 『위마니테』

얀 팔라흐

영결식, 1969년 1월 25일

1969년 1월 16일, 학생이던 얀 팔라흐는 소련 군대의 진압에 항거하기 위해 자신의 몸에 불을 질렀다. 그는 죽음으로써 반소련 저항 운동의 상징이 되었다. 1월 25일, 엄청난 군중이 그의 영결식장에 모여들었다.

(요제프 쿠델카)

**"엄마는 말하셨지,
앙트완, 머리 좀 자르렴?
나는 대답했지, 엄마, 정 그러시다면
20년쯤 후에나 자를까요?
내가 남의 시선을 끌고 싶어서
그런다고요? 이렇게 하면 더 잘생겨
보여서 그런다고요? 아니죠,
그냥 이게 좋아서 그래요. 오 예!"**

'고민들'이라는 앙투안의 노래 가사, 1966년

"자유롭기 위해서는 머리를 길게, 길게, 길게 길러야 하지…"

조니 할리데이가 부른 노래 '긴 머리, 짧은 생각'의 가사.

길어지는 머리

1960년대 내내 젊은이들은 머리 모양을 통해서 자신들의 존재를 알렸다. 초반부엔 컬클립을 말고 다니거나(위), 양배추처럼 보글보글 볶은 스타일이(옆) 등장하는가 했더니, 1968년 이후로는 남자들까지도 머리를 길게 기르기(오른쪽) 시작했다. 혁명이 따로 없었다.

왼쪽 위: 시카고, 1965년 (대니 라이언)
왼쪽 아래: 스코틀랜드, 1965년 (브뤼노 바르비)
위: 프랑스, 1969년 (앙리 카르티에-브레송)
아래: 런던, 포르토벨로 부근, 1969년
(르네 뷔리)

"우리들, 즉 미국의 식민 지배를 받는 흑인 주민들은 우리의 운명을 스스로 마련해나갈 수 있기를 희망했다. 그것이 바로 '블랙 파워' 다."

1968년 멕시코 올림픽,
가장 유명한 '블랙팬서' 구성원 엘드리지 클리버

(레이몽 드파르동)

"우리는 우리의 투쟁이 인종 투쟁이 아닌 계급 투쟁이라고 믿는다."

바비 실, 블랙팬서 창설자

블랙팬서

시카고, 1968년
아메리카 흑인들로 구성된 그룹 블랙팬서 (검은 표범)는 1966년에 발족했다. 주먹을 불끈 치켜든 구성원들 혹은 이 그룹의 운동에 동조하는 사람들은 '블랙 파워'를 정착시킬 것을 주장했다.

(히로지 구보타)

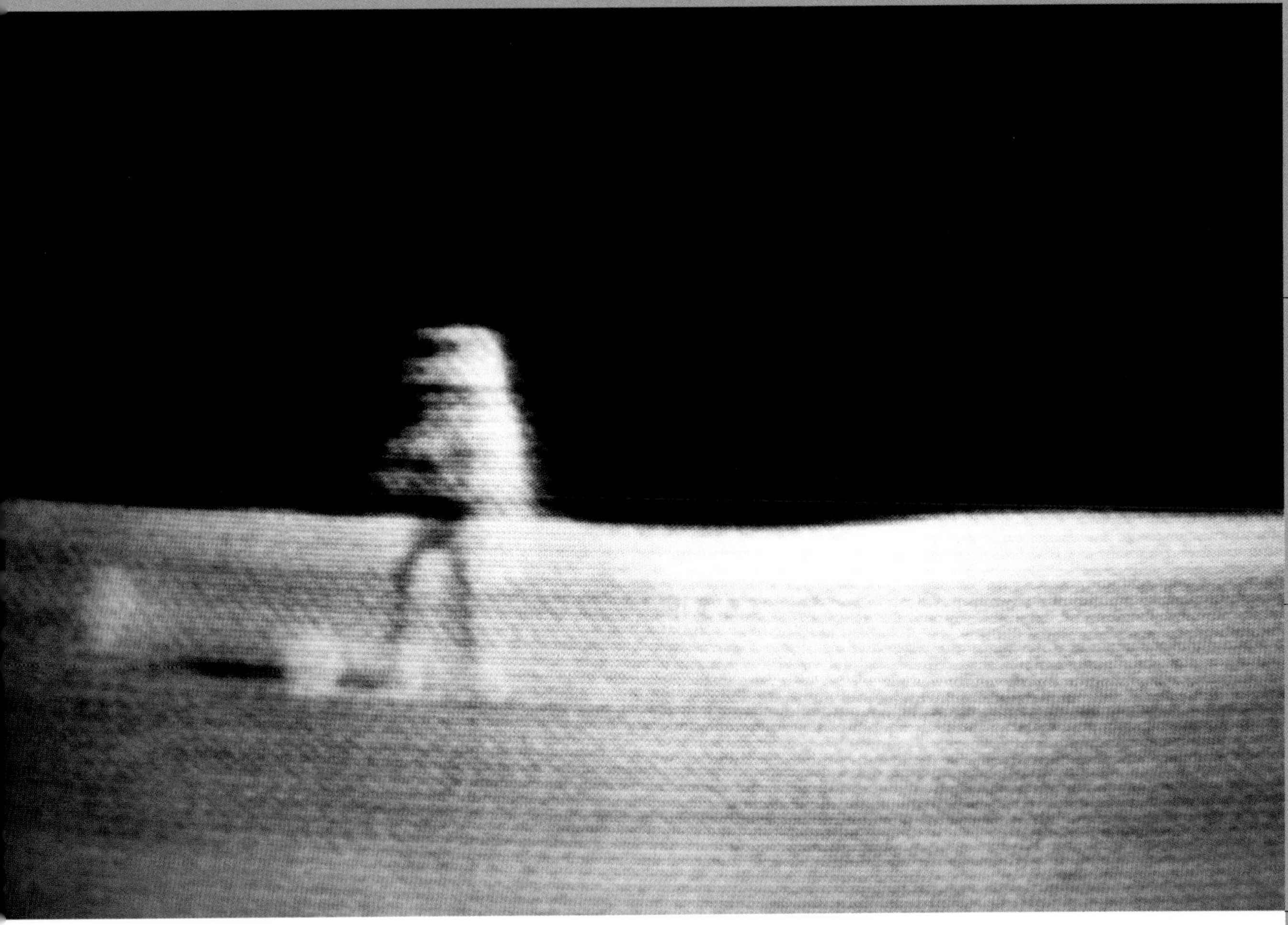

"한 인간의 작은 걸음, 전 인류의 위대한 걸음." 닐 암스트롱

인간이 달 표면을 걷다

텔레비전 화면, 1969년

1969년 7월 20일에서 21일 사이의 밤에 미국 우주비행사 닐 암스트롱과 에드윈 올드린은 달 표면을 걸었다. '한 인간의 작은 걸음, 전 인류의 위대한 걸음' 닐 암스트롱의 이 말은 역사에 영원히 남을 것이다.

(하리 그뤼아르트)

베트남 전쟁

1965년부터 시작된 베트남 전쟁으로 미군의 지원을 받는 남부 베트남과 소련과 중국, 북부 베트남의 지원을 받는 혁명군 베트콩이 대치 상태에 놓였다. 냉전 시대가 낳은 유산이라고 할 수 있는 이 전쟁은 결국 미군의 패배로 종식되었다. 미국은 대대적인 공습과 네이팜탄의 사용에도 불구하고 게릴라전을 근절시키는 데 성공하지 못했던 것이다. 1973년에 체결된 파리 조약은 남부 베트남, 라오스, 캄보디아에서 공산주의자들이 승리를 거두었음을 명시했다. 미국은 이 분쟁에서 처절한 패배를 맛본 이후, 전 세계적인 이미지 실추를 감내해야 했다.

옆: 매콩 삼각주, 1963년 (르네 뷔리)
위: 농부들을 거칠게 몰아내는 미군, 1968년, 마을 주민들과 미군 병사, 1967년 (필립 존스 그리피스)
오른쪽 위: 헬리콥터의 폭격으로 부상당한 여인, 1968년 (필립 존스 그리피스)
오른쪽 아래: 반전 시위, 워싱턴 D.C. 1967년 (마르크 리부), 열 살짜리 남부 베트남 병사 (필립 존스 그리피스)

"1965년에 적군이 기선을 잡은 듯이 보였지만, 지금은 적군이 지고 있다고 확신한다."

웨스트모어랜드 장군, 1968년 2월

지금 상황으로 보자면, 베트남에서의 살육전이 결국은 막다른 골목에 가서야 끝이 날 것임이 불 보듯 확실하다.”

월터 크론카이트, CBS, 1968년 2월

"반항심이 생기면 생길수록 나는 사랑을 나눈다."

1960년대의 어느 낙서

평화와 음악의 날

1969년 8월 15일부터 17일까지 뉴욕 주의 우드스탁에서는 히피 문화의 정점을 보여주며 한 시대를 상징한다고 할 수 있는 기념비적인 콘서트가 열렸다. 억수 같은 비에도 불구하고 40만 명이 넘는 사람들이 모여들어 조운 바에즈, 조 코커, 팀 하딘, 재니스 조플린, 더 후, 산타나, 지미 헨드릭스처럼 1960년대 반문화를 주도한 컬트 음악가들의 연주에 열광했다. 그로부터 1주일 후, 영국에서는 와이트 섬에서 우드스탁 페스티벌과 같은 분위기를 추구하는 최초의 축제가 열렸다. 이듬해인 1970년 축제는 가히 팝 음악 축제의 정점을 이루었다. 팝 음악은 그해 가을 지미 헨드릭스와 재니스 조플린의 사망으로 그 막을 내렸다.

위: 우드스탁 페스티벌, 1969년 (엘리어트 랜디)
오른쪽: 와이트 섬 페스티벌, 1969년 (데이비드 헌)

"200명의 젊은 음악인들이 연주하는 기간 동안엔 평상시 휴일을 보내는 인파들만 있을 때보다도 사건이 오히려 훨씬 덜 일어났다."

우드스탁 경찰서장

"올 때는 잊지 말고 머리에 꽃을 꽂고 오거라" 존 필립스

"하느님, 당신은 나한테 혹시 벤츠 승용차를 사줄 마음이 없으신가요?" 재니스 조플린의 노래 가사

"어떠한 타협도 받아들이지 마라. 너의 소유가 너의 존재를 결정한다."

재니스 조플린

"살면서 나는 사랑과 마약, 죽음 사이에서 선택해야 했다. 나는 앞의 두 가지를 선택했는데, 세 번째 것이 나를 선택했다" 짐 모리슨

"사랑의 힘이 권력에 대한 욕망보다 우월할 때 이 세계는 평화를 얻을 것이다." 지미 헨드릭스

재니스 조플린

히피 경향과 매우 가까웠던 재니스 조플린은 폐부를 찢는 듯한 목소리뿐만 아니라 개인적인 삶의 방식에서도 1960년대 대미를 장식하는 인물로서 부족함이 없었다. 약물과다 복용으로 인한 때이른 죽음으로 말미암아 그는 명실공히 록 음악의 전설이 되었다.

짐 모리슨

카리스마 넘치는 시인이자 가수인 짐 모리슨(1943~71년)은 '더 도어스' 그룹의 중심 멤버로 활동했다. 그는 조플린과 헨드릭스가 죽은 지 몇 달 후 스물일곱 살의 나이로 숨을 거두었다.

지미 헨드릭스

천재 기타 연주자 지미 헨드릭스는 끊임없이 새로운 기타 주법을 개발했으며, 그보다 앞선 시대에는 존재하지 않았던 새로운 소리들을 만들어냈다. 1969년, 사이키델릭 록이 맹위를 떨치던 무렵 헨드릭스는 우드스탁 페스티벌 광고 포스터의 최고 중심을 차지했다.
(엘리어트 랜디)

1970년대

위기의 시대

성장이 계속된 '영광의 30년'이 지나자, 경제가 지속적으로 침체되는 시기가 이어졌다. 1973년 그리고 1979년, 이렇게 두 차례에 걸쳐서 가장 대표적인 에너지원인 석유의 가격이 폭등했으며, 그 결과 생활비는 점점 비싸졌다. 그러나 이 같은 어려움을 겪게 된 데에는 두 차례의 '석유 파동' 외에 다른 이유도 꼽을 수 있다. 요컨대 1960년대 말에 이미 위기가 다가오고 있음을 느끼게 해주는 전조들이 조금씩 나타나다가, 1970년대에 들어와 한꺼번에 폭발한 셈이다.
인플레이션, 산업 생산성 저하, 소비 둔화, 실업자 증가…. 이처럼 복합적이고 장기적으로 지속되는 현상을 설명하기 위해서는 '위기'보다 '불황'이라는 용어가 적합할 것이다. 하지만 성장의 속도가 둔화되었다고는 하나 완전히 멈춘 것은 아니었으며, 서구 사회는 계속 발전했고 부를 축적해나갔다. 한편 서구의 불황은, 이른바 '네 마리 용'이라고 일컬어지는 한국, 홍콩, 싱가포르, 타이완 등을 대표로 하는 아시아 여러 나라의 고성장으로 말미암아 어느 정도 상쇄되었다.
이 나라들은 자국의 산업을 발전시키고 자국에서 생산한 제품(특히 섬유 부문)을 대량으로 수출했다. 또한 대대적으로 외국의 자본을 받아들였으며, 선진 국가들이 생산 공장을 이전하기 시작하자 최초의 수혜자들이 되었다.

모든 것은 원점에서부터 다시 시작되어야 한다.

경제의 고도성장과 생활수준의 지속적인 향상에 익숙해져 있던 서양 국가들은 이제 내일을 예측할 수 없는 고용 불안, 소외 등의 사회 문제에 당면했다.
산업 분야에서는, 대부분이 비숙련공이었던 이민 노동자들과 여성 노동자들이 가장 먼저 해고 대상이 되었다. 1970년대 초반만 하더라도 다른 어느 시기보다 많았던 노동자들의 수가 급격히 감소했다. 농부들 또한 똑같은 시련에 봉착했다.
프랑스에서는 1970년대 초기에 10분마다 농가가 하나씩 사라질 정도였다. 이렇게 되자 사회는 극심한 불안에 사로잡히게 되었다. 한편, 어디를 가나 중산층이 늘어났다. 중산층을 상징하는 모습은 '화이트 칼라', 즉 행정기관이나 기업의 사무실에서 근무하는 노동자였다.
이와 같은 대변동은 생활 양식에도 지대한 영향을 끼쳐 갑작스러운 변화를 초래했다. 가령 프랑스에서는, 신앙 생활이 현저하게 퇴조를 보였으며 혼외 출생아들의 수가 대폭 증가했다.
특히 여성들이 남녀평등을 주장하고 나섬에 따라 출산률이 하향 조정(피임과 낙태)되었고, 법적 평등이 보장되었으며, 직업 전선이나 정치 분야에 여성들의 진출이 증가했다. 1970년대는 이런 변화가 확고하게 정착하는 시기였다.
젊은이들은 사회에서 점점 더 중요한 위치를 차지하게 되었고, 계속해서 자기들 나름의 문화를 만들어나갔다. 이들은 자유와 평화, 자연, 보편적인 사랑을 주장했다. 장발, 화려한 색상의 의상, 몸을 자유롭게 움직일 수 있는 헐렁한 차림새가 유행했으며, 전 세계 오지를 여행 다니면서 만나는 '민속적인' 의상(인도의 튜닉이나 페루의 판초 등)들도 유행했다. 최근에 발견된 마약들도 이 새로운 생활방식의 일부로 자리잡았다.

히피족, 인도 고아

음악이 있어서 얼마나 행복한가!

1970년대는 문화적, 예술적 경향의 다양성으로도 특징지어진다. 이 특성은 특히 음악 분야에서 두드러지게 나타난다. 지미 클리프, 밥 말리와 더불어 자메이카를 벗어난 레게 음악은 세계 정복에 나섰다. 사이키델릭 록은 이제는 전설이 되어버린 몇몇 그룹들에 의해서 대단한 붐을 일으켰다. 레드 제플린이나 핑크 플로이드 같은 그룹이 대표적이다. 한편, 영국 출신 그룹 섹스 피스톨즈는 펑크 음악의 지표로 군림했다. 그런가 하면, 클래시는 록, 펑크, 레게, 스카, 랩 등 다양한 음악이 혼재하던 시대의 상징적인 그룹이었다. 이 시기에 활동한 대부분의 음악가들은 관습적이고 반동적인 사회를 신랄하게 비판했으며, 기꺼이 도발적으로 행동했다. 정치적인 색채는 거의 띠지 않으면서 명랑하고 신나는 분위기를 만들어내는 디스코 음악도 1970년대 후반부를 대표하는 중요한 경향이었다. 빌리지 피플, 아바 같은 그룹이나 「토요일 밤의 열기」(1977년) 같은 영화(그룹 비지스가 음악을 맡았다)가 디스코 음악의 대부격이었다.

냉전은 계속되었다

미국 역시 유럽과 마찬가지로 불황을 맞았으며, 엎친 데 덮친 격으로 정치적으로도 위기 상황에 봉착했다. 1974년, 리처드 닉슨 대통령이 워터게이트 사건 때문에 사임하게 된 것이다. 닉슨 대통령이 선거 운동 기간 중 불법으로 도청을 한 것이 들통 났기 때문이었다. 베트남 전쟁 역시 미국의 권력을 약화시켰다. 미국의 일부 여론과 국제사회 전체의 여론이 전쟁을 일으킨 미국에 대해 적대적이었기 때문이다. 1970년대 초반부는 미국과 소련 사이에 긴장 완화 분위기가 역력했다. 두 나라는 1972년 5월 26일, 핵무기 확산을 막는 조약(SALT)에 서명했다. 닉슨 대통령이 미국 대통령으로는 처음으로 모스크바를 방문했을 때, 두 나라는 '신사적으로 행동한다'는 공동성명을 발표했다. 1973년 6월에는 레오니드 브레즈네프 서기장이 답례로 미국을 방문했다. 그러나 그로부터 얼마 지나지 않아 양국은 다시금 긴장 상태로 들어갔으며, 1975년부터는 다시 무기 경쟁에 열을 올렸다. 두 강대국 간의 불안한 대치 상태 외에도 지구상 곳곳에서 수많은 분쟁이 발발해서 국제 관계를 위협했다.

진정되지 않는 세계

1973년 아우구스토 피노체트 장군은 칠레에서 쿠데타를 일으켜, 살바도르 아옌데 대통령을 축출하고 군사 독재 체제를 확립했다. 이스라엘과 아랍 사이에 또 다시 발생한 전쟁(욤-키푸르 전쟁)에서 승리를 거둔 이스라엘은 주변 아랍 영토를 병합함으로써 영토를 확장했다. 1975년에는 레바논 전쟁이 시작되었다. 레바논 전쟁은 이스라엘과 팔레스타인 분쟁에서 파생된 결과인 동시에 레바논 국내의 복잡한 역학 관계에서 비롯된 필연적인 귀결이었다. 같은 해, 캄보디아에서는 폴 포트가 이끄는 크메르 루주가 정권을 잡았다. 이 정권은 20세기 역사상 가장 많은 인명을 살상한 정권으로 기억될 것이다. 1976년부터 전 세계는 하노이 정권의 침략을 받은 베트남 남부를 피해 배를 타고 국경을 넘는 수천 명의 보트 피플 소식에 심하게 동요했다. 1970년대 후반부 역시 끔찍한 전쟁으로 얼룩졌다. 1979년 소련이 아프가니스탄을 침공한 것이다. 그러나 이 전쟁으로 말미암아 소련은, 앞서 미국이 베트남에서 곤욕을 치른 것과 마찬가지로, 예상치 못했던 수렁 속으로 빠져들어갔다. 같은 해, 이란에서는 아야톨라 호메이니가 왕을 몰아내고 '이슬람 혁명국가'를 선포했다.

분쟁은 저개발 국가에서만 일어난 것이 아니다. 1972년 1월 30일, 영국 군대는 북아일랜드의 가톨릭 시위대를 향해 발포했다. 이 '피의 일요일'은 이미 수십 년 전부터 계속되어온 내란의 일부였다. 포르투갈에서는 카네이션 혁명으로 1974년 4월 마침내 살라자르 독재에 종지부를 찍었으며, 스페인에서는 프랑코 총독의 사망으로 1975년 후안 카를로스 왕이 즉위함으로써 민주화와 현대화가 비로소 시작되었다.

펑크 소녀, 런던

1970

1월 8일 비아프라 종전.

3월 18일 캄보디아에서 론놀 장군이 노로돔 시아누크 왕정을 전복.

4월 29일~6월 29일 미국이 캄보디아 사태에 개입.

8월 12일 오데르-나이세(Oder-Neisse) 라인을 인정하고, 동독과 서독의 국경을 확정하며, 상호불가침을 준수한다는 내용의 독소 협약 체결.

9월 4일 칠레에서 사회주의자 살바도르 아옌데가 공화국 대통령으로 선출.

"우리는 50명쯤이 늘 여행을 했죠. 우리의 동반자인 돼지 피가수스와 함께 말이죠."

호그 팜 공동체를 설립한 히피, 웨이비 그레이비

평화와 사랑

히피, 1971년

관습 거부, 유목민적 삶과 자연으로의 회귀, 순한 마약 복용, 공동체 생활, 자유로운 성관계, 지나치게 물질만능으로 변해버린 사회 거부, 평화와 연대감이 넘치며 사랑과 이상향이 중심부를 차지하는 새로운 세계 건설….
이 모든 소망이 히피 운동을 설명해준다. 1960년대 미국에서 발생한 히피즘은 대서양 건너로까지 확산되었으며, 1970년대까지도 꾸준히 지속된다. 독창적인 생활 방식을 표방한 히피즘은 문화적인 면에서도 풍부한 성과를 거두었다. 가령 사이키델릭 록과 팝아트가 대표적인 히피 문화의 산물이다.

(데니스 스톡)

**"언덕을 등지고 있는 파란 집이었다네.
우리는 걸어서 갔지. 문도 두드리지 않았는데,
그 집에 사는 사람들이 열쇠를 던져주었다네."**

막심 르 포레스티에가 부른 '샌프란시스코'

데니스 스톡

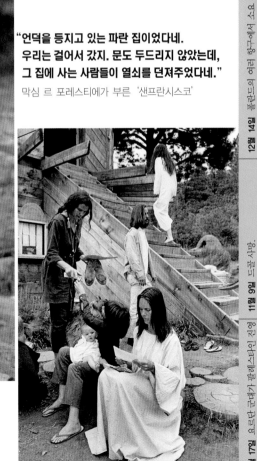

"나는 타인에 대한 배려와 모험심으로 정의될 수 있는 히피 경향에 끌렸다. 내가 히피에 대해서 가진 이미지는 좀더 나은 삶을 향한 추구였다고 말할 수 있다. 나는 그들이 성취하고자 했던 것들에 끌렸다."

9월 17일 요르단 군대가 팔레스타인 진영 공격(암흑의 9월).
9월 28일 이집트의 나세르 대통령 사망. 새 대통령은 아누아르 엘 사다트.
11월 9일 드골 사망.
12월 7일 서독이 오데르-나이세 라인을 폴란드와의 국경으로 인정한다는 내용의 독일-폴란드 협약 체결.
12월 14일 폴란드의 여러 항구에서 소요 사태.
문학 알렉산드르 솔제니친이 노벨문학상 수상.
음악 지미 헨드릭스와 재니스 조플린 사망 | 비틀즈 해체.

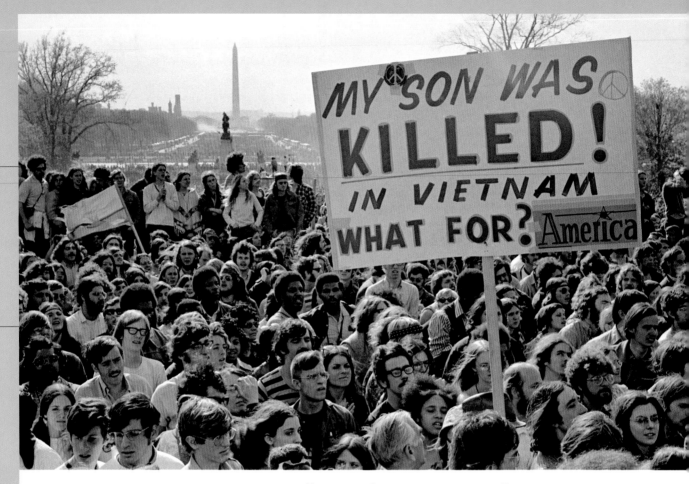

1월 25일 우간다에서 이디 아민 다다가 주도하는 쿠데타.

7월 11일 칠레의 살바도르 아옌데 행정부가 구리 광산 국유화.

8월 9일 인도와 소련이 우호협력 조약 체결.

8월 15일 바레인 독립.

10월 25일 중화인민공화국 유엔 가입으로 중국공화국(타이완)이 유엔에서 축출됨.

10월 27일 콩고가 자이르로 국가명 변경.

12월 2일 아랍에미리트연합 독립.

12월 3일 카타르 독립.

**"우리가 할 말이라고는 단 하나.
평화에게 기회를 제공하라."**

시위대가 외친 구호로, 존 레논의 말에서 인용

베트남 전쟁 종결

워싱턴에서 열린 평화주의자들의 시위, 1971년

1960년대가 끝나갈 무렵부터 미국 여론은 수많은 희생자를 내고도 아직 해결될 기미가 보이지 않는 전쟁에 분노하기 시작했다. 많은 젊은이들이 탈영했으며, 미국 국기를 위해 전쟁에 참여할 것을 거부했다. 그뿐 아니라, 미국이 전 세계적으로 누리던 권위는 빛이 바랬다. 패배로 인하여 악몽에 시달리던 미국은 1973년 마침내 베트남에서 손을 떼기로 결단을 내렸다. 팻말에는 "내 아들은 베트남전에서 전사했다. 도대체 무엇을 위하여?" 라고 적혀 있다. 젊은 청년의 이마에 새겨진 'POW'는 Prisoner of War, 즉 전쟁포로를 의미한다.

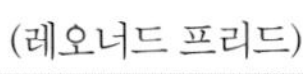

(레오너드 프리드)

워터게이트 사건

1974년 8월 8일

1974년 8월 8일, 리처드 닉슨 미국 대통령이 텔레비전을 통해 사임한다고 발표했다. 1972년 미국 대통령에 선출된 그는 이른바 '워터게이트' 사건이라고 불리는 스캔들에 직접적으로 연루되었다는 혐의를 받았다. 워터게이트는 미국 민주당이 자리잡고 있는 워싱턴의 건물 이름으로, 닉슨 행정부가 이 건물에 불법 도청을 위해 마이크를 설치했다는 것이었다. 2년에 걸친 진상 조사와 논란 끝에 닉슨 대통령은, 대통령의 파면, 즉 탄핵을 결정하는 절차가 진행되는 도중에 사임을 표명했다. 『워싱턴 포스트』 지에 의해 처음으로 드러난 이 사건은 미국에서 제4의 권력이라고 일컬어지는 언론의 위력을 새삼 실감하게 해준다.

"그들은 내가 어느 정도까지 고약해질 수 있는지 모르고 있는 것 같았다…. 하지만 일단 마음만 먹으면, 나는 그들을 죽일 수도 있다."

『워싱턴 포스트』에 대한 닉슨의 논평

"증인이 닉슨의 한 측근과 비밀 문건 사이의 관계를 증언!" 1972년 10월 25일자 『워싱턴 포스트』 헤드라인

12월 3~16일 인도가 파키스탄 동부 침공. 파키스탄 동부는 방글라데시로 독립.

사회 『누벨 옵세르바퇴르』에서 나온 임신 중절을 찬성하는 343명의 선언서.

음악 짐 모리슨 사망 | 레드 제플린의 음반 「스테어웨이 투 헤븐」 발매 | 앤디 워홀이 표지를 디자인한 롤링 스톤즈의 앨범 「스티키 핑거스」 발매.

기술 마이크로프로세서 발명.

1972

1월 30일 피의 일요일: 아일랜드 북부 런던데리에서 영국 군대가 가톨릭 시위대에게 발포.

2월 21~28일 닉슨 대통령이 중국을 방문하여 마오쩌둥과 면담.

5월 22~30일 닉슨 대통령 소련 방문. 미국과 소련이 전략적 핵무기를 제한하는 협정(SALT-1) 체결.

9월 5~6일 뮌헨 올림픽에서 8명의 팔레스타인 게릴라가 이스라엘 선수들을 인질로 삼아 11명을 살해.

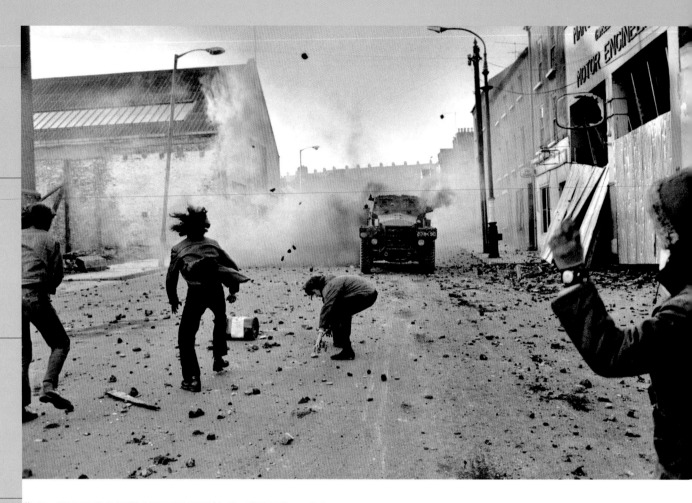

“나는 영국 군대가 땅에 엎드려서 도망치려는 사람들을 골라서 차례차례 사살하는 장면을 목격했다.”

이반 쿠퍼, 북아일랜드 사회민주노동당(SDLP) 소속 의원

“나는 그토록 냉정하게 조직되고 실행되는 학살을 이제껏 한 번도 보지 못했다.”

폴비오 그리말디, 이탈리아 사진기자

일요일, 피의 일요일

1973년

1972년 1월 30일, 영국 군대는 북아일랜드 런던데리에서 시위를 벌이던 가톨릭 신자들을 향해 발포했다. 시위 군중 13명이 사망했다. 이 ‘피의 일요일’은 벌써 수십 년 전부터 독립을 원하는 가톨릭 민족주의자들과 북아일랜드가 그대로 영국으로 남아야 한다고 주장하는 개신교 통합주의자들이 대립한 내란의 새로운 장을 열었다.

위: 피의 일요일, 런던데리, 1972년 (질 페레스)
옆: 플렉시 유리로 만들어진 방탄 방패를 든 군인, 1973년 (필립 존스 그리피스)

차 석유 파동

히피 주유소, 1971년

970년대 초만 하더라도, 유가가 낮았기 때문에 아무도 석유를 아끼려는 생각을 하지 않았다. 하지만 이 태평함은 곧 자취를 감추게 된다. 1973년 10월부터 12월 사이에 유가가 1배럴당 무려 배로 뛰었기 때문이다. 이 '석유 파동'은 이스라엘을 상대로 10월 6일 욤-키푸르 전쟁을 치른 아랍 국가들의 반작용이었다. 유가 폭등으로 석유를 주에너지원으로 사용하는 서구 경제는 극심한 불안에 휩싸이게 된다. 성장이 둔화되고 파산이 잇달았으며, 실업이 증가하고 빈곤이 가시화되는 등 서방 경제는 심각한 위기를 맞았다. 이로 인해 여러 해 동안 경기 침체(불황)가 계속되었다. 물론 유가 상승만이 유일한 이유는 아니었다. 하지만 유가 급등이 서양의 경제 낙관주의가 자취를 감추는 데 지대한 역할을 한 것은 사실이다.

데니스 스톡)

9월 24일 아르헨티나에서 17년의 망명 생활을 끝내고 돌아온 후안 페론이 세 번째로 집권.

12월 21일 서독이 동독을 국가로 인정.

12월 30일 미국, 베트남에 대대적으로 퍼붓던 폭격 정지.

과학과 기술 삼각글라이더 발명 | 에어버스 300 최초의 비행 | 최초의 전자우편 | 휴대용 전자계산기 발명.

영화 프란시스 코폴라 감독의 「대부」가 오스카 최우수작품상 수상.

건축 뉴욕의 세계무역센터 쌍둥이 빌딩 준공.

음악 루치아노 파바로티가 뉴욕 메트로폴리탄에서 가진 첫 번째 리사이틀이 대성공(커튼콜 17회).

1월 1일 유럽경제공동체(EEC)가 영국, 아일랜드 공화국, 덴마크에도 문호 개방.

1월 27일 베트남 전쟁 종전에 합의하는 파리 협약 체결.

2월 8일 미국에서 워터게이트 사건 진상 조사위원회 활동 개시.

2월 21일 리비아의 보잉 727기 1대가 이스라엘에 의해 격추.

3월 29일 베트남에 잔류하고 있던 마지막 미군 철수.

6월 27일 우루과이에서 쿠데타.

8월 15일 미군, 캄보디아 폭격 중단.

9월 11일 칠레에서 피노체트 장군이 쿠데타를 일으켜 살바도르 아옌데 사망.

칠레의 쿠데타

살바도르 아옌데, 1971년

1970년에 칠레의 대통령으로 선출된 살바도르 아옌데는 사회주의 노선을 택했다. 그는 칠레를 빈곤으로부터 해방시키기 위해 여러 가지 심층적인 개혁을 시도했다. 하지만 아직도 민주주의가 허약한 상태였기 때문에 칠레는 곧 내란에 휩쓸렸다. 1973년 9월 11일, 아우구스토 피노체트 장군이 쿠데타를 일으켰다. 대통령궁에 유배된 살바도르 아옌데 대통령은 자살했다(실제로는 암살당했을 가능성이 높다). 이로써 칠레에서는 1990년대 초까지 이어지는 기나긴 독재 시대가 막을 열었다.

(레이몽 드파르동)

"아닙니다, 나는 권력을 양도하지 않을 겁니다. 왜냐하면 국민이 나와 함께하기 때문입니다."

죽기 몇 시간 전 살바도르 아옌데 대통령의 라디오 인터뷰

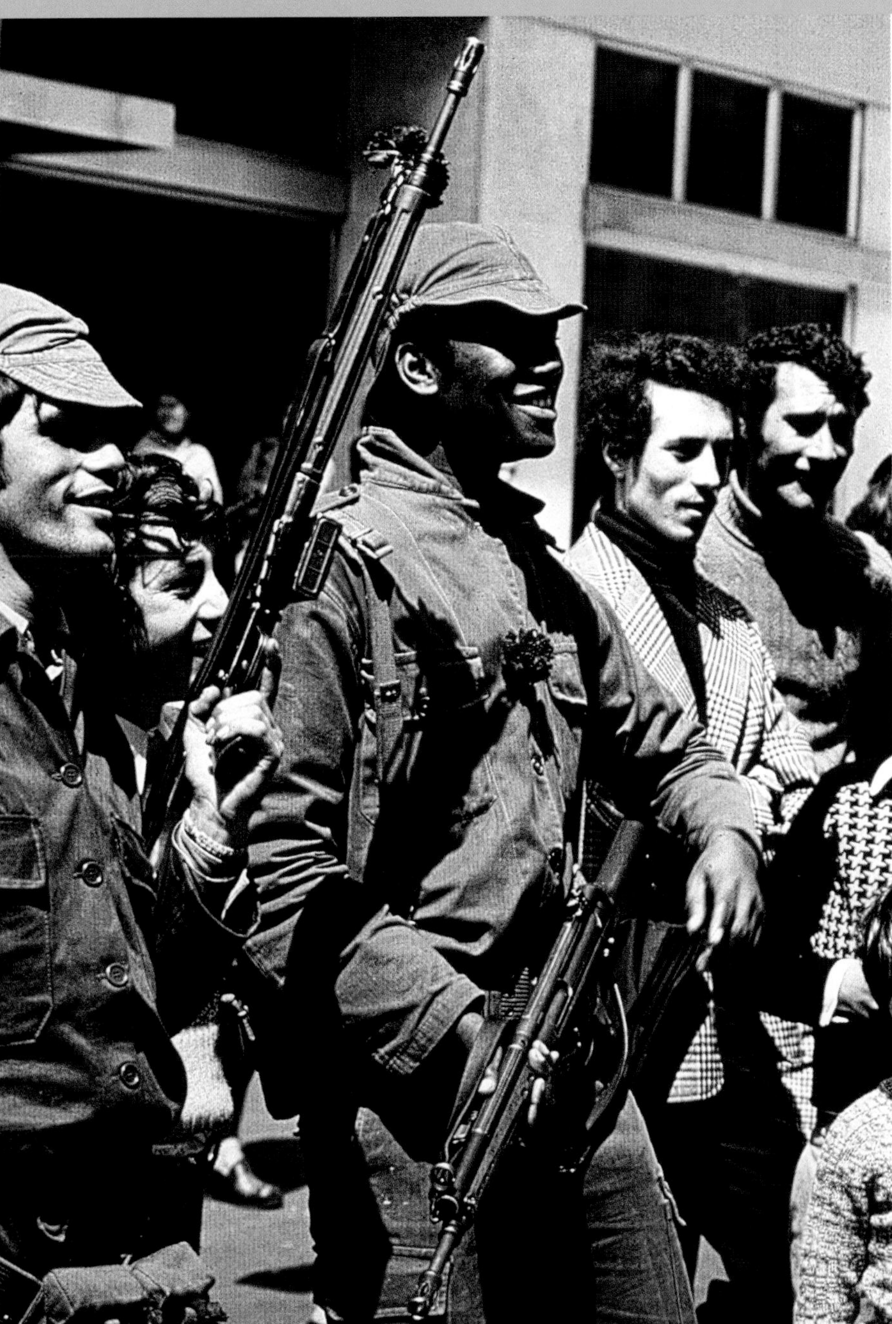

“내 나라에서는 해서는 안 되는 말이 하나 있다. 사람들이 그 말을 천 번씩이나 감옥에 가두었다. 그랬더니 그 말은 천 배나 커졌다.”

마누엘 알레그레, 시인이자 정치인

카네이션 혁명

1970년대 초 포르투갈에서는 민주화가 진행되었다. 1974년 4월 25일, 군대는 독재자 살라자르의 뒤를 이어 정권을 잡은 마르셀로 카에타노 행정부를 상대로 쿠데타를 일으켰다. 이튿날 스피놀라 장군을 수장으로 하는 군사 정부가 정권을 장악했다. 정치범들은 석방되었고 검열은 폐지되었다. 이를 가리켜 카네이션 혁명이라고 한다. 이 혁명은 포르투갈에 민주화와 경제 발전 시대를 열었다. 또한 그때까지 포르투갈의 식민지로 남아 있던 나라들의 독립도 가속화되었다.

(질 페레스)

“나는 내가 아는 것, 내가 할 수 있는 것 중에서 가장 좋은 것을 내 조국에 바쳤으며, 따라서 내 양심은 전혀 나를 비난하지 않는다.”

마르셀루 카에타누, 포르투갈 국가위원회 의장

9월 18일 서독과 동독이 나란히 유엔에 가입.

9월 24일 기니비사우 독립 선언.

10월 6~25일 시리아와 이집트의 공격으로 시작된 욤-키푸르 전쟁(이스라엘과 아랍 사이에 벌어진 네 번째 전쟁)에서 이스라엘이 승리 | 이스라엘을 지지하는 나라에 대해 석유 보급금지령이 내려 유가가 2배로 폭등(1차 석유 파동).

11월 6일 에티오피아와 사헬 지역에 극심한 기근.

11월 11일 이집트와 이스라엘 전쟁 종결.

11월 28일 아랍연맹이 팔레스타인해방기구(PLO)를 유일한 팔레스타인 민족 대표 기구로 인정.

미술 파블로 피카소 사망.

음악 데이비드 보위, '지기 스타더스트'는 페르소나를 버린다고 발표 | 핑크 플로이드의 앨범 '다크 사이드 오브 더 문' 발매.

1월 18일 이스라엘이 수에즈 서안에서 철수하기로 이스라엘과 이집트가 합의.

3월 18일 캄보디아에서 크메르 루주가 예전 수도였던 우동을 점령한 뒤 파괴.

2월 13일 알렉산드르 솔제니친, 소련으로부터 추방.

4월 10일 개발을 주제로 유엔 총회 개최 | 저개발 국가들의 요구가 정당하다는 것을 인정함.

4월 25일 포르투갈: 카네이션 혁명으로 살라자르의 독재 정치 종식.

5월 16일 인도 최초의 핵실험.

극동 지역

박물관에서, 1986년

1970년대 말, 고고학자들은 시안 근처에 있는 유적지에서 흙으로 빚은 군대를 발굴했다. 이 군대는 기원전 3세기에 중국을 통일한 진시 황제의 무덤을 지키는 군대였다. 실제 인물들보다 약간 큰 크기로 만들어진 6,000명의 전사들과 말, 전차 등은 유례를 찾아볼 수 없는 것이다. 이곳은 유네스코 세계문화유산으로 지정되었다.

(엘리어트 어위트)

"나는 많은 것들에 질서를 부여했고, 행동과 현실을 대면시켜 보았다. 모든 사물에는 합당한 이름이 있게 마련이다." 진시황 묘비

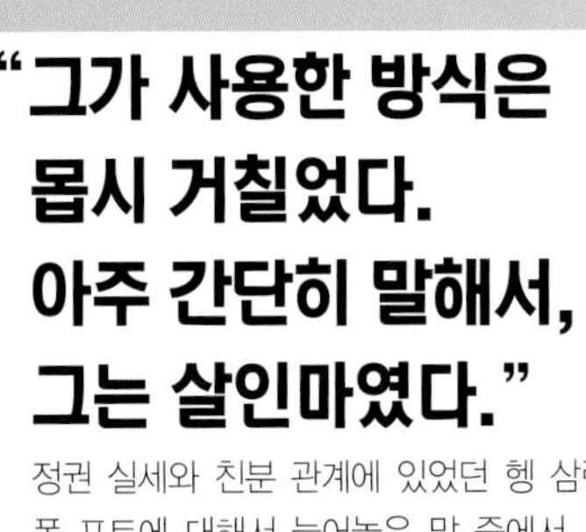

“그가 사용한 방식은 몹시 거칠었다. 아주 간단히 말해서, 그는 살인마였다.”

정권 실세와 친분 관계에 있었던 헹 삼린이
폴 포트에 대해서 늘어놓은 말 중에서

‘우리는 완전하고 결정적이며 깨끗한 승리를 거두었다.”

폴 포트

캄보디아

프놈펜 사원에서 만난 열세 살짜리 소년병정, 1973년

1960년대가 끝나갈 무렵, 베트남 전쟁은 이웃한 캄보디아로 번져갔다. 당시 미군은 캄보디아로 피신한 베트남 잔류 세력을 일망타진하기 위해 혈안이 되어 있었다. 1970년 미군의 지지를 받는 론놀 장군이 왕국을 전복시키자, 캄보디아 내란이 시작되었다. 예전 국왕이었던 노로돔 시아누크와 그의 지지자들은, 새로운 정권에 대항하기 위해 공산주의자들인 크메르 루주와 연합 세력을 형성했다. 1973년 미국이 베트남 전쟁에서 발을 뺀 후, 이들은 공산주의자들을 따돌리는 데 실패했다. 따라서 이 지역은 폴 포트가 이끄는 크메르 루주의 손아귀 속으로 들어가게 되었다.

(브뤼노 바르비)

7월 1일 아르헨티나에서 후안 페론이 사망하고 그의 세 번째 부인인 이자벨이 대통령직을 승계.

7월 15~31일 사이프러스에서 그리스와 터키 충돌. 터키군이 사이프러스에 상륙하자, 그리스 정권에 포진해 있던 군부 인사들이 사임. 그리스에 민주공화국이 탄생.

8월 8일 리처드 닉슨이 워터게이트 사건으로 대통령직에서 사임.

9월 10일 예전에 포르투갈의 식민지였던 기니비사우 독립.

9월 12일 에티오피아에서 군대가 하일레 셀라시에 황제(일명 네구스) 정권을 전복. 황제는 곧 암살당함.

10월 30일 무하마드 알리가 킨샤사에서 조지 포어맨을 누르고 권투 세계 헤비급 챔피언에 등극.

11월 13일 야세르 아라파트가 팔레스타인 민족의 유일한 합법적 대표로서 유엔에 참석.

과학과 기술 미라 '뤼시' 발견 | 전자 카드 발명.

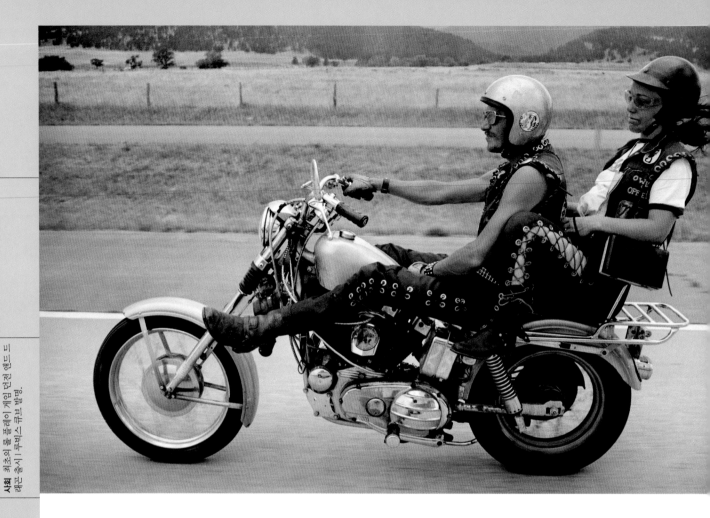

사회 최초의 롤 플레이 게임 던전 앤드 드래곤 출시 | 루빅스 큐브 발명.

음악 「워털루」를 부른 아바 그룹이 유로비전 컨테스트 수상 | 아프리카 밤바타가 힙합의 모태가 된 줄루 네이션 결성.

예술 진시황릉 병마용갱 발굴.

"66번 도로에서 킥하라." 보비 트라우프

길 위에서

오토바이족들과 '방랑자들', 1971년

잭 런던의 『길』(1907년)로부터 잭 케루악의 『길 위에서』(1957년)에 이르기까지, 꿈을 찾아 혹은 자유나 모험을 찾아 넓디 넓은 미국 영토를 횡단한 이야기를 기록한 작가들이 적지 않다. 이들 중에는 히피족, 방랑자 혹은 오토바이를 타고 무리를 지어 다니면서 금기를 깨는 사람들도 있다. 데니스 호퍼의 영화 「이지 라이더」는 이처럼 도피를 꿈꾸는 사람들에게는 하나의 컬트 영화로 자리매김했다. 1969년에 개봉된 이 로드무비는 도피 중인 두 명의 오토바이족이 히피 공동체를 만난다는 내용을 담고 있다.

(데니스 스톡)

데니스 스톡

"콜로라도에서 열린 오토바이족들의 모임에서 나는 '침묵의 아들들'을 만났고, 그들과 함께 있게 해달라고 부탁했다. 내가 비록 오토바이라고는 평생 딱 한번, 제임스 딘 뒤에 앉아서 달려본 것이 처음이었지만, 그들은 나를 믿고 나를 받아주었다. 그들은 나를 명예 회원이라고 불렀다. '침묵의 아들들'이 사는 이야기는, 유머와 아름다움을 추구하는 사진작가인 내가 제일 선호하는 부류에 속했다. 싯구라고 할 수 있을 이미지들을 만들어내어 하나의 시를 만드는 일, 도시로부터 멀리 떨어져 자유를 만끽하는 일이니까."

1975

4월 13일 레바논 내전 개시(1990년까지 계속).

4월 17일 캄보디아에서 폴 포트와 크메르 루주가 프놈펜에 입성. 150만 명 가량의 동족을 학살.

4월 30일 베트남에서 공산주의자들이 사이공 점령.

6월 12일 우루과이에서 군사 쿠데타.

6월 25일 모잠비크 독립 | 7월 5일: 케이프베르데 독립 | 7월 6일: 코모로 제도 독립 | 7월 12일: 상 토메 앤드 프린시프 독립.

8월 23일 공산주의자들의 집권으로 라오스 왕국 소멸.

9월 3일 파푸아뉴기니 독립.

11월 6일 35만 명의 모로코인들이 서부 사하라를 차지하기 위해 '녹색 행진'.

11월 11일 앙골라 독립. 독립과 동시에 내전 개시.

11월 14일 모로코와 모리타니가 서부 사하라 독립에 합의.

11월 20일 스페인에서 독재자 프란시스코 프랑코 총통이 사망, 후안 카를로스 왕의 통치 시작(22일 즉위).

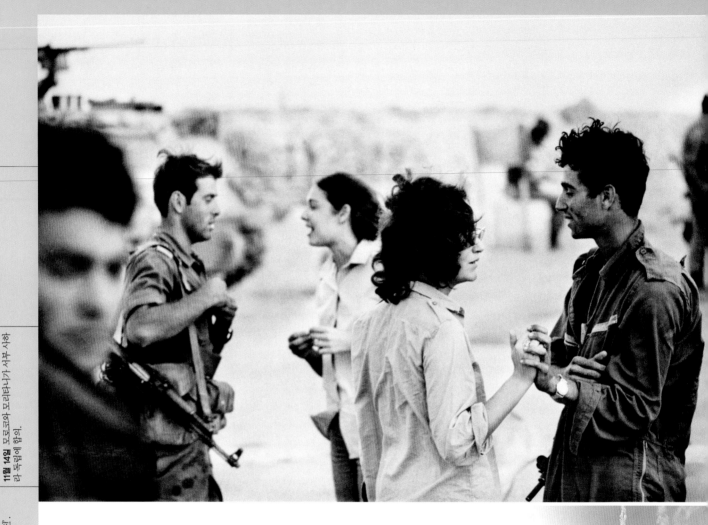

11월 25일 수리남 독립(예전 네덜란드령 가이아나).

욤-키푸르 전쟁

1973년 10월 6일, 유대인들에게는 욤-키푸르 단식날이었던 이날, 이집트, 시리아의 연합군은 이스라엘을 기습 공격했다. 이들은 1967년에 일어난 6일전쟁 이후 이스라엘이 점령하고 있던 영토를 되찾고자 공격을 시도한 것이었다. 하지만 새로운 전쟁은 이스라엘에게 유리하게 돌아갔으며, 덕분에 이스라엘은 인접 아랍국가들의 영토로 자국의 영토를 확장했다.
전쟁 발발 이틀째 되는 날, 전선을 떠나는 여자 병사들이 그곳에 남는 동료 병사들에게 작별인사를 하고 있다.

위: 전선을 떠나는 여성 병사들, 1973년 10월 7일 (미차 바르암)
옆: 키푸르 사막, 1973년 10월 (레오너드 프리드)

"나는 그 사람들이 우리를 덮쳤을 때부터 이미 죽었다고 생각했어요."

가드 초바리, 생존 선수

뮌헨에서의 테러리즘

인질극, 1972년 9월 5일

1972년 9월 5일 뮌헨에서 올림픽 경기가 열리던 무렵, '검은 9월'이라는 아랍 테러 집단이 이스라엘 소속 참가 선수들 중에서 11명을 납치, 인질극을 벌였다. 이들은 인질을 석방하는 대가로 이스라엘에 수감중인 아랍인들을 석방하라고 요구했다. 여러 시간 계속된 협상 끝에 테러리스트들과 인질들은 퓌르스텐펠트브루크 공항으로 향했고, 그곳에서 독일 경찰들은 인질 구출 작전을 감행했다. 결국 11명의 이스라엘 선수들과 8명의 테러범 중 5명, 독일 경찰 1명이 목숨을 잃었다.

"아랍인이다, 테러리스트들이다, 동료들아, 빨리 이곳을 떠나라."

요세프 구터로인트, 유도 심판, 습격의 순간에

(히로지 구보타)

음악 섹스 피스톨즈의 첫 번째 공연.
영화 스탠리 큐브릭 감독의 「배리 린던」 개봉.

과학과 기술 광섬유 발명 | 애플 사와 마이크로소프트 사 설립 | 최초의 '시험관 아기' 탄생.

사회 세계 여성의 해.

11월 29일 동티모르 독립, 인도네시아 군대의 개입.

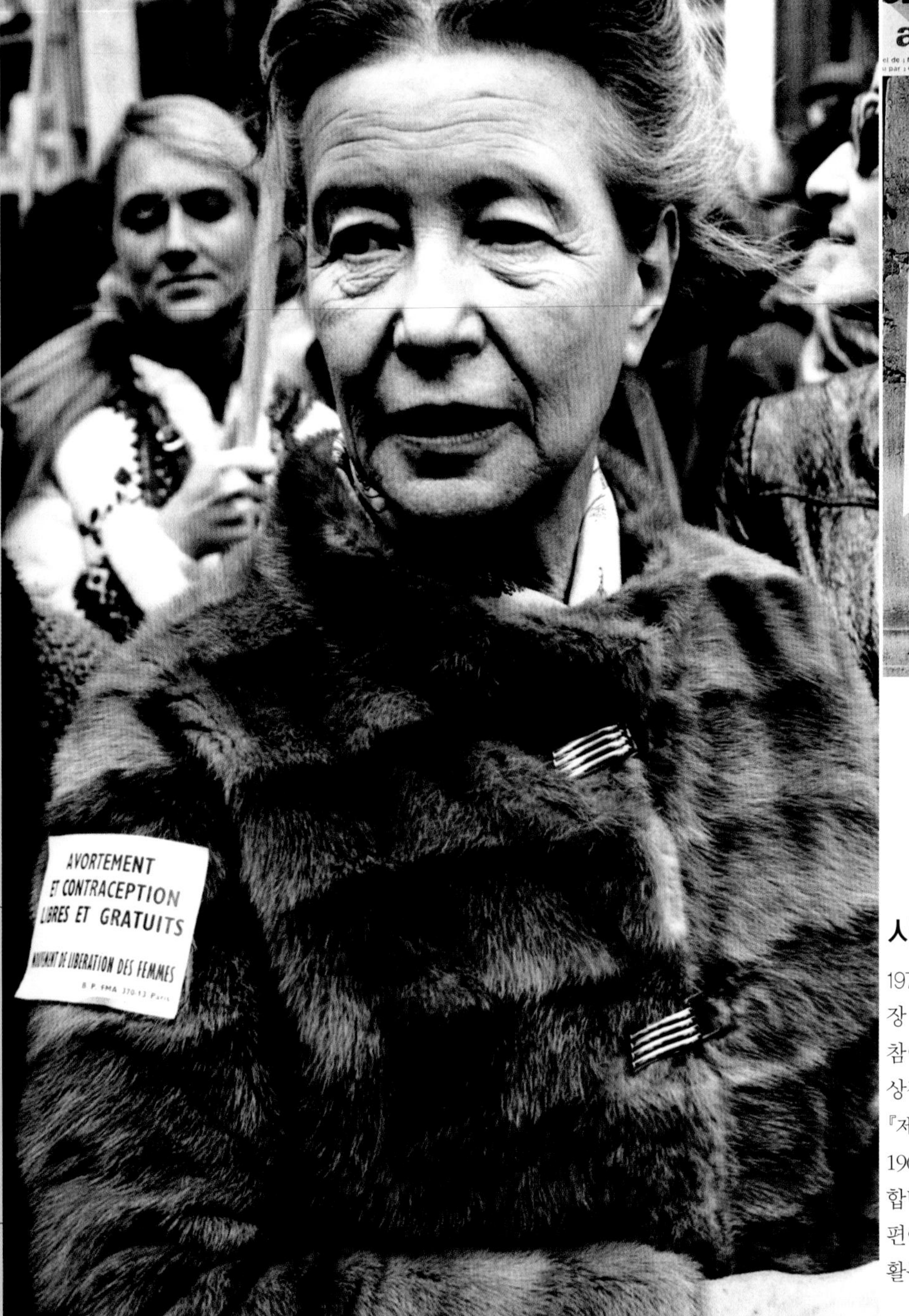

시몬 드 보부아르

1971년

장 폴 사르트르의 동반자이자 철학가이며 참여작가인 시몬 드 보부아르는 여성주의의 상징적인 존재이다. 보부아르는 1949년 『제2의 성』을 출간해서 커다란 반향을 일으켰다. 1960년대 말부터 1970년대 초에 그녀는 낙태를 합법화하며 피임약 보급을 요구하는 여성들의 편에 가담해서 참여작가로서 활발하게 활동했다.

(질 페레스)

"여자로 태어나는 것이 아니라, 여자로 만들어진다." 시몬 드 보부아르, 『제2의 성』

1976

1월 쿠바가 앙골라의 사회주의 정권을 지원하기 위해 개입.

3월 24일 아르헨티나에서 군대가 쿠데타를 일으키면서 비델라, 비올라, 갈티에리 장군들이 차례로 유혈 독재를 실시(1976년부터 1983년 사이에 행방불명 1만 5,000명, 사망 2만~3만 명으로 추산).

5월 20일 사하라 동부에서 '폴리사리오 해방전선'이 아랍사하라민주공화국 선언.

6월 16일 남아프리카공화국 소웨토에서 평화적으로 시위를 벌이던 흑인 청년들이 대학살을 당함.

6월 24일 인도네시아가 동티모르 합병.

"무명전사보다 더 무명인 사람이 있다. 바로 무명전사의 아내이다."

"인간 두 명 가운데 한 명은 여자다."

"언어조차도 성차별적이다."

975년, 세계 여성의 해

ㅕ성해방운동은 미국에서 1960년대 중반에 시작되었다. 1970년대 초반, 미국이나 유럽에서는 ㅕ성주의 운동이 다양화되면서 남녀평등을 얻기 위한 투쟁 또한 강화되었다. 여성주의 운동은 투히 여성들이 성생활의 자유를 획득하고 출산을 조절하게 됨으로써 가능해졌다. 프랑스에서는, 여성해방운동기구가 창설된 지 몇 해 후인 1973년에 낙태와 피임 자유화 운동(MLAC)이 시작되었다. 여성주의자들의 압력과 이들에게 동조하는 대부분의 프랑스 여성들 그리고 정치계에 투신한 여성들의 용기 덕분에, 낙태를 합법화하는 ㅔ일 법안이 1974년에 통과되었다.

ㅓ: 여성 권리를 위한 시위, 1971년 5월 1일 (앙리 카르티에-브레송)
ㅣ쪽 위: 대통령 선거 벽보, 1974년 (마르틴 프랑크)

"아이는 내가 원하면, 원하는 시기에, 내가 원하는 만큼!"

"전 세계 노동자들이여, 누가 그대들의 양말을 빠는가?"

7월 10일 이탈리아 세베소에서 대규모산업재앙. 지역 전체를 뒤덮는 유독 가스 발생.

9월 9일 마오쩌둥 사망 | 문화혁명 기간 중 가장 강경한 노선을 주장하던 정치지도자 집단인 '4인방' 체포.

스포츠 몬트리올 올림픽에서 체조선수 나디아 코마네치가 만점을 획득 | 유럽 축구 챔피언 결승전에서 프랑스 생에티엔느팀이 독일 바이에른 뮌헨팀에게 패배.

영화 마틴 스콜세지 감독의 「택시 드라이버」가 칸 영화제 황금종려상 수상 | 프랑스에서 일본 오시마 나기사 감독의 「감각의 제국」 개봉.

음악 이글스의 「호텔 캘리포니아」 출시 | 밥 말리의 앨범 「라스타맨 바이브레이션」 발매.

과학과 기술 바이킹 1, 2호 화성 착륙 | 최초의 수퍼컴퓨터 크레이 1 상용화.

9월 4일 소련 최초의 미사일 SS-20이 동유럽에 배치.

9월 20일 베트남 유엔 가입.

7월 5일 덩샤오핑 복권.

3월 20일 선거에서 패배한 인디라 간디 사임.

6월 27일 지부티 독립.

2월 3일 에티오피아에서 멘지추 헤일레 마리암이 국가 원수가 되어, 소련의 지원을 받음.

1977

"우리는 너나 할 것 없이 역사를 논하는 인간이다. 의미없는 이야기나 나누는 인간이 아니다." 마오가 즐겨 인용한 12세기 중국시

마오여, 안녕

청두 산업광장에 세워진 마오쩌둥의 동상, 1980년

1949년 10월 중국인민공화국을 창설한 마오쩌둥(1893~1976년)은 1976년 사망할 때까지 중국에서 가장 중요한 지도자들 가운데 한 명이었다. 그의 위엄은 중국 국경을 훨씬 넘어서까지 확산되었으며, 이는 그의 정치적 사상을 정리한 『마오쩌둥 어록』이 전 세계적으로 대성공을 거둔 사실만으로도 잘 알 수 있다. 이 광장에 서 있는 엄청난 동상은, 세계 모든 독재자들이나 마찬가지로, 마오쩌둥이 실시한 개인숭배가 어느 정도에 달했는지를 보여준다.

1976년 9월 9일 마오쩌둥의 죽음으로, 1966년 마오의 문화혁명이 시작되면서 권부에서 배제되었던 덩샤오핑(1904~97년)의 정계 복귀가 가속화되었다. 자신을 배제시켰던 공산당을 통해 다시금 복권된 덩샤오핑은 종전의 영향력을 되찾았을 뿐 아니라 공산당 서기장의 자리에까지 올랐다. 그는 실제적으로 1976년부터 1997년까지 중국을 통치한 작은 거인이었다.

(브뤼노 바르비)

옆: 마오의 초상화, 1976년 (J. A. 폭스 컬렉션)

"하느님, 이 모든 일이 너무 괴롭습니다, 죽기가 너무 힘듭니다."

프랑코, 사망하기 며칠 전에 남긴 말

…프랑코도 안녕

안달루시아에 있는 프란세스코 프랑코의 묘지, 1991년

1936년 우익의 선두에서 좌익 공화 정권에 항거했던 프랑코 총독(1892~1975년)은 1938년 스페인의 국가 수반이 되었다. 그는 스스로에게 '카우디요'(안내자)라는 호칭을 부여했으며, 가톨릭에 토대를 둔 독재정치 체제를 확립했다. 이 체제 아래에서 스페인은 기본적인 자유마저 박탈당하는 고통을 겪었다. 프랑코는 오랜 지병 끝에 1975년 사망하기에 앞서, 부르봉 왕가 출신 후안 카를로스 왕을 자신의 후계자로 임명했다. 카를로스 국왕의 즉위와 더불어 스페인에는 일찍이 볼 수 없었던 민주화와 현대화가 개화했다.

(마크 파워)

"당신은 모든 일에 승리했습니다. 시간만 제외한다면 말이죠. 시간은 언제나 인간에게 승리합니다."

프란시스코 루이스 하라보, 프랑코 내각의 법무장관

10월 13일 팔레스타인 게릴라가 루프트한자 여객기 납치.

10월 18일 독일에서 극좌 테러리스트 안드레아스 바더, 구드룬 엔슬린, 카를 아스페 수감 중 사망.

10월 19일 독일 기업인협회 회장 한스 마르틴 슐레이어, 9월 5일 적군파에게 납치되었다가 이날 사체로 발견됨.

11월 19일 아누아르 엘 사다트 이집트 대통령, 역사적인 이스라엘 순방.

12월 4일 장 베델 보카사 중앙아프리카 황제대관식.

과학과 기술 왕복 우주선 엔터프라이즈호 최초의 자유 비행 | 보이저 1, 2호 태양계 경계를 향해 발사.

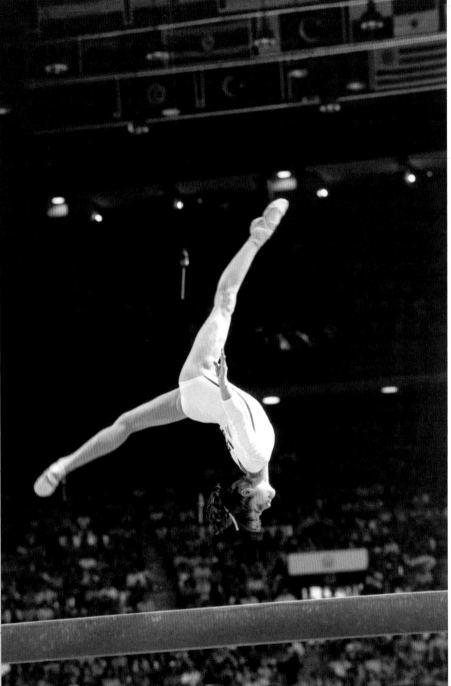

"관객들이 마구 박수를 치기 시작하는 순간에야 나는 어쩌면 10점을 받을 수 있을지 모른다고 생각하기 시작했다."

나디아 코마네치

나디아 코마네치

몬트리올 올림픽, 1976년

루마니아 출신 체조 선수 나디아 코마네치는 2단평행봉에서 올림픽 사상 최초로 만점인 10점을 받았다. 바로 1976년 몬트리올에서 열린 올림픽 경기에서였다. 그후 1980년까지 코마네치는 올림픽 개인 혹은 단체 종목, 또는 세계선수권 대회에서 도합 13개의 메달을 땄다. 그녀는 세계인들의 마음 속에 가장 위대한 운동 선수 중 한 명으로 기억된다.

(레이몽 드파르동)

"코마네치는 가장 뛰어난 체조선수이다. 왜냐하면 복합성, 위험성, 자기 통제력, 감동 등 현대 체조가 요구하는 모든 것을 자유 종목 속에서 구사하기 때문이다."

소련의 스포츠 전문 잡지 『소비에츠키 스포츠』

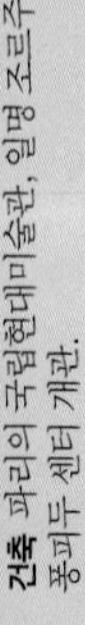

건축 파리의 국립현대미술관, 일명 조르주 퐁피두 센터 개관.

영화 「스타워즈」 1탄 개봉 | 비지스가 주제곡을 노래한 「토요일 밤의 열기」로 디스코 열풍이 시작됨.

사회/음악 영국에서 펑크가 폭발적 인기몰이 | 이기 팝스와 데이비드 보위가 공동 제작한 앨범 「디 이디어트」 발매 | 섹스 피스톨즈가 「네버마인드 더 볼룩스」 발매.

"이 건물은 눈속임이다. 신기술에 대한 패러디라는 말이다." 퐁피두 센터를 설계한 건축가 렌조 피아노

조르주 퐁피두 센터를 둘러싼 논란

파리의 조르주 퐁피두 센터 외부에 설치된 계단, 1976년

1977년 일반에게 문을 연 조르주 퐁피두 국립현대미술관(조르주 퐁피두 센터 혹은 보부르 센터라고도 부른다)은 오로지 근대와 현대 창작물을 위한 공간이다. 독특하고 혁신적인 동시에 엄청난 논란을 불러일으킨 이 건물은 렌조 피아노와 리처드 로저스가 공동으로 만들어낸 작품이다. 외부로 드러난 원색의 쇠파이프는 가장 큰 특징 가운데 하나다. 방문객들의 움직임이나 각종 유동 물질의 움직임이 모두 건물 정면에 설치된 파이프를 통해서 이루어진다. 온도 조절된 공기의 흐름은 파란색 파이프, 물은 초록색 파이프, 전선은 노란색, 엘리베이터는 빨간 색, 이런 식이다. 건물의 골조를 구성하는 철제 구조물조차도 밖으로 훤히 드러난다.

(페르디난도 시아나)

"조르주 퐁피두 센터를 이해하고 사랑하며 지원해야 한다. 이 센터는 모래로 가득 쌓인 우리 항구에서 미래를 향해 돌진하는 거함이다."

『피가로』에 기고한 장 도르메송의 원고

1월 10일 니카라과에서 야당 지도자 페드로 호아킨 차모로가 집권독재자 아나스타시오 소모사 정부 세력에 의해 암살당함.

3월 16일 이탈리아에서 기독교 민주당 지도자 알도 모로가 적군파(극좌 단체)에 의해 납치. 그는 5월 9일 죽은 채로 발견됨.

3월 16일 아모코카디즈 호의 좌초로 바다에 대규모 기름 방출.

4월 27일 아프가니스탄에서 공산주의자들이 주도하는 쿠데타로 무하마드 다우드 칸 대통령 암살.

8월 6일 교황 바오로 6세 서거.

8월 12일 중국과 일본의 평화협정 체결.

9월 8일 테헤란의 '암흑의 금요일'. 군대가 왕에게 반대하는 시위 군중들에게 발포, 100여 명 사망.

9월 17일 이집트와 이스라엘이 캠프 데이비드 협정 체결.

9월 28일 새로 선출된 교황 요한 바오로 1세 서거 | 10월 16일: 폴란드 출신 요한 바오로 2세가 교황에 즉위.

11월 3일 도미니카 독립.

11월 11일 '보트 피플'의 비극 시작.

11월 16일 선거에서 승리를 거둔 인디라 간디 재집권.

12월 16일 미국이 중화인민공화국을 국가로 인정.

로미 슈나이더

옆: 안드레이 줄라스키 감독의 「중요한 건 사랑하기」 촬영, 1974년 (장 고미)

오스트리아 출신 여배우 로미 슈나이더(1938~82년)의 아름다움은 1970년대 유럽 영화를 빛냈다.

수퍼맨!

오른쪽: 촬영 중인 크리스토퍼 리브, 1978년 (버트 글린)

프랑수아 트뤼포와 장-피에르 레오

아래 왼쪽: 「두 영국 여자와 대륙」 촬영, 1971년 (레이몽 드파르동)

1970년대, 누벨바그의 기수 프랑수아 트뤼포 감독은 1년에 1편 이상 작품을 제작했다. 그의 작품 중 여러 편에는 그의 '분신'이라고 할 수 있는 앙투안 두아넬이 등장하며, 장-피에르 레오가 연기했다.

스티브 맥퀸

아래 가운데: 「르망」을 촬영 중인 스티브 맥퀸, 1970년 (레이몽 드파르동

록키호러픽쳐 쇼

아래 오른쪽: 출연 배우들을 무대에 등장시킨 시사회, 1978년 (레이몽 드파르동)

이 컬트 영화는 1975년 처음으로 극장에서 상영된 이후 지금까지 줄곧 세계 주요 도시에서 상영되고 있으며, 대사를 줄줄 외우는 관객들은 상영시간 내내 배우들의 온갖 동작을 따라한다.

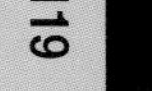

12월 25일~1월 7일 베트남이 캄보디아를 침공하여 크메르 루주 정권 붕괴.

과학과 기술 두 종류의 포유류 간에 유전자 이식 성공 | 영국에서 최초의 '시험관 아기' 루이즈 브라운 탄생.

음악 영국에서 뉴웨이브 음악 출현 | 그룹 폴리스, 스트랭글러, 큐어 등이 데뷔 앨범 발매.

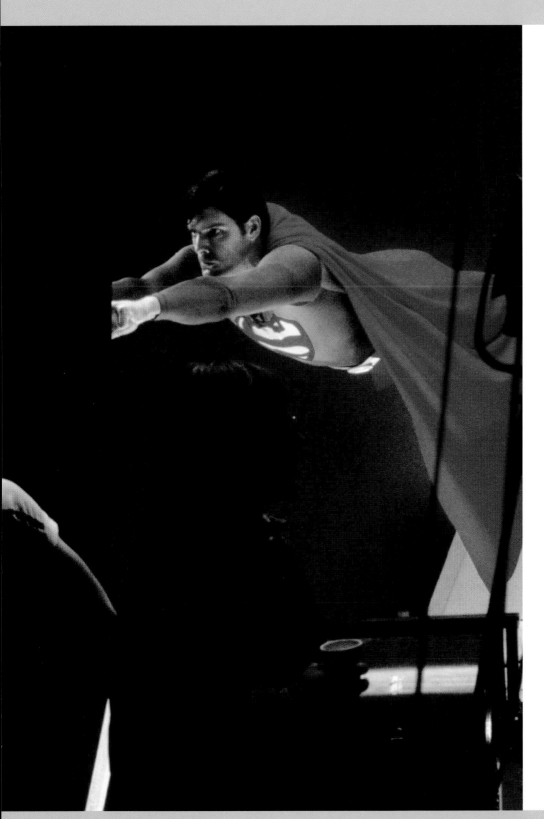

영화 마이클 치미노 감독의 「디어 헌터」 | 랜달 클라이저 감독의 「그리즈」 | 밀로스 포먼 감독의 「헤어」.

1979

1월 16일 이란에서 정변이 일어나 무하마드 레자 샤 팔레비 왕이 국외로 도망 | 2월 1일: 아야툴라 호메이니가 이끄는 이슬람 공화국 탄생.

2월 17일~3월 16일 중국, 베트남 간의 분쟁.

3월 13일 유럽통화체제 시행.

3월 26일 2차 석유 파동. 유가 20퍼센트 이상 폭등.

3월 28일 미국 쓰리마일 아일랜드에서 핵 사고.

4월 11일 우간다에서 이디 아민 다다 정권 퇴진.

"내 머릿속에 누군가가 있는데, 나는 확실히 아니죠."

핑크 플로이드의 노래 '다크 사이드 오브 더 문'의 가사 중에서

사이키델리즘

1960년대에 처음으로 선보인 사이키델리즘은 1970년대 전반부에 비약적인 도약을 이루었다. LSD나 메스칼린 같은 환각제가 일으키는 여러 가지 환상들은 사이키델릭 예술가들에게 창작 영감을 주었다. 음악에 있어서 사이키델리즘은 히피 운동과 록 음악과 연결되었으며, 지미 헨드릭스나 핑크 플로이드 같은 연주자들을 이 계열에 포함시킬 수 있다.

위: 사이키델릭 풍의 회화 작품, 런던, 1969년 (버트 글린)
오른쪽 위: 도쿄의 록 콘서트, 1970년 (페르디난도 시아나)
오른쪽 아래: 핑크 플로이드 콘서트, 파리, 1974년 (장 고미)

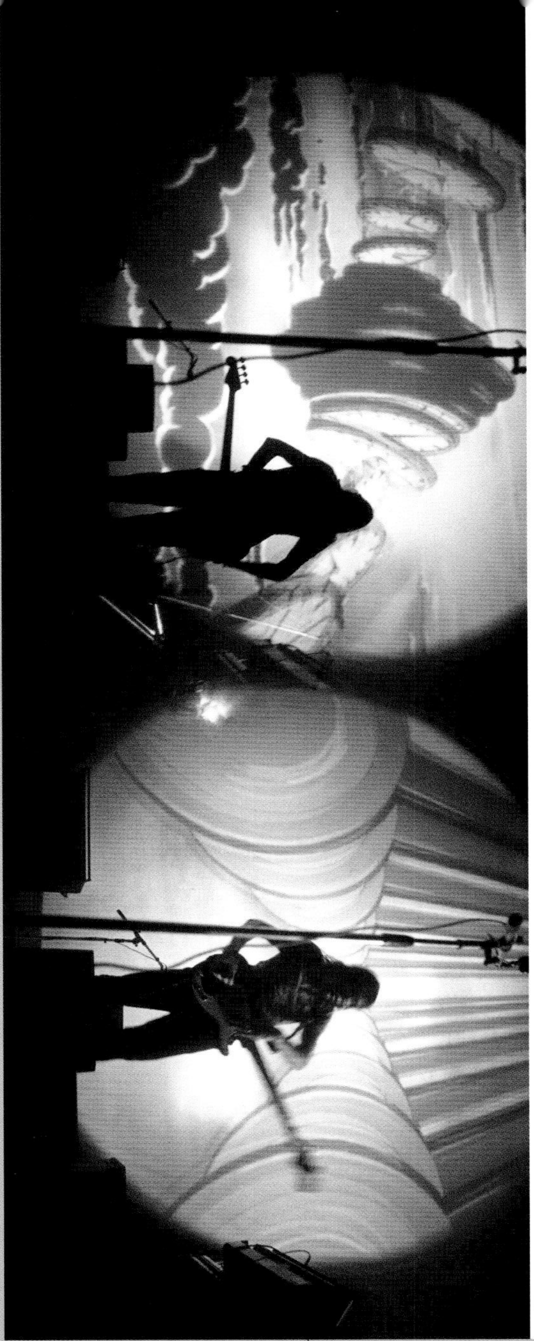

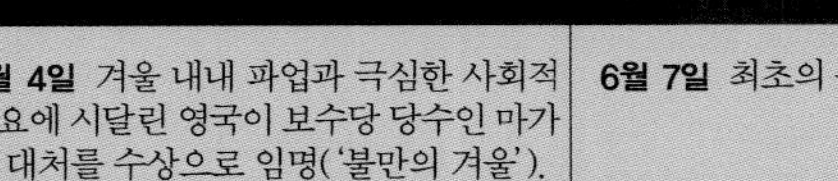

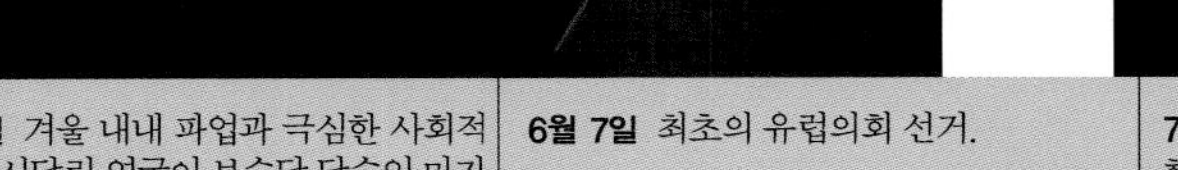

5월 4일 겨울 내내 파업과 극심한 사회적 동요에 시달린 영국이 보수당 당수인 마가렛 대처를 수상으로 임명('불만의 겨울').

6월 7일 최초의 유럽의회 선거.

7월 19일 니카라과에서 산디니스트 민족해방전선(공산주의자) 게릴라들에 의해 소모사 독재 정권 퇴진.

9월 10일 중앙아프리카에서 프랑스 군대의 지원을 받아 장 베델 보카사 황제 정권 전복.

11월 4일 테헤란 주재 미국 대사관 직원들 인질 사건.

보카사 즉위식

1977년 12월 5일

1966년 무력으로 정권을 쟁취한 다음, 1972년 중앙아프리카공화국의 종신 대통령임을 선포했던 장 베델 보카사는 1977년 스스로 황제임을 선언하고 12월 5일 즉위식을 가졌다. 이 즉위 예식은 나폴레옹 1세의 대관식에서 영감을 얻어 비슷한 방식으로 진행되었다. 보카사는 제관을 쓰고, 로마 황제들의 색이었던 흰색과 자주색의 예복을 입었다. 이처럼 과시적인 호사스러움은 그의 왕좌 뒤에 놓인 금으로 만든 독수리에 이르러 절정에 달했다. 독재자의 전형이었던 보카사는 1979년에 폐위되었다.

(페르디난도 시아나)

페르디난도 시아나

"화가가 그림을 창조할 때 카메라를 쥐고 있는 사람은 사진을 찍는다. 사진은 사진작가에 의해 창조되지 않는다. 사진작가는 사진으로 순간을 포착하기 위해 그저 창을 열 뿐이다. 세상은 필름 위에 저절로 기록된다."

12월 12일 소련과 나토 간에 '미사일 위기' 고조되어가는 상황. 나토는 소련의 SS-20미사일에 대항하기 위해 퍼싱 미사일을 서유럽에 배치하기로 결정하면서, 상호 소련 측에 배치된 미사일 수를 줄이자고 제안했으나 소련 측이 이를 거부함.

12월 27일 소련군대 아프가니스탄 침공.

사회 테레사 수녀 노벨평화상 수상.

스포츠 최초의 파리다카르 자동차 경주 | 오스트리아 출신 라인홀트 메스너가 히말라야의 K2봉에 산소 없이 등반하는 데 성공.

"오늘, 새벽은 더 이상 유혹이 아니라네." 산디니스트 전선 찬가

ᅴ카라과의 게릴라

ᅡ타갈파, 1978년: 정부군과 맞설 채비를 하고 있는 '무차초스들'

무차초스들'이 정부군과 맞설 태세를 갖추고 있다.
960년대와 1970년대에 산디니스트 민족해방전선이라고 하는 정치·군사 단체가
소모사 독재 정권에 대항하여 게릴라 활동을 벌였다. 1978년 혁명전사들과 기존 권력층 간의
전투는 극에 달했고, 이듬해 소모사 정권은 전복되었다. 그 뒤 한동안 정세 불안이 계속되었다.
980년대 내내 미국은 '콘트라', 즉 반(反) 산디니스트 게릴라들을 지원했다.

수전 메이셀라스)

수전 메이셀라스

"'무차초스들'이 소모사를 거꾸러뜨리리라고는 그 누구도 상상하지 못했다. 그러나 그들은 혼신의 힘을 다해 싸워 민중들의 절대적인 지지를 얻을 수 있었다. 그 당시에는 누구나 원대한 꿈을 꾸었다. '콘트라'와의 전쟁이라는 냉엄한 현실에 직면하기 전까지는 그랬다."

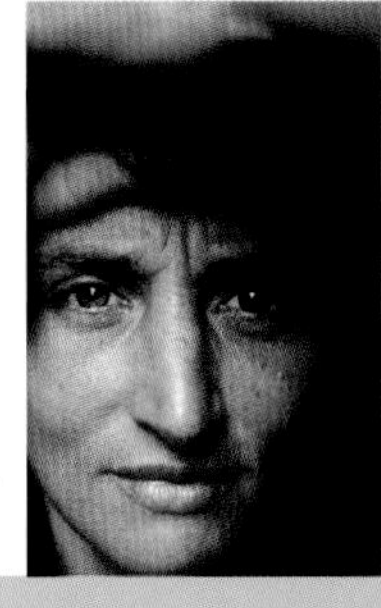

과학과 기술 소니 사가 워크맨 발매 | 쿠루에서 최초의 로켓 아리안 발사 | 필립스가 콤팩트디스크 발명.

영화 코폴라 감독의 「지옥의 묵시록」이 칸 영화제 황금종려상 수상
| 로버트 벤톤 감독의 「크레이머 대 크레이머」가 오스카 최우수작품상 수상
| 우디 앨런 감독의 「맨해튼」 개봉
| 리들리 스콧 감독의 「에일리언」 개봉.

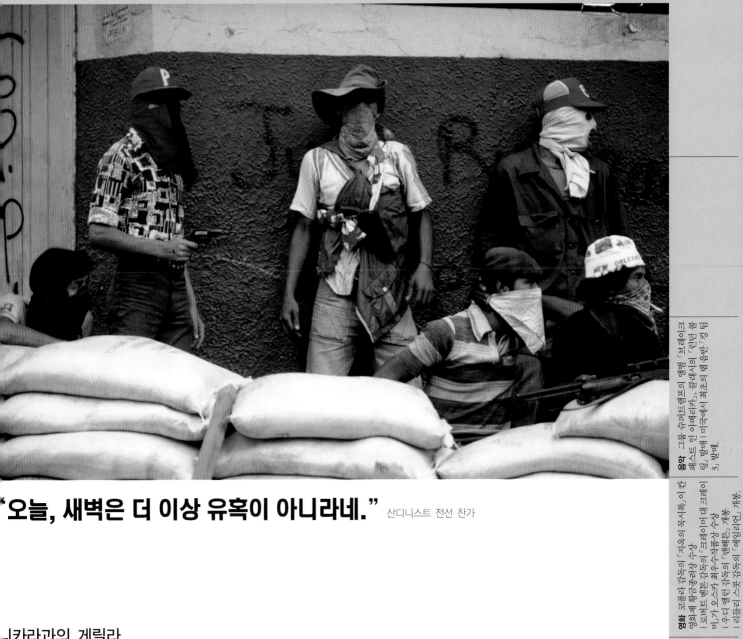

음악 그룹 슈퍼트램프의 앨범 「브레이크패스트 인 아메리카」, 클래시의 「런던 콜링」 발매 | 미국에서 최초의 랩 음반 「킹 팀 3」 발매.

"대통령 각하, 가장 성스러운 것들의 이름으로 우리는 이 전쟁을 멈추기 위해 당신이 개입할 것을 요구합니다. 전쟁은 이제 더 이상 참을 수 없을 정도로 악화되었고, 도처에서 피가 넘쳐 흐릅니다."

카말 조움블라트가 하페즈 알 아사드에게 한 말, 1976년 1월

레바논의 게릴라

베이루트의 기독교 팔랑헤단원, 1978년

1975년, 레바논에서 내전이 일어났다. 6일전쟁 이후 레바논에서는 공동체 간의 긴장 상태가 고조되던 시기였다. 팔레스타인 난민, 이슬람 난민들이 이스라엘의 지원을 받는 레바논 기독교도들과 맞섰다. 수도 베이루트에서는 휴전선을 사이에 두고 갈라져 있던 이슬람 지역과 기독교 지역 간의 전투가 절정에 달했다. 중동 지역에서 벌어진 레바논 내전은 1990년까지도 계속되었다.

(레이몽 드파르동)

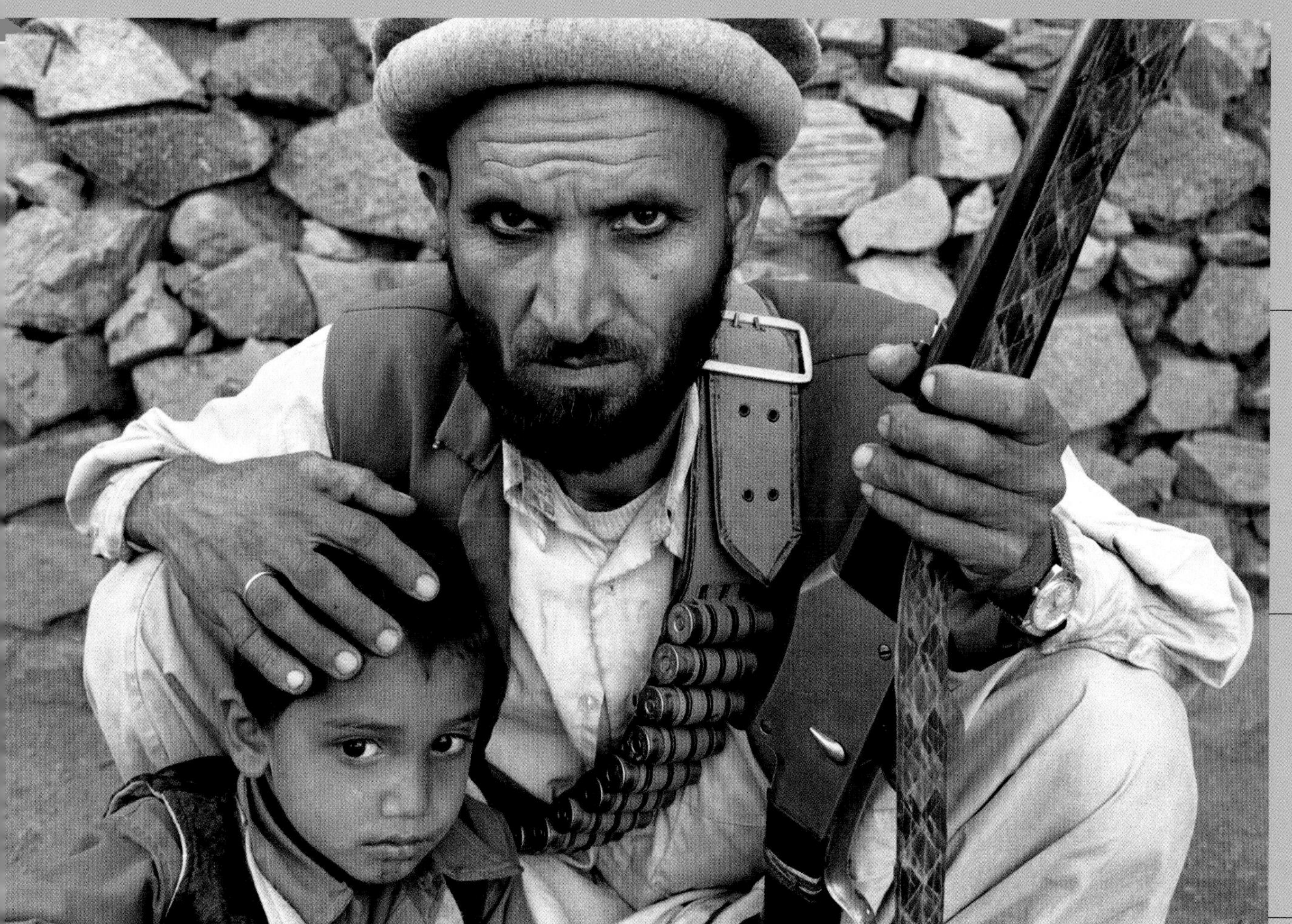

아프가니스탄의 게릴라

ㅏ다크스탄의 무자헤딘, 1978년

979년은 아프가니스탄 전쟁이 발발한 해이다. 이 전쟁은 1978년 자신들이 무력으로 세운 공산 정권을 유지하고, 그 정권이 지구의 '석유 저장고'라는 이유 때문에 위협받는 상황을 ㅏ개한다는 두 가지 이유 때문에 소련이 일으킨 전쟁이다. 하지만 소련의 붉은 군대는 ㅏ프가니스탄에서 굉장히 조직적인 저항 세력과 대결해야 했다. 미국으로부터 무기를 지원받고 애국심에 불타며 이슬람 정신으로 무장한 무자헤딘들(이슬람 성전에 나선 전사들)은 침략자들에 대항해서 매우 효과적인 게릴라전을 벌였다. 소련 군대는 산악 지대에서 고전을 ㅕ치 못했으며, 10년 동안이나 전혀 무용하고 인기없는 전쟁을 치른 후 1989년 마침내 패배를 인정하고 퇴각했다. 이 전쟁으로 소련의 세력은 현저하게 약화되었다.

레이몽 드파르동)

"아프가니스탄을 정복하는 일은 어렵지 않다. 다만 정복한 후 그것을 유지하는 일이 어려울 뿐."

압두라만 칸, 19세기 말 아프가니스탄을 지배하던 왕

"'동도 서도 아니다'라는 우리의 구호는 굶주리고 핍박받는 이들의 세상에서 이루어지는 이슬람 혁명의 근본적인 구호다." 이맘 호메이니

이란의 이슬람 혁명

호메이니 지지 시위, 테헤란, 1979년

인기가 없고 비판을 받던 이란 왕이 마침내 이란을 떠나게 되자, 아야톨라 호메이니는 1979년 망명 생활을 청산하고 이란으로 돌아왔다. 호메이니는 왕정을 종식시키고 이슬람공화국을 선포했으며, 자신이 그 공화국의 정신적 지도자가 되었다. 그러나 새로운 체제는 전체주의적이었으며, 시아파 이슬람 율법은 여자들을 억압하고 기본적인 자유를 말살해버렸다.

(압바스)

압바스

"왕정에 항거하기 위한 회합이 테헤란 대학에서 열렸다. 갑자기 호메이니 최초의 사진들이 나타났다. 그는 이 대중 혁명의 상징이었으며 리더였다. 얼마 후, 나는 여자들이 남자들과 함께 다니는 것을 보았다. 몇몇 여자들의 머리카락은 바람에 흩날렸다. 하지만 일단 이슬람 체제가 도입되자, 다시금 엄격하게 금지되었다."

"오늘 나는 순례자로서 이곳에 왔습니다."

요한 바오로 2세

아우슈비츠에서 기도하는 교황

폴란드, 1979년

1979년 폴란드 출신 교황 요한 바오로 2세는 아우슈비츠-비르케나우를 방문, 예전에 나치의 인종말살수용소였던 곳에 세워진 '죽음의 벽' 앞에서 묵상에 잠겼다. 교황으로서는 처음으로 아우슈비츠-비르케나우를 찾은 요한 바오로 2세는 제2차 세계대전 중 유대인들에게 가해진 대량학살을 기억하려는 가톨릭 교회의 의지를 보여주었다.

(브뤼노 바르비)

"정치에 있어서, 연설을 하려면 남자에게 부탁하고
실행에 옮기려거든 여자에게 부탁하라."

마가렛 대처

“위기라니, 무슨 위기?”

제임스 캘러헌 수상의 태도를 패러디한 『선』의 헤드라인, 1979년

영국의 위기

경제가 급성장한 ‘영광의 30년’이 지나자, 서구 경제는 불황과 실업의 늪으로 빠져들어갔다. 영국에서는 1970년대 말부터 1980년대 초에 걸쳐 대대적인 산업 구조조정이 일어났고, 이는 결국 수없이 많은 생산기지 폐쇄로 이어졌다. 공장 폐쇄와 그에 따른 해고로 말미암아 지역 경제 전체가 곤두박질 치기도 하고, 인구의 상당수가 위기를 맞게 되었다. 흔히들 ‘불만의 겨울’이라고 표현하는 1979년 겨울은 특히 예외적인 규모의 파업과 노사 갈등으로 얼룩졌다. 마가렛 대처는 이러한 상황에서 영국 수상에 임명되어 1990년까지 수상직을 수행했다. 마가렛 대처는 특히 노동조합과의 협상에서 단호함과 뚝심을 보여 ‘철의 여인’이라는 별명을 얻었다.

위: 마가렛 대처, 1986년 (압바스)

왼쪽: 탤벗 항구(웨일즈 지방)에 세워진 파업 팻말. 파업에 참가하는 사람들은 노동자들에게 일거리를 구하지 말고 파업에 동참할 것을 권유했다. (피터 말로)

“열여섯 살이 된 펑크는 이제, 싫다고 말할 줄 안다.”

그룹 ‘수지 앤드 더 밴시스’의 베이스 주자, 스티브 세브린

펑크와…

애덤 앤드 디 앤츠의 록시 클럽 콘서트, 런던, 1978년

괴상한 머리 모양과 옷차림은 제쳐두고라도, 1976년에 시작된 펑크 경향은 무엇보다도 기존 문화에 대한 극단적이고 허무주의적인 반항이었다. 문화적으로, 특히 음악적으로 볼 때 펑크는 지속적이고 깊게 록에 영향을 주었으며, 이를 새롭게 바꾸어놓았다. 1970년대 후반부에는 섹스 피스톨즈, 클래시 혹은 라몬즈 같은 그룹들이 나와 1970년대 초반부를 주름잡던 히피들을 잠재웠다.

(피터 말로)

디스코의 대결

베네치아 해변에서 롤러디스코 타기, 1980년

디스코를 사랑하는 사람들은 자기들이 좋아하는 음악, 가령 빌리지 피플이나 아바, 또는 시크, 비지스 등의 그룹이 부르는 노래 리듬에 맞춰 롤러스케이트를 탄다. 즐겁고 신나는 디스코 음악은 이런 놀이, 다시 말해서 현란한 파티, 태평스러움, 육체의 아름다움을 마음껏 뽐내려는 욕구 등에 잘 어울린다.

(데이비드 헌)

"별나게 튀자… 튀는 건 멋져."

그룹 시크가 부른 노래의 후렴

AIDS DON
IGNOR
AIGHT, MALE OR FEMALE, ANY
ORE PARTNERS, THE GREATER
JAXIE

will
TO POWER

1980년대

별들의 전쟁

1980년대는 두 초강대국 간의 긴장이 고조되기 시작한다. 로널드 레이건 대통령이 이끄는 미국은 군비 예산을 늘리고, 이른바 '별들의 전쟁'이라고 이름 붙인 국토 방위 사업을 시작한다. 조지 루카스 감독이 1977년에 내놓은 블록버스터 영화의 제목을 차용한 이 사업은 철통 같은 방위망으로 미국 영공을 지키겠다는 야심찬 계획이다. 사실 이 계획은 소련이 동유럽에 SS-20 장거리 미사일을 배치한 데 대한 보복 조치였다.

그러나 1985년 이후 상황은 달라진다. 소련 공산당 서기장 미하일 고르바초프가 역사의 흐름을 바꿔놓게 될 정책을 실현하기 시작했기 때문이다.

동유럽을 가두었던 '철의 장막'이 드디어 걷히다

소련의 새 지도자 고르바초프는 정치나 경제, 사회 등 모든 분야에서 공산주의식 모델의 한계를 분명하게 인식한 사람이었다. 1986년 4월, 우크라이나 지방 체르노빌 핵발전소의 발전기 폭발사고는 소련의 인프라와 기계 설비 등이 얼마나 낙후되어 있으며, 정치 권력의 누수가 얼마나 심한지를 전세계에 극명하게 보여주었다. 고르바초프는 '페레스트로이카'라는 용어로 정의되는 대대적인 개혁 정책을 실시했다. 국가를 민주화하고 사양길에 접어든 경제를 회생시키자는 취지의 개혁이었다. 그는 또한 '글라스노스트'(정부가 가진 정보 가운데 일부를 공개하고 언론 통제를 완화하는 정책을 이른다)를 강조함으로써 과거와의 단절을 꾀했다. 자유 언론을 통해 국민들도 알 권리가 있음을 인정한 것이었다.

평화주의자인 미하일 고르바초프는 국방 예산을 대폭 줄였으며, 미국과 공동으로 1987년 12월 군비축소협약(워싱턴 협약)을 체결하고, 아프가니스탄에 주둔 중이던 소련 군대에게 철수 명령을 내렸다. 그는 소련의 영향력 아래에 있던 동유럽에 반대당의 창립을 묵인했다. 이렇게 해서 폴란드, 헝가리, 체코슬로바키아 등지에 자유의 바람이 불었다. 그뿐 아니라 고르바초프는 1989년 한 해 동안 수천 명의 동독인들이 서독으로 넘어가는 것을 저지하지 않았다. 1989년 11월 9일 베를린 장벽이 무너짐으로써 냉전 시대는 종식을 고했고, 소비에트 연방공화국의 해체는 기정 사실화되었다.

아프리카를 향한 관심 촉구

경제 불황에 빠진 서유럽

베를린 장벽의 붕괴로 자유민주주의의 승리는 확실해졌다. 그렇지만 자유민주주의 또한 내부적으로 많은 어려움을 안고 있었다. 특히 실업이나 통제가 어려운 인플레이션을 비롯해, 20세기 서방 경제 성장에 견인차 역할을 했던 생산 방식의 위기 등 경제적인 난제들이 수두룩했다. 1970년대에 시작된 불황은 1980년대에 들어서도 여전히 계속되었다. 그 결과 탄광이나 제련업, 제철업, 조선업 등 심하게 타격을 입은 분야에서 전면적인 산업구조 조정이 불가피해졌다. 잇단 해고와 공장 폐쇄로 말미암아 지역과 지역 주민 전체가 침체의

루브르의 피라미드

늪으로 빠져들었다. 이런 상황에서 로널드 레이건 미국 대통령(1981~88년)과 '철의 여인'이라 불리던 마가렛 대처 영국 수상(1979~90년)은 이른바 신자유주의 정책을 실시했다. 경제 분야에서 국가의 개입을 최소한으로 제한하는 대신 완전 자유 경쟁을 유도한다는 방침이었다. 이러한 정책은 세금 인하와 복지 축소를 동반했다. 때문에 영국에서는 대규모 시위가 연일 끊이지 않았다.
이제 서구 국가에서는 더 이상 제조업 분야가 아닌 3차 산업, 특히 서비스업 분야가 부와 고용을 증가시키는 역할을 도맡았다. 공장의 해외 이전은 이와 같은 현상이 빚어낸 직접적인 결과였다. 서구의 기업주들은 값싸고 질 좋은 노동력이 풍부하며 노동조합 가입 비율이 미미한 아시아나 라틴아메리카 등지로 공장을 이전했다. 전체적으로 아프리카 대륙은 이와 같은 변화의 추세 주변부에 머물러 있었다. 외국 자본으로부터 외면당한 아프리카 대륙은 가난과 내란의 수렁 속으로 가라앉아 갔다. 1980년대는 또한 에이즈가 출현한 시기이기도 하다. 현대 의학이 몇 년 동안 아무런 대책을 세우지 못한 이 새로운 질병은 1970년대를 풍미하던 자유와 태평성대의 꿈을 완전히 짓밟아버렸다.

흐 바웬사

랩 음악과 메가튜브

희망과 불확실성이 공존하는 시대에 예술의 여러 경향이 마구 뒤섞이면서 새로운 음악들이 선을 보였다. 신디사이저를 이용해 만들어낸 전자 음악, 즉 댄스 뮤직이나 테크노 음악 등이 생겨났고 전세계의 민속 음악들을 아우르는 '월드뮤직'도 등장하기 시작했다. 또한 자선음악이라는 새로운 장르도 개척했다. 이는 여러 명의 가수들이 목소리를 합해 공동으로 음반을 제작하거나, 1985년 영국의 웸블리 운동장에서 열린 콘서트처럼 초대형 콘서트를 개최하여 얻은 수익금을 기근에 허덕이는 에티오피아에 기부하는 형식의 음악을 가리킨다.
1980년대는 특히 랩 음악의 급성장이 특기할 만하다. 랩 음악은 길거리에서 춤을 추는 힙합 추세와 잘 맞물렸다. 원래 이 음악은 빈민가에서 유행하던 음악으로, 미국 대도시 슬럼가에 사는 흑인들이 주로 애용했다. 랩은 순식간에 슬럼가를 벗어나 전세계 음악 애호가들을 사로잡았다. 랩은 성공 가도를 달리며 점점 더 다양해졌으며, 보다 넓은 층의 관심을 얻어갔다. 충격적인 가사로 논란을 빚은 그룹 '퍼블릭 에너미'가 1980년대 후반 랩의 대중화를 이끈 주역이다.
프린스, 마이클 잭슨, 마돈나 등이 1980년대에 우상으로 군림한 가수들이다. 이들의 앨범과 순회공연은 지구 각지에서 어마어마한 성공을 거두었다.
영화계에서는 스티븐 스필버그의 「잃어버린 성궤를 찾아서」(1981년)나 「ET」(1982년)가 전 세계적으로 엄청난 관객을 끌어들였다.

디지털이냐 아날로그냐?

전자카드, 이동전화, 자동응답기, 노트북 컴퓨터, 팩스, 캠코더, 비디오 플레이어, 워크맨, CD 플레이어, 오디오 기기…. 1980년대에는 전자제품과 컴퓨터가 전 세계를 정복했다!
이 신종 기계들은 일상 생활 속으로 깊숙하게 파고들었으며, 대중화되면서 개인들의 생활은 물론 직업 환경도 완전히 바꾸어놓았다. 이 현상은 이후로 점점 심화된다.

고르바초프와 레이건: 냉전시대의 종식을 고하다

4월 18일 남로데지아(지금의 짐바브웨) 완전 독립.

4월 24일 이란의 테헤란에 억류당한 65명의 인질을 구출하려던 미국의 시도 실패.

5월 4일 유고슬라비아의 지도자 티토 사망.

5월 17일 페루에서 마오쩌둥을 따르는 공산주의 계열의 게릴라 세력 '빛나는 길' 출현.

5월 18일 미국의 세인트헬레나 화산 폭발.

7월 19일 56개국이 모스크바 올림픽 불참(프랑스는 참가).

7월 30일 남태평양의 작은 섬나라 바누아투 독립.

"모든 사람들이 온 세상을 함께 나누어 가진다고 상상해보라."

"Imagine all the people sharing all the world⋯."

존 레논의 노래 '이매진'

"음악이 인간을 자유롭게 하리라."
밥 말리가 부른 '트렌치 타운 록' 가사

존 레논, 세상을 떠나다

980년 12월 14일, 센트럴 파크에서 거행된 추모식

980년 12월 8일, 존 레논이 뉴욕 자택 앞에서 한 정신이상자에 의해 살해되었다. 그로부터 새 후, 그를 추모하는 장례식이 그가 살던 집 근처의 센트럴 파크에서 열렸다. 수많은 군중이 여 역사상 가장 유명한 록 그룹인 비틀즈의 작곡가이자 기타리스트, 보컬이었던 그에게 도를 표했다. 존 레논은 1970년대를 특징짓는 '평화와 사랑'을 상징하는 인물이었다.
립 존스 그리피스)

"라스타맨의 긍정적인 울림… 오 예…."

밥 말리도 떠났다

메이카 출신의 밥 말리 1976년, 살해 위협이 있은 지 이틀 후

981년 5월 11일, 밥 말리가 마이애미에서 암으로 사망했다. 생전에 많은 인기를 누렸던 말리는 죽은 후에는 명실공히 신화적인 존재가 되었다. 그는 누가 보더라도 레게 음악의 신이었다. 밥 말리의 음악은 다양한 종교와 철학 사상으로부터 영감을 얻어 구축되었으며 화와 평등, 자유 등 인간의 기본적인 가치를 추구하는 라스타파리아니즘을 반영한다.
렉스 웹)

8월 31일 폴란드에서 노동조합 구성을 허가(단치히 협약)함으로써 자유노조 탄생.

9월 12일 터키에서 군사 쿠데타 발생.

9월 22일 이란-이라크 전쟁 발발(8년 동안 계속됨).

11월 25일 오트볼타에서 쿠데타(현재 부르키나파소).

12월 8일 존 레논 암살.

12월 31일 세네갈에서 레오폴드 세다르 생고르 대통령 사임.

사회 CNN 개국.

문학 움베르토 에코의 『장미의 이름』 출간. | 윌리엄 스타이런의 『소피의 선택』 출간.

영화 스페인 출신 감독 페드로 알모도바르의 데뷔작 「산 정상의 폐피, 루시, 봄 그리고 다른 사람들」 개봉.

1월 1일 그리스 유럽공동체에 가입.

1월 20일 로널드 레이건 미국 대통령이 취임 직후 테헤란에 억류되어 있던 인질 552명을 석방시키는 데 성공함.

1월 25일 마오쩌둥의 미망인에게 사형 선고(실제로 처형은 되지 않았음).

3월 30일 로널드 레이건 암살 미수.

4월 1일 미국, 니카라과 원조 중단.

5월 5일 아일랜드 출신 투사 보비 샌즈, 수감 생활 도중 사망.

5월 10일 프랑스에서 사회주의 지도자 프랑수아 미테랑이 대통령에 당선.

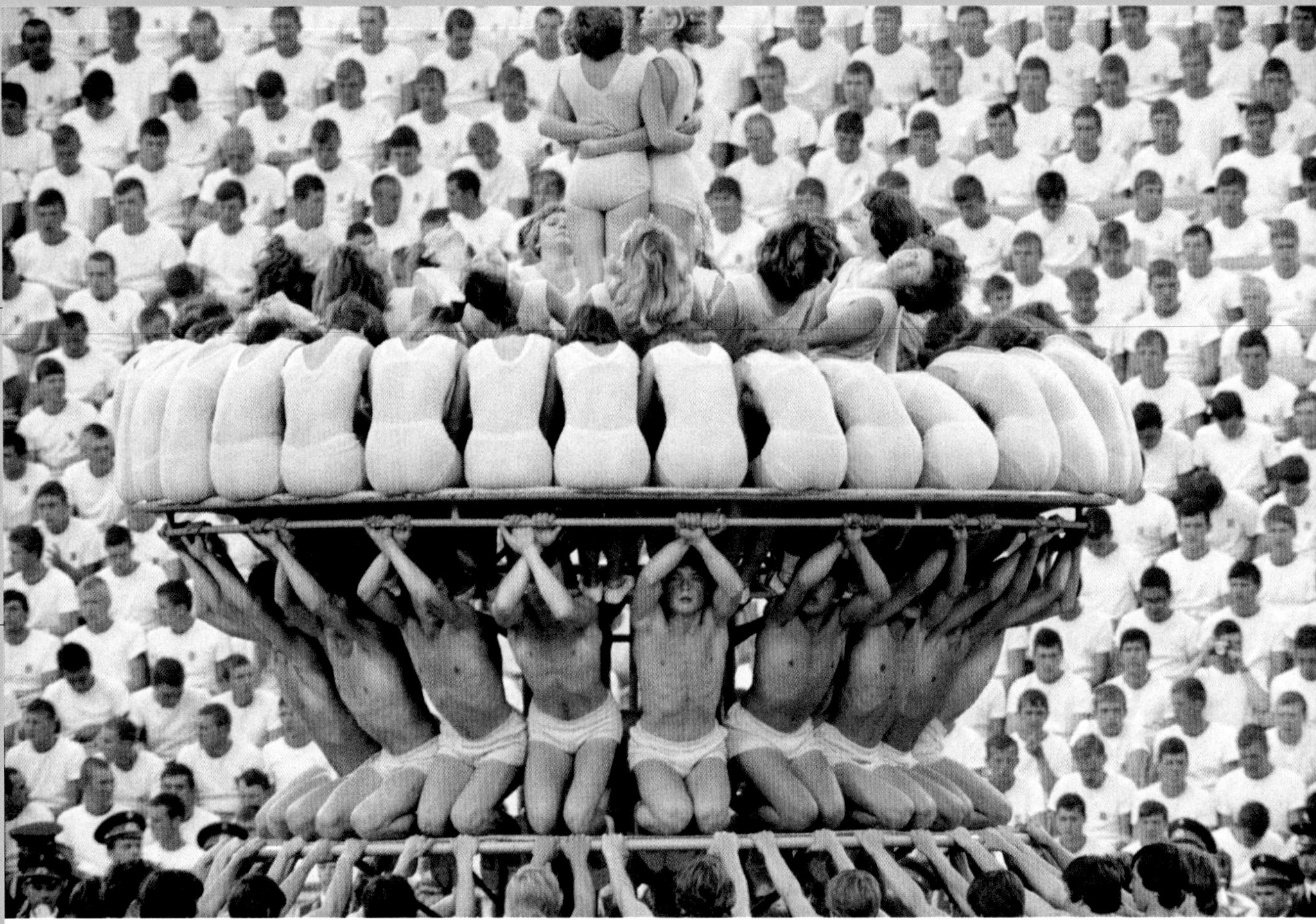

"미국이 이번 여름 모스크바에서 열리는 올림픽에 불참을 결정하지 않았다 하더라도, 소련은 자신들의 공격적인 태도가 운동 선수들과 올림픽 경기 관람을 원하는 관람객들에게 모스크바 여행이 위험하다는 인상을 줄 수 있다는 것을 깨달아야 한다."

지미 카터 미국 대통령, 1980년 1월

올림픽 불참

1980년 모스크바 올림픽 개막식

1980년 모스크바에서 열린 올림픽 경기에는 48개국만이 참가했다. 미국의 주장에 동조한 많은 나라들이 올림픽에 참가하지 않기로 결정했기 때문이다(프랑스는 참가했다). 이는 한 해 전 소련의 붉은 군대가 아프가니스탄을 침공한 데 대한 항의의 표시였다.

(레이몽 드파르동)

에어로빅의 탄생

1986년 뉴욕의 한 피트니스 센터

춤과 운동의 결합은 1980년대에 선풍적인 붐을 일으켰다. 몸매를 유지하고 탄력 있는 근육을 만들기 위해 피트니스와 에어로빅 애호가들은 리듬감 있는 음악에 맞춰 근력 강화 운동을 했다. 이 운동을 할 때에는 주로 합성섬유로 만든 딱 달라붙는 형광색의 의상을 갖추는 것이 관례였다.

(토마스 회프커)

“에어로빅은 음악에 맞춰 빠른 동작을 반복함으로써 몸매를 아름답게 만들며 근육에 산소를 불어넣는 체조이다.”

『르 프티 로베르』 사전에 나오는 정의, 1981년

5월 13일 교황 요한 바오로 2세 암살 미수.

9월 21일 벨리즈 독립(예전 영국령 온두라스).

9월 30일 프랑스에서 사형제도 폐지.

10월 6일 이집트에서 이슬람 극단주의자들에 의해 사다트 대통령 암살. 호스니 무바라크가 새 대통령에 임명됨.

12월 13일 폴란드에 계엄령 선포, 자유노조 금지.

음악 밥 말리 사망(5월 11일) | MTV 개국.

과학과 기술 최초의 개인용 컴퓨터 상용화. 보이저 2호 토성에서 이미지 송신. 미국 최초의 우주왕복선 컬럼비아 호 발사.

사회 최초의 에이즈 환자 발생.

4월 2일~5월 1일 포클랜드 전쟁. 아르헨티나는 영국으로부터 포클랜드 제도를 되찾으려 전쟁을 시도했으나 패배한다. 이 실패는 아르헨티나 군부의 실권으로 이어진다.

4월 5~25일 이스라엘, 이집트에 시나이 반도 반환.

6월 4일 이스라엘의 레바논 침공 시작(5차 중동전쟁).

9월 14일 레바논의 신임 대통령 베쉬르 제마이엘 암살. 이스라엘 군대가 서베이루트로 진격.

9월 16~17일 레바논의 사브라와 차틸라 캠프에서 1,000명 이상의 팔레스타인 민간인 학살.

10월 1일 이스라엘, 튀니지에 위치한 팔레스타인해방기구(PLO) 본부 공습.

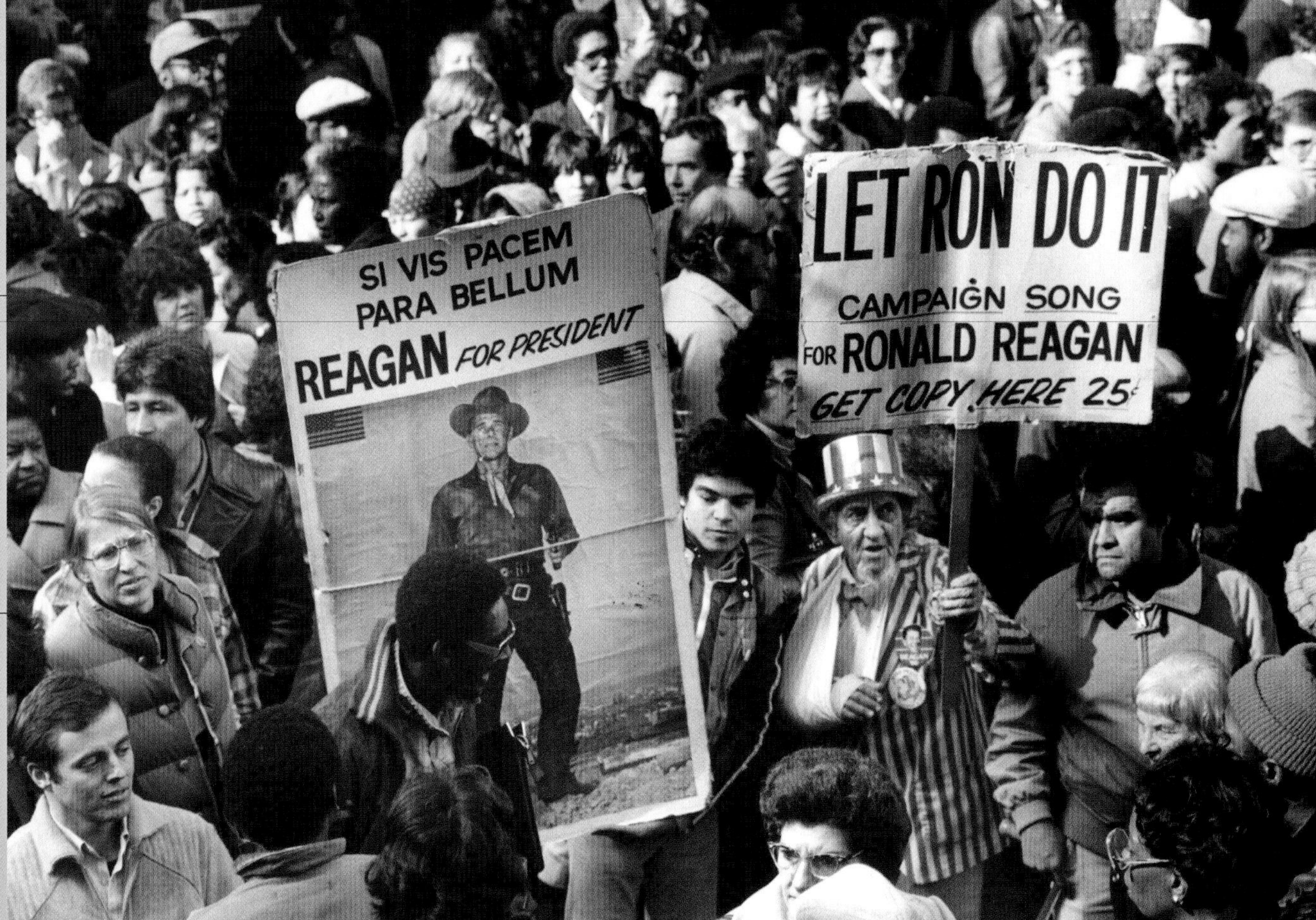

**"내가 여기까지 올 수 있었으니 내 생각에,
미국의 그 누구라도 나처럼 될 수 있는 기회가 있다."**

로널드 레이건, 『미국적인 삶』

백악관 주인이 된 레이건

대통령 선거 캠페인, 1980년

로널드 레이건은 영화와 텔레비전에 나오는 배우로서 미국인들에게 알려져 있었다. 1950년대 초 할리우드에서 공산주의 반대 투쟁을(당시 미국 사회에는 매카시즘 열풍이 불어닥쳤다) 벌였던 레이건은 해를 거듭하면서 공화당의 중심 인물로 부상했다. 1980년 미국 대통령에 당선된 레이건은 "미국이 돌아왔다"고 힘차게 선언했다. 이는 지나치게 소심하다는 비난을 받았던 지미 카터 통치 시대와 차별화를 꾀하고, 냉전 분위기를 되살리려는 의지의 표명이었다. 선거용 벽보에 등장하는 라틴어 'Si vis pacem para bellum'은 '평화를 원한다면 전쟁을 준비하라'를 의미한다. 이 구호는 레이건 대통령이 원했던 '별들의 전쟁'이라는 개념을 더할 나위없이 간결하게 표현하고 있다. 보수적이며 자유주의자였던 레이건은 1984년 대통령에 재선된다.

(르네 뷔리)

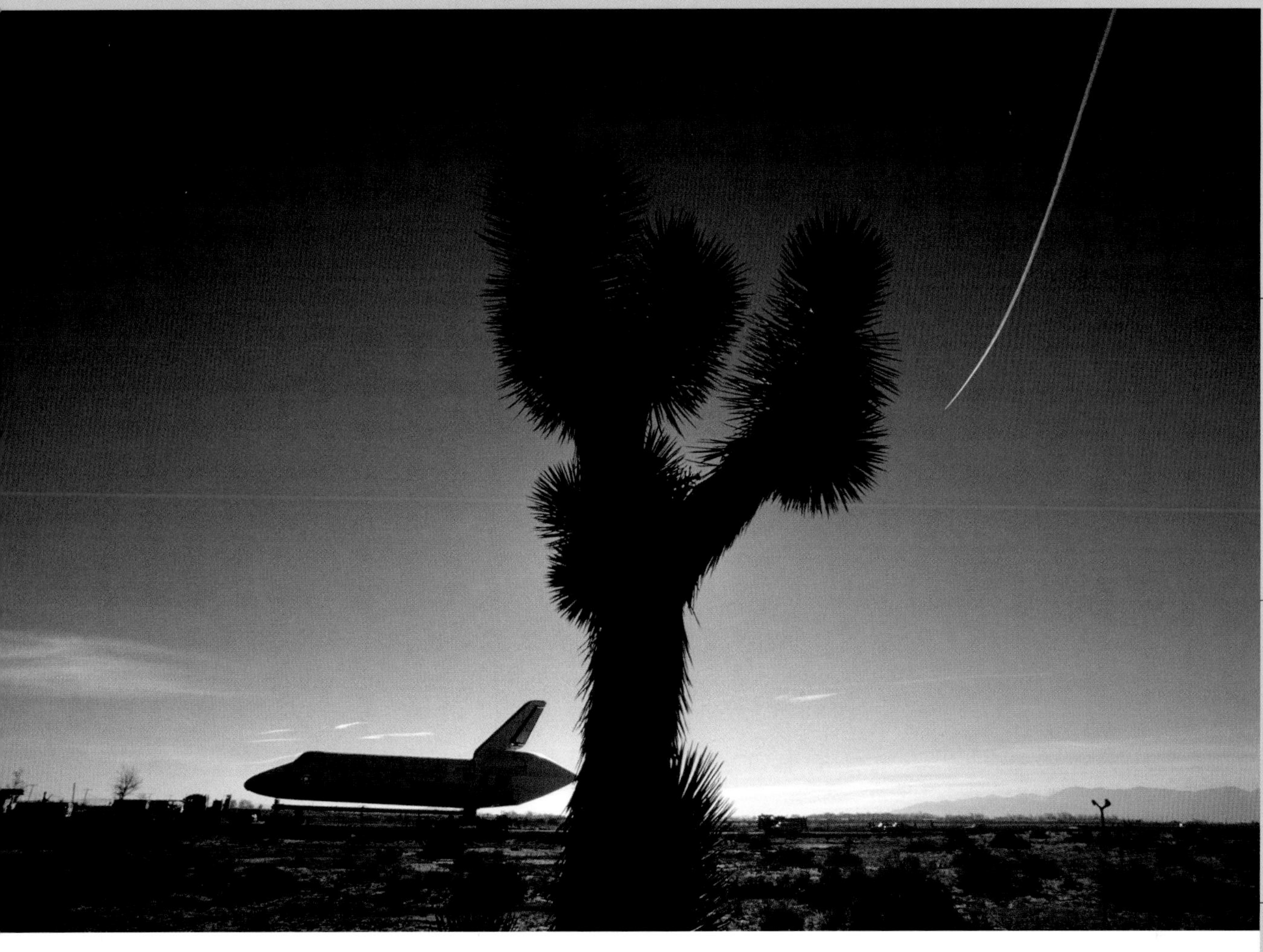

"진보의 최대의 적은 알고 있다고 착각하는 것이다."

달 표면을 걸어본 12명의 우주비행사 가운데 한 사람이자 컬럼비아 호 처녀 비행 때 선장을 맡았던 존 영

컬럼비아 우주선의 처녀 비행

979년 캘리포니아, 항공우주국

미국이 만든 우주왕복선은 위성을 궤도에 올려놓고 지구로 돌아와서 재사용될 수 있는 최초의 기구였다. 이 우주왕복선 컬럼비아 호의 처녀 비행은 1981년 4월에 이루어졌다. 980년대와 1990년대 내내 컬럼비아 호를 비롯하여 챌린저, 디스커버리, 아틀랜티스, 인데버 등 우주왕복선이 수없이 많은 임무를 수행한다. 그러나 이 우주 프로그램은 986년 챌린저 호가, 그리고 2003년 컬럼비아 호가 각각 귀환 도중 해체됨으로써 비통한 순간을 맛보기도 했다.

르네 뷔리)

**"인간은 지구를 벗어난 높이까지,
대기권 경계 너머까지 전진해야 한다.
그렇게 해야만 우리가 살고 있는
세계를 확실하게 알 수 있을 것이다."**

미국항공우주국(NASA) 우주항공사 교육용 교재에 인용된 소크라테스의 말

11월 7일 터키, 국민투표를 통해 그때까지 정권을 장악하고 있던 군부에게 1989년까지 정권을 맡기기로 결정.

과학과 기술 최초의 인공심장 이식 성공 | 일본에서 컴팩트 디스크 판매 개시 | 프랑스에서 미니텔 사용 개시 | 최초의 일회용 사진기 판매.

음악 사이먼 앤드 가펑클이 센트럴 파크에서 콘서트 개최(관람객 50만 명) | 마이클 잭슨의 앨범 「스릴러」 판매.

영화 디지털 기술을 사용해 만든 최초의 장편영화 「트론」 | 리처드 어텐보로 감독의 「간디」가 오스카 최우수작품상 수상 | 코스타 가브라스 감독의 「의문의 실종」이 칸영화제 황금종려상 수상 | 스티븐 스필버그 감독의 「E.T.」, 리들리 스코트 감독의 「블레이드 러너」 개봉.

문학 가브리엘 가르시아 마르케스 노벨문학상 수상.

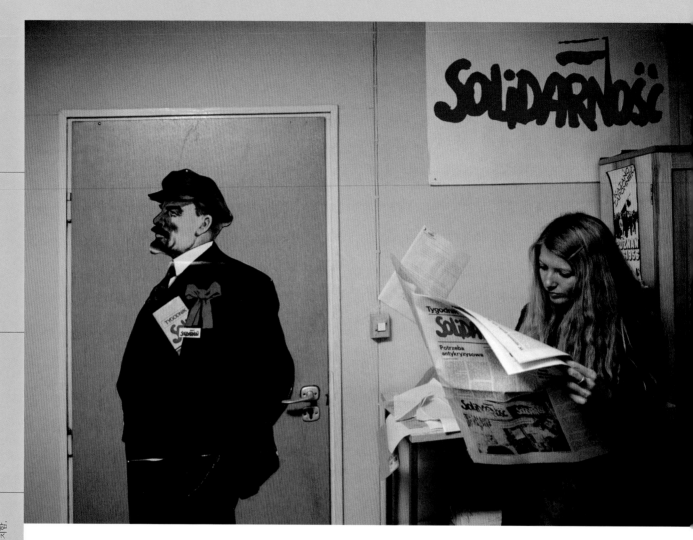

1월 20일 프랑수아 미테랑 대통령이 본 방문길에, 소련의 SS-20 미사일에 대항해서 서유럽에 미국 퍼싱 미사일을 배치하기로 결정한 건 잘한 일이라고 연설. 실제로 최초의 퍼싱 미사일을 11월에 배치함.

3월 23일 로널드 레이건 대통령이 '별들의 전쟁'이라고 이름 붙여진 방어 계획 발표.

4월 18일 헤즈볼라, 베이루트 주재 미국 대사관을 상대로 폭탄 테러.

7월 28일 스리랑카에서 타밀 독립군을 금지하자, 내란으로 번짐.

"자유노조 없이 자유는 없다"

시위대들이 외치던 구호

폴란드의 자유노조 솔리다르노시치

자유노조 기관지 사무실, 1981년

1980년대 초, 인민 민주주의는 소련 체제에 대항해 무수히 많은 비판의 날을 세웠다. 동유럽 국가 주민들은 개혁에 목말랐던 것이다. 폴란드에서는 자유노조와 단치히 조선소에서 전기 기술공으로 일하면서 노조 책임을 맡았던 레흐 바웬사를 중심으로 저항 운동이 퍼져나갔다. 노동자들의 동요가 잦아지자 폴란드의 야루젤스키 장군은 레흐 바웬사를 체포하고 자유노조를 해체한 후 계엄령을 선포했다. 1983년, 공산 동유럽 체제 아래서 자유로운 노조 활동을 부활시킨 상징으로 여겨지던 레흐 바웬사는 노벨 평화상을 수상했다. 그는 1990년 폴란드공화국의 초대 대통령으로 선출되었다.

위: 자유노조 기관지 사무실, 1981년 (브뤼노 바르비)
옆: 1981년 8월 폴란드 자유노조연맹의 첫 번째 기념일 (브뤼노 바르비)

"그들은 결코 우리를 굴복시킬 수 없으며, 앞으로도 그렇게 하지 못할 것이다."

단식투쟁자, 보비 샌즈

북아일랜드: 죽을 때까지 싸우리

벨파스트, 1981년

북아일랜드에 있어서 1981년은 메이즈 감옥에 수감된 가톨릭 민족주의자들이 정치범의 지위를 얻고자 벌인 단식투쟁의 해로 기억된다. 이들 중에서 보비 샌즈를 포함한 10명은 단식투쟁 끝에 사망했다. 아일랜드공화국군(IRA)의 구성원이었던 보비 샌즈는 수감 생활 기간 중에 독립을 주장하는 민족주의적 정당인 신페인 당의 국회의원으로 당선되기도 했다. 1981년 5월 5일 사망한 그는 북아일랜드 민족 독립을 위한 순교자로 추앙받는다. 이 사진은 단식투쟁 중인 사람들의 사진과 이름, 단식투쟁한 날수를 기록해놓은 벽을 찍은 것이다. 일부는 이미 사망했음을 알 수 있다.

(질 페레스)

질 페레스

"우리는 우리를 어디로 데려갈지 알 수 없는 역사의 미로 속에 있으며, 나는 무슨 일이 일어나는지 이해하기 위해서, 언제나처럼 위급한 상황에서, 거의 생존 본능에 따라 셔터를 누른다."

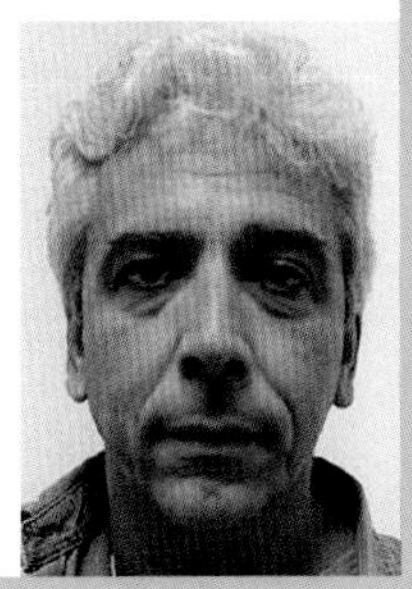

8월 21일 필리핀에서, 망명 생활을 마치고 돌아온 야당 지도자 베니그노 아키노 암살.

8월 31일 대한민국의 민간항공기 보잉을 미국의 정찰비행기로 오인한 소련 공군이 격추시킴.

10월 5일 레흐 바웬사 노벨평화상 수상.

10월 23일 베이루트 주재 미군과 프랑스 부대에서 폭탄을 장착한 트럭 폭발.

10월 23일 그라나다 혁명 세력을 진압하기 위해 미군 개입.

10월 30일 아르헨티나에서 라울 알폰신이 대통령에 선출됨으로써 독재 종식.

“힙합은 당신의 생활이며, 랩은 당신이 늘상 하는 말.”

래퍼 케이알에스-원

길거리 문화

1980년대에는 길거리에서 다양한 문화 운동이 폭발적으로 태어난 시기이다. 힙합, 랩, 브레이크 댄스 등이 대표적이다. 미국 대도시 빈민가에서 자연발생적으로 생겨난 이 문화는 시각적으로는 태그나 그래피티를 통해서 표현되었으며, 불과 몇 년 사이에 전 세계적인 대성공을 거두었다.

위: 브레이크 댄스, 도쿄, 1987년 (스튜어트 프랭클린)
옆: 뉴욕 지하철, 1981년 (이브 아놀드)
오른쪽: 키스 해링의 그래피티, 뉴욕, 1983년 (토마스 회프커)

음악 그룹 U2의 앨범 「전쟁」 발매 | 마돈나 데뷔 앨범 발매(조니 할리데이의 노래도 삽입).

스포츠 야닉 노아, 롤랑 가로스 테니스 대회에서 우승.

과학과 기술 캠코더 발명 | 인터넷 관련 규약인 TCP/IP 협약 발효 | 뤽 몽타니에 교수가 에이즈 바이러스를 식별하는 데 성공.

"Hip-hop is something you live, rap is something you do."

1984

2월 14일 남아프리카공화국이 앙골라와 모잠비크에서 철수하다.

6월 6일 인도 군대가 암리차르에 있는 황금사원에서 벌어진 시크교도들의 폭동 진압을 위해 발포, 수천 명의 사상자 발생.

8월 4일 오트 볼타가 부르키나 파소로 국가명 변경.

9월 20일 베이루트 주재 미국 대사관에서 또 다시 폭탄 장착된 트럭 테러 발생.

10월 31일 통합인도의 수상 인디라 간디 암살.

12월 2~3일 인도 보팔의 살충제 제조회사 유니온 카바이드 공장 폭발 사고로 2만명이 넘는 사람이 사망했으며, 20만 명이 넘는 사람이 부상을 당하거나 장애인이 됨.

12월 10일 남아프리카공화국 주교 데스몬드 투투 노벨평화상 수상.

과학과 기술 최초의 맥킨토시 컴퓨터 출시(1월 24일).

사회 소련을 비롯하여 14개국이 로스앤젤레스 올림픽 불참.

음악 마빈 게이, 부친에 의해 암살당함 | 미국 캔자스 시티 애로우헤드 스타디움에서 열린 마이클 잭슨 콘서트에 13만 5,000명의 관객 운집. | 브루스 스프링스틴의 앨범 「본 인 더 유에스에이」 발매.

MADONNA

"패배한다고 해도 나는 그로 인하여 모든 것이 마비된다고 느끼지 않는다. 넘어지면, 일어나고 또 일어난다."

마돈나

"나는 나쁘다!" 마이클 잭슨, 1987년

마돈나

마돈나는 분명히 팝 음악 역사상 가장 위대한 여성 스타 중 한 사람이다. 1984년 마돈나가 내놓은 앨범 「라이크 어 버진」은 그녀에게 세계적인 명성을 안겨주었다. 그후 성공은 마돈나를 떠나지 않았다. 도발적 행동과 스캔들을 일으키는 취미 덕분에 이 전위적인 대중예술가는 시대의 아이콘으로 확고하게 자리잡았다. 마돈나가 명성을 얻은 데에는 「수전을 찾아서」(수전 세이들먼 감독의 1985년 작품) 같은 영화의 흥행 성공, 지나치게 튀는 사생활 등도 영향을 미쳤다.

마이클 잭슨

마이클 잭슨은 여섯 살 때부터 이미 형제들과 함께 '잭슨 화이브'라는 그룹(소울과 리듬 앤 블루스 음악)을 결성해서 무대에서 노래하고 춤을 췄다. 하지만 마이클 잭슨은 솔로로 연주 활동을 하면서 세계적인 스타가 되었다. 그는 전 세계에서 가장 많은 앨범을 판 팝 음악 가수이다. 그의 앨범 「스릴러」는 전 세계적으로 무려 1억 400만 장이 팔려, 이 분야 최고 기록을 세웠다. 전형적인 무대형 가수인 마이클 잭슨은 1980년대 세계 곳곳을 돌면서 순회공연을 가졌다. 그의 '문스텝'은 특히 유명하다.

옆: 캔자스 시 콘서트, 1984년 (엘리 리드)
왼쪽: 마돈나 포스터, 1985년 (페르디난도 시아나)

3월 5일 영국에서 1년 넘게 지속된 광부들의 파업이 실패로 종결.

3월 11일 미하일 고르바초프가 소련 공산당 서기장에 임명됨.

4월 8일 고르바초프가 SS-20미사일 유럽 배치를 보류한다고 발표.

4월 20일 바르샤바 조약 기간 20년 연장.

4월 30일 베이루트에서 프랑스 외교관 2명(마르셀 카르통, 마르셀 퐁텐) 납치됨 | 5월 22일: 두 명의 프랑스인(미셸 쇠라, 장 폴 코프만) 추가 납치.

5월 1일 미국이 니카라과와의 전면적인 교역 금지령을 내림.

5월 20일 레바논에서 자국 남부 지역에 위치한 팔레스타인 난민촌을 상대로 '캠프 전쟁'에 돌입.

1985

시나이 반도의 소요

이스라엘과 아랍이 체결한 평화조약(1979년)에 따라 이스라엘 측은 그들이 1967년 6일 전쟁 이후 점령했던 지역을 떠나기로 했다. 하지만 그곳에 정착해서 살던 이스라엘인들은 떠나기를 거부하고 이스라엘 군대 측에 저항했다.

사브라와 샤틸라

1982년 9월 16일과 17일 양일간, 레바논의 베이루트 서부에 위치한 팔레스타인 난민 캠프 사브라와 샤틸라에서 대량 학살이 자행되었다. 700명에서 3,500명 가량의 팔레스타인 민간인이 팔랑헤 당원들(레바논 기독교 용병단체)에 의해 이스라엘 군대의 통제 아래 놓인 지역에서 학살된 것이다. 이스라엘 군대는 이 음모에 가담했다.

위: 이스라엘 군대가 시나이 반도 내 야미트에 정착한 이스라엘인들을 강제 이주시키고 있다, 1982년 (미차 바르암)

오른쪽: 베이루트의 한 묘지에 걸려 있던 팔레스타인 청년의 사진, 1982년 (크리스 스틸-퍼킨스)

"이스라엘의 목적은 레바논이 독립국가가 되어 우리와 평화롭게 공존하는 것이다."

아리엘 샤론, 1981년 10월

5월 29일 벨기에에서 '헤이젤 참사' 발생. 유로컵 축구 결승전을 관람하던 도중 팬들 사이에 싸움이 벌어지면서 38명이 질식사.

6월 14일 헤즈볼라가 TWA 비행기를 납치. 납치극은 2주 동안 계속됨.

6월 14일 유럽인들은 독일, 벨기에, 프랑스, 룩셈부르크, 네덜란드를 자유롭게 왕래하는 반면, 다른 국가 국민들의 출입국 관리는 보다 엄격하게 실시하는 내용을 골자로 하는 솅겐 조약 체결.

7월 10일 프랑스 비밀 정보부원이 그린피스 소속 선박인 레인보우 워리어를 공격.

8월 5일 남태평양 지역을 비핵화하는 라로통가 협약 체결.

9월 1일 타이타닉 호의 선체 발견.

9월 19일 멕시코 지진으로 5,000명 이상 사망.

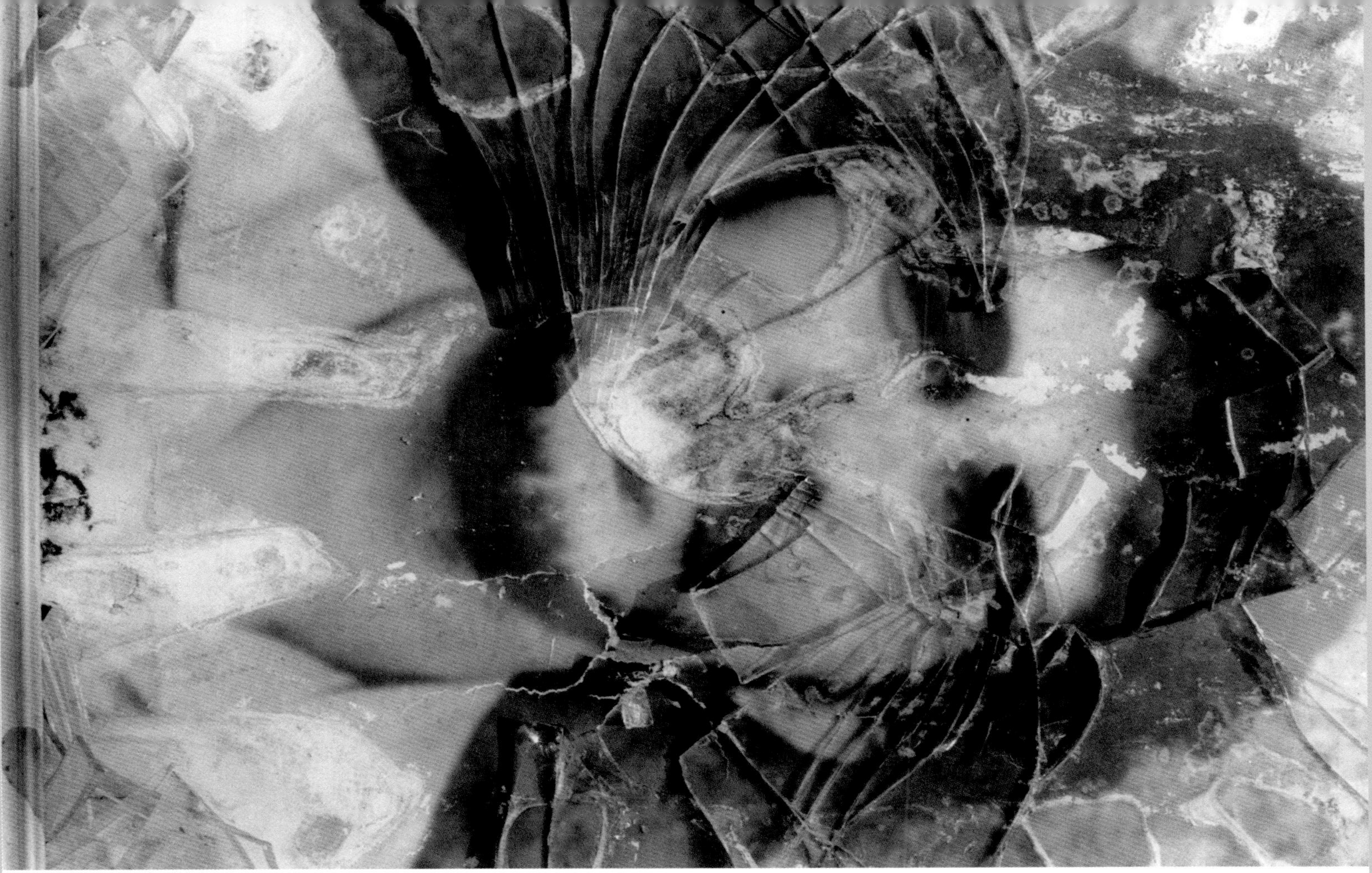

"섬광으로 사브라와 샤틸라가 난도질당하고, 모든 사람들이 상처를 입은 길고 긴 그 순간에 놀란 도로에는 수모를 당한 자들의 피가 냇물처럼 흘렀다."

누레딘 아바, 『과거가 된 사브라와 샤틸라』

11월 19일 레이건과 고르바초프가 제네바에서 회동.

12월 26일 르완다에서 고릴라를 연구하는 데 일생을 바친 고생물학자 다이아나 포세 살해.

12월 27일 팔레스타인이 로마와 빈에서 이스라엘 항공 엘 알을 상대로 테러.

사회 비디오 게임 테트리스 출시.

영화 「백 투 더 퓨처」 개봉.

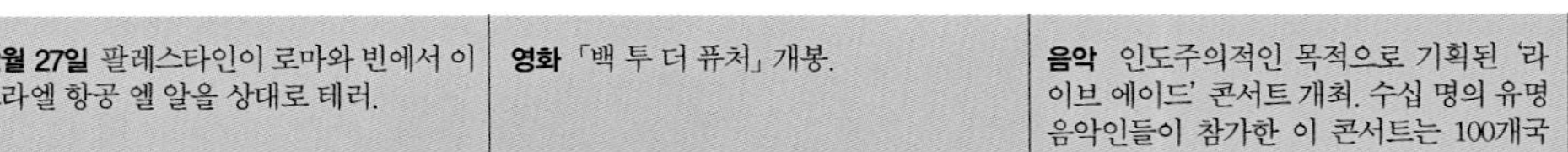

음악 인도주의적인 목적으로 기획된 '라이브 에이드' 콘서트 개최. 수십 명의 유명 음악인들이 참가한 이 콘서트는 100개국이 넘는 나라에서 15억 명이 넘는 관중들을 결집시키는 성과를 거둠 | 마이클 잭슨과 라이오넬 리치가 '위 아 더 월드' 노래의

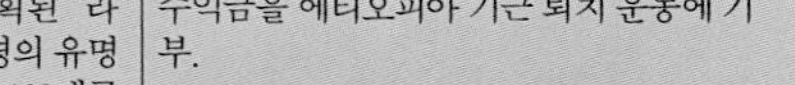

수익금을 에티오피아 기근 퇴치 운동에 기부.

1월 1일 스페인과 포르투갈이 유럽공동체에 가입.
1월 18일 유럽에 미사일을 배치하는 문제로 1980년 이후 중단되었던 미국과 소련의 회담 재개.
1월 28일 우주왕복선 챌린저 호 폭발.
2월 3~5일 헤즈볼라가 파리에서 일련의 테러 자행.
2월 7일 아이티에서 독재자 장 클로드 뒤발리에(일명 '베이비 독') 강제 추방.
2월 25일 코리 아키노, 필리핀 대통령에 선출.
3월 8일 레바논에서 프랑스 기자 4명 납치됨(필립 로숑, 조르주 앙스, 오렐 코르네아, 장 루이 노르망댕).

"보팔 공장은 초콜렛 공장만큼이나 무해할 것이다." 유니온 카바이드 사의 책임자

"현대 문명 전체는 기술 발전과 대면하여 얼마나 허약하기 그지 없는가!"

G. 아르바토브, 아카데미 회원, 『프라우다』

보팔의 재앙

눈과 폐를 다친 생존자들, 1984년

인류 역사상 최악의 산업 재해가 1984년 인도의 보팔에서 일어났다. 12월 2일 밤에서 3일 새벽 사이, 살충제 제조 공장에서 일어난 폭발로 40톤의 메틸 이소시안산염이 도시 전체로 퍼져나갔다. 유독가스의 확산으로 1만 6,000명에서 3만 명 가량이 목숨을 잃었으며, 보팔 도시와 인근 지역 주민들에게 후유증과 장애가 무수히 발생했다. 미국에 본사를 둔 다국적기업 다우 케미컬은 이제까지 유례를 찾아볼 수 없었던 끔찍한 사건으로 입은 인명과 환경 피해를 보상하라는 피해자 측과 아직도 소송 중이다.

(라구 라이)

체르노빌 사태

쿠바에서 치료 중인 피해 어린이들, 1993년

1986년 4월 26일, 우크라이나 체르노빌 원자력발전소의 4번 발전기가 폭발했다. 약 600만 명의 민간인들이 방사능에 노출되었으며, 희생자 수는 5,000명에서 10만 명까지 추정할 수 있다. 바람을 타고 이동한 방사능 구름은 지름 수천 킬로미터에 달하는 인근 지역의 동식물을 모두 오염시켰다. 전례없는 이 사건은 소련 기반시설의 낙후성과 사건 수습을 소홀히 한 지도자들의 무능함을 전 세계인들에게 보여주었다.

(르네 뷔리)

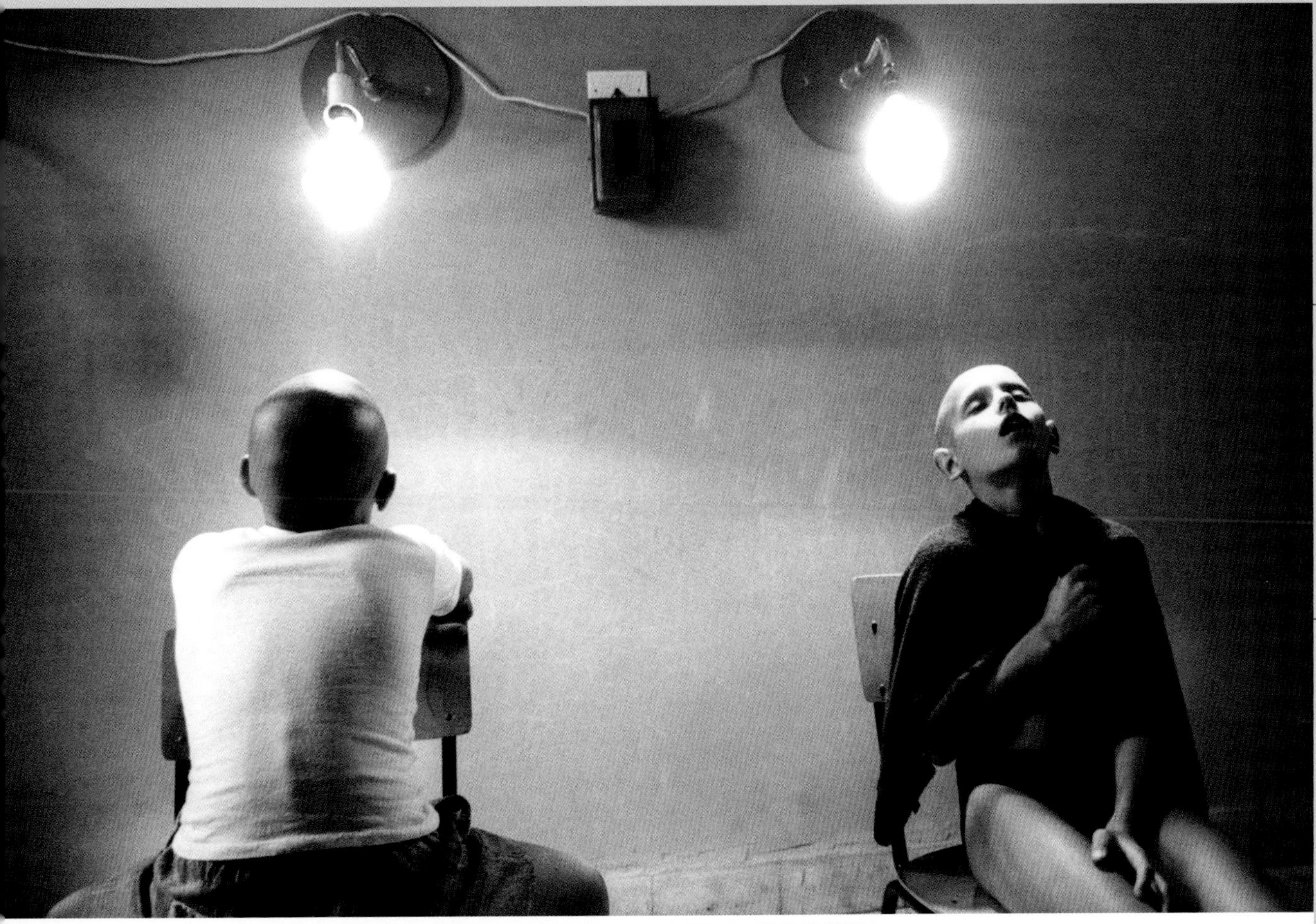

바다가 사라지다

아랄해, 1989년

중앙아시아의 카자흐스탄과 우즈베키스탄 사이에 위치한 아랄해는 1960년부터 2000년 사이에 표면적이 반으로 줄었다.
이런 현상이 나타나게 된 것은 1960년대에 시작된 소련의 계획 경제 탓으로, 시르-다리아 강과 아모우-다리아 강이 면화밭이나 벼논의 관개용수로 사용되면서 더 이상 바다로 흘러들지 않게 되었기 때문이다.

(게오르기 핀카소프)

4월 15일 미국이 리비아의 트리폴리 공습.

4월 26일 우크라이나 체르노빌 원자력발전소 4번 발전기 폭발.

7월 28일 아프가니스탄에 주둔중인 소련군 철수 시작.

9월 파리에서 일련의 테러 행위 계속됨.

9월 5일 미국 보잉기, 파키스탄의 카라치 공항으로 납치. 파키스탄 군대의 개입으로 21명 사망.

과학과 기술 최초의 인공심장 이식 수술 | 우주 정거장 미르 최초로 활동 개시 | 핼리 혜성 출현.

음악 그룹 비스티 보이즈의 「라이센스드 투 킬」 발매. 미국 음반 판매 순위에서 힙합으로는 처음으로 1위에 오른 음반.

"이제야 함께 일할 수 있는 협상 상대를 만났다." 마가렛 대처

고르바초프의 등장과 동유럽에 나타난 변화

고르바초프와 레이건의 정상회담, 1985년

1985년부터 소련 공산당 서기장에 임명된 미하일 고르바초프는 그의 전임자들이 실시해온 정책과 결별을 선언했다. 소련이 직면한 사회 경제적 어려움을 명확하게 인식하고, 공산주의와 민주주의를 화해시키려는 열망으로 가득찼던 그는 페레스트로이카와 글라스노스트로 알려진 심오한 개혁을 시도했다. 그는 미국과의 관계 개선을 통해 냉전을 종식시켰으며, 군비를 축소하고 아프가니스탄에 주둔 중이던 소련 군대를 철수시켰다. 1989년 베를린 장벽의 와해와 잇따른 인민 민주주의 세력권에 대한 영향력 상실도 그대로 받아들였으며, 1991년 소련이 해체되는 과정도 묵묵히 지켜보았다. 그는 1990년에 노벨평화상을 수상했다.

(피터 말로)

"사람들은 전 세계 도처에서 자신들이 인류에 속한다는 사실, 다시 말해서 그에 합당한 권리와 의무를 가졌음을 인정해야 한다."
미하일 고르바초프

4월 14일 터키가 처음으로 유럽공동체 가입의사 천명.

5월 11일 클라우스 바비 재판 개시.

5월 28일 19세의 독일 청년 마티아스 러스트가 비행기를 몰고 모스크바 붉은 광장에 착륙(평화를 위한 시도).

7월 22일 미하일 고르바초프가 '더블 제로'를 수락. 이로써 유럽에 미사일을 전혀 배치하지 않기로 함.

9월 16일 오존층을 파괴하는 물질을 제거하기로 한 몬트리올 협약 체결.

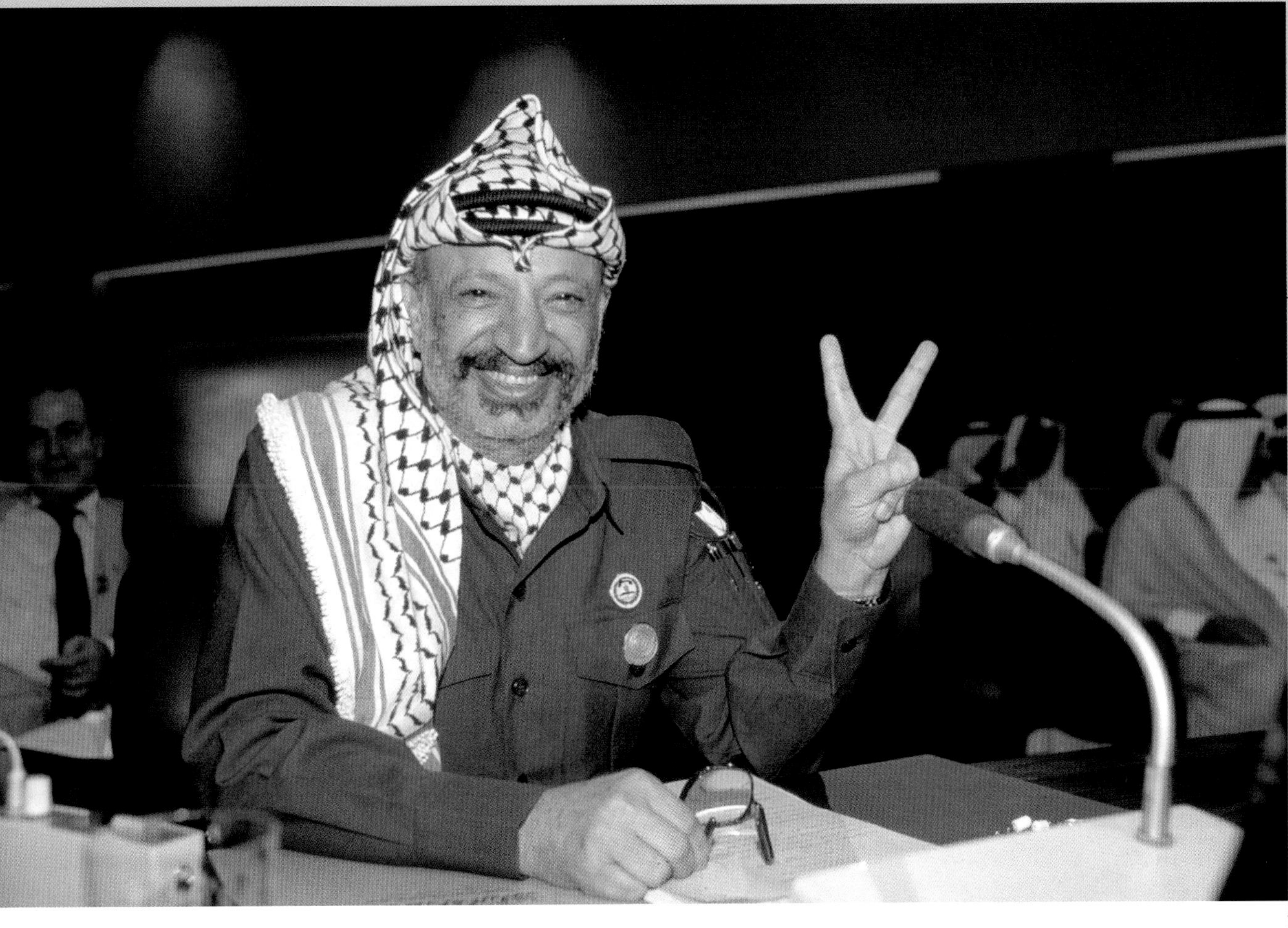

“신이 인류에게 말씀을 전한 땅 팔레스타인은 팔레스타인 아랍 민족의 고향이다.”

독립선언문에서 발췌

팔레스타인 독립

)아랍 정상회담에 참석한 야세르 아라파트, 1988년

1988년 11월 15일, 알제에서 열린 제19차 팔레스타인 민족회의에서 야세르 아라파트 팔레스타인 해방기구(PLO) 의장은 팔레스타인의 독립을 선언했다. 이스라엘을 국가로 인정하며, 테러리즘을 포기한다는 그의 공약으로 PLO는 유엔가입이 허용되었다. 이로써 팔레스타인을 국가로 인정받기 위한 과정은 한걸음 전진했다.

(압바스)

10월 1일 티베트의 라사에서 폭동.
10월 19일 이른바 '검은 월요일'이라고 불리는 증권가 공황.

11월 7일 튀니지에서 30년 전부터 장기집권을 해온 초대 대통령 하비브 부르기바 해임.
11월 15일 루마니아 폭동.

12월 7~10일 고르바초프 최초로 미국 방문.
12월 9일 이스라엘 점령 지역에서 최초의 봉기(투석전).

과학과 기술 피임약 개발 | 도버해협 해저 터널 공사 착공.

1988

3월 15일 헝가리 부다페스트에서 언론 자유와 자유선거를 위한 시위.

3월 16~17일 이라크 공군이 쿠르드 지역에 위치한 도시 할라브자에 화학 폭탄 투하. 순식간에 5,000명 사망.

4월 3일 에티오피아와 소말리아가 11년 동안의 분쟁을 끝내고 평화협정 체결.

5월 4일 레바논에 억류되어 있던 프랑스 인질 3명(마르셀 카르통, 마르셀 퐁텐, 장 폴 코프만) 석방.

에이즈의 출현

후천성면역결핍증 또는 에이즈는 1980년대 초반부에 들어와 학계에서 공식적으로 정체가 밝혀졌다. 그후 이 전염병은 계속 창궐 중이다. 지금까지 3,000만 명이 넘는 사람이 에이즈로 사망했으며, 4,000만 명이 넘는 사람들이 이 병을 앓고 있다. 에이즈는 성적 접촉, 수혈, 임신 기간 중 엄마로부터 태아에게 전염된다. 세계 각국에서는 매일 이 병으로 인한 사망자가 발생하고 있으며, 특히 아프리카에 피해자가 가장 많다.

위: 동성애자 퍼레이드, 뉴욕 1989년 플래카드에는 "우리는 에이즈를 물리칠 것이다"라고 적혀 있다. (콘스탄틴 마노스)
오른쪽 위: 위, 에이즈 예방 광고 "에이즈: 무지로 죽지 말자", 영국, 1987년 (스튜어트 프랭클린)
오른쪽 아래: 콘돔을 불고 있는 어린이, 우간다, 1987년 (크리스 스틸-퍼킨스)

"에이즈, 전 세계적으로 노력하면 이를 물리치게 될 것이다."

세계보건기구가 내건 구호, 1986년

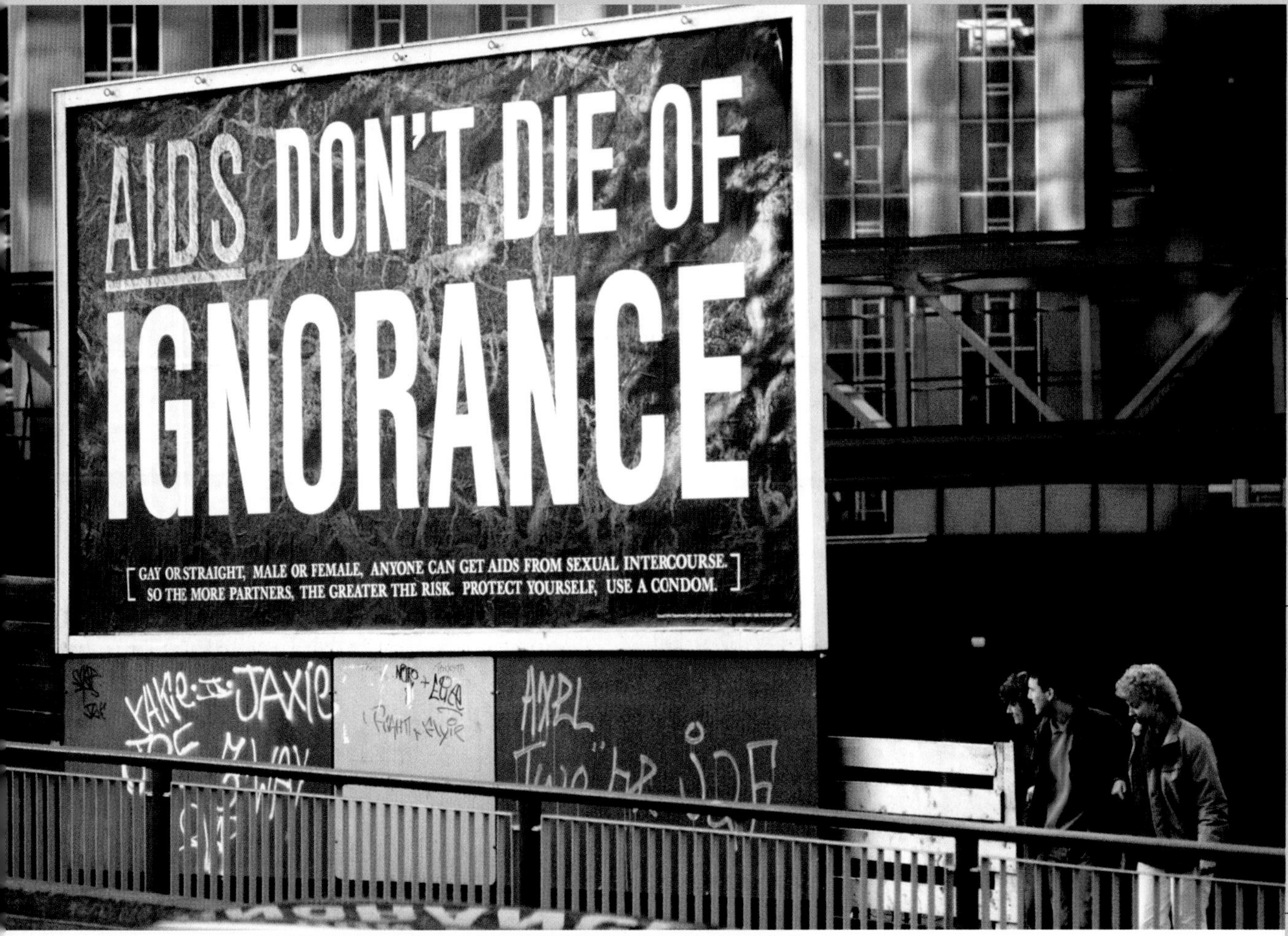

침묵 = 죽음

에이즈 관련 단체 액트업의 구호

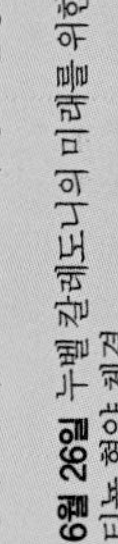

6월 25일 유럽경제공동체(EEC)와 소련측 경제공동체(COMECON)가 상호 인정.

6월 26일 누벨 칼레도니의 미래를 위한 마티뇽 협약 체결.

8월 20일 이란과 이라크 전쟁 종결(유엔의 개입에 의한 종전).

9월 22일 레바논의 아민 제마이엘 대통령 임기 만료. 후계자 구하지 못함.

10월 5~8일 알제리의 알제에서 일어난 폭동 강력 진압.

11월 15일 팔레스타인 독립국가 선언.

11월 16일 파키스탄 총선에서 민중당이 승리함으로써 베나지르 부토 수상에 임명.

12월 8일 유엔에서 인도주의적 개입권 인정.

음악 테크노 음악이 미국의 디트로이트에서 선보임.

사회 게임보이 등장.

12월 21일 런던 뉴욕 간을 운행 중이던 보잉 747기가 스코틀랜드의 로커비 상공에서 폭발. 2003년 리비아가 이 사건의 책임을 공식적으로 인정.

루브르 앞에 세워진 피라미드

자신이 설계한 피라미드 앞에 선 건축가 아이오밍 페이, 1989년

1981년부터 1995년까지 프랑스의 대통령으로 재임한 프랑수아 미테랑은 수도 파리에 자신의 흔적을 남기고 싶어했다. 그렇게 해서 시작된 건축 사업 중에서 가장 야심적인 성공작 가운데 하나가 바로 루브르의 피라미드다. 이 사업은 프랑수아 미테랑 대통령 개인이 원했고 끝까지 옹호한 사업이었다.

중국 출신 미국 건축가 아이오밍 페이에 의해서 루브르 박물관의 나폴레옹 정원에 건립된 이 피라미드는 1989년에 준공되었다. 피라미드 건축은 세계에서 가장 많은 방문객 수를 자랑하는 루브르 박물관을 한층 더 매력적으로 바꾸어놓았다.

(마르크 리부)

"여러 세기 묵은 역작들과 각 세기가 만들어낼 수 있는 경향이나 스타일, 건축물들이 한 자리에 있다고 해서 절대 놀랄 것은 없다."

프랑수아 미테랑 대통령의 준공 기념 연설

"한 권의 책은 세계를 보는 하나의 버전이다. 그 버전이 마음에 들지 않는다면, 당신이 새로운 버전을 제시하면 된다."

살만 루슈디

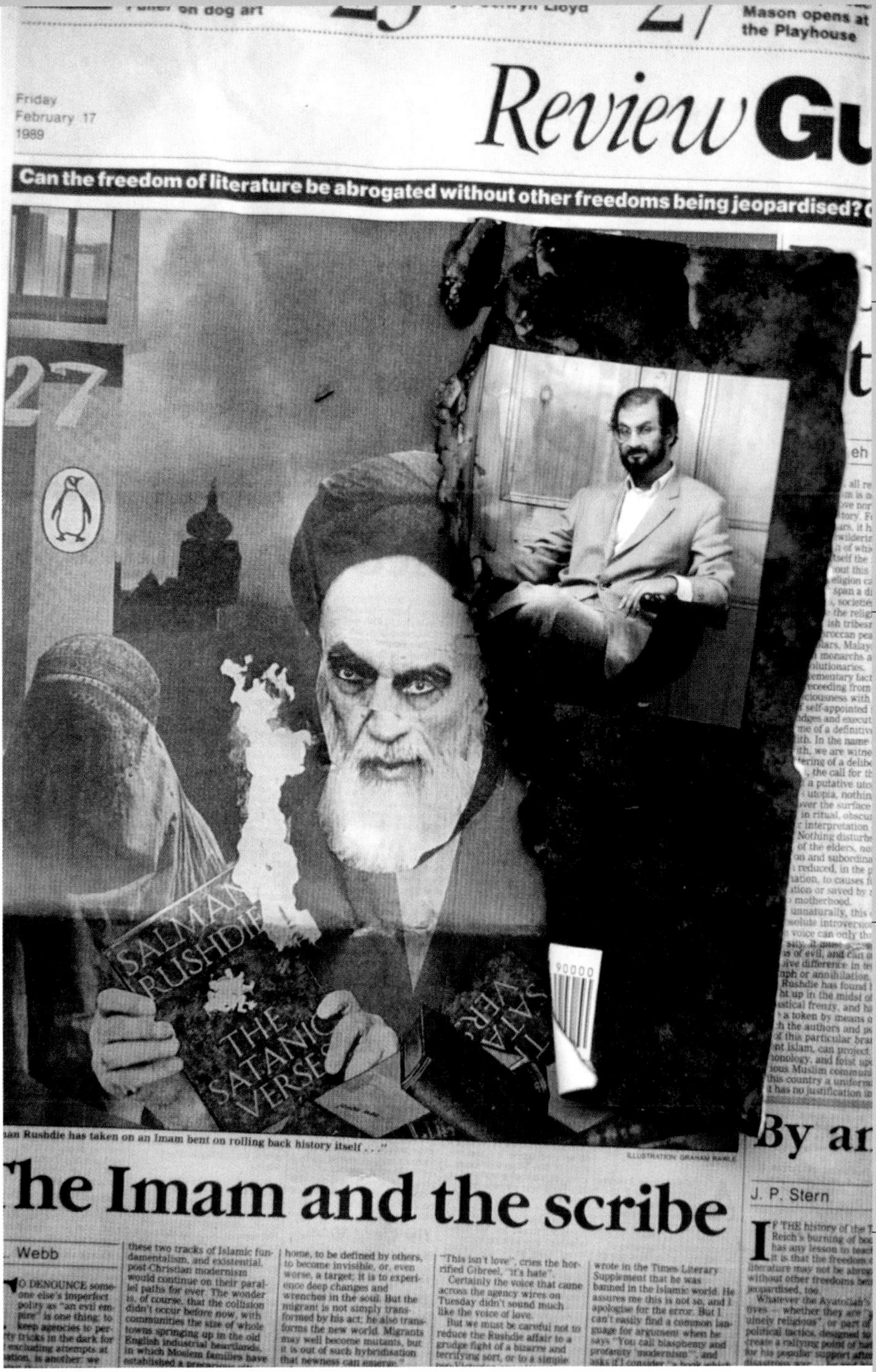

살만 루슈디에게 가해진 위협

아야톨라 호메이니는 살만 루슈디의 저서 『악마의 시』를 불태웠다, 합성사진, 1989년

1988년 9월, 『악마의 시』가 출간되자 이슬람 세계에서는 이 책이 예언자 마호메트에 대한 신성모독적인 내용을 담고 있다고 해서 격렬한 파문이 일었다. 1989년 2월, 아야톨라 호메이니는 테헤란 라디오를 통해 살만 루슈디를 처형하겠다고 선언했다. 이 날 이후 인도 출신 영국의 수필가이자 소설가인 루슈디는 영국 경찰의 보호를 받으며 은둔 생활을 시작했다. 2007년, 살만 루슈디는 표현의 자유를 위한 투쟁의 상징적인 인물로 통한다.

(압바스)

"누구든 이 책의 저자를 죽일 힘이 없으면서 그를 가까이 하는 자는 민중 앞에서 자신의 행동에 대해 처벌받아야 한다."

아야톨라 호메이니가 내린 율법적 결정, 1989년 2월

1월 1일 캐나다와 미국 사이의 자유무역협정이 효력을 발생하기 시작.

2월 3일 파라과이에서 35년간 장기 집권한 독재자 알프레도 스트로에스너 실권.

2월 11일 헝가리 공산당이 복수정당제 인정.

2월 14일 아야톨라 호메이니가 영국 작가 살만 루슈디 처형을 명령.

2월 15일 아프가니스탄에 잔류 중이던 마지막 소련군 부대 철수.

2월 17일 마그레브아랍통합기구 창설을 위한 마라케시 협약 체결. 모리타니아, 모로코, 알제리, 튀니지, 리비아 참가.

3월 4일 파리의 루브르 박물관 앞에 중국 출신 건축가 아이오밍 페이가 설계한 유리 피라미드 완공.

3월 5일 티베트에서 시위가 있자, 중국 점령군이 유혈 진압.

3월 14일 레바논 수상 미셸 아운이 시리아 점령군에게 전쟁 선포.

3월 24일 유조선 엑슨 발데즈 호가 알래스카 인근 해역에서 좌초, 유출된 기름으로 바다 오염.

4월 5일 폴란드에서 공산 집권세력과 자유노조가 "원탁 협약" 체결.

4월 25일 중국의 톈안먼 광장 소요 사태 시작 | 6월 4일: 군대가 광장에 들어와 시위대를 진압하는 광경이 텔레비전으로 생중계.

**"과학은 아버지가 아들에게 가르쳐주는 것이다.
기술은 아들이 아버지에게 가르쳐주는 것이다."**

미셸 세르, 철학자

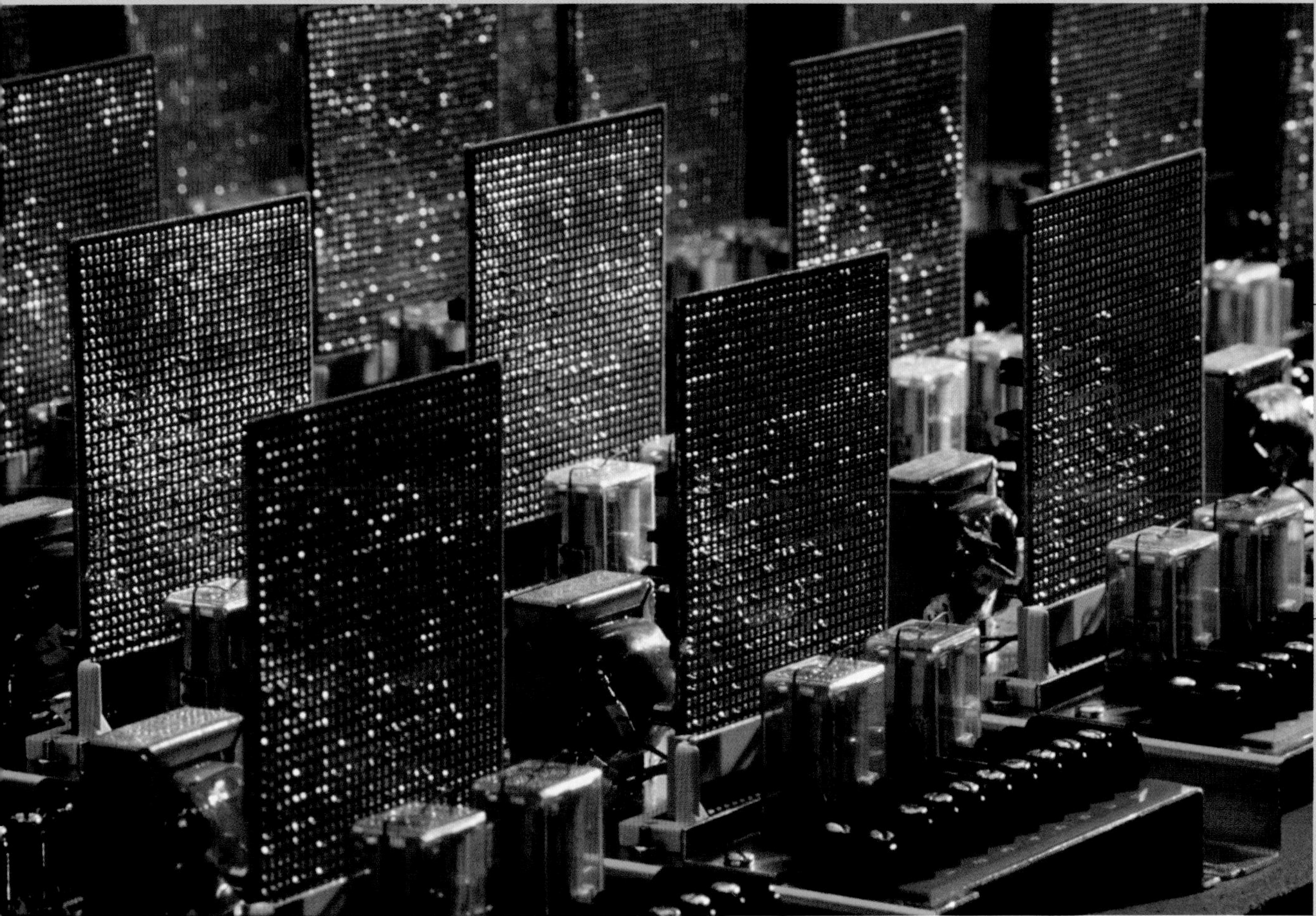

"너무 앞서 나가는 기술은 마술과 구별이 되지 않는다."

아서 찰스 클라크, 『2001 스페이스 오디세이』의 저자

신기술

1980년대에는 전자 산업과 정보 산업이 일상 생활을 점령했다. 컴팩트 디스크(CD)가 LP 레코드를 대체했으며, 개인용 컴퓨터(PC)가 각 가정에 도입되었다. 또한 자동응답기, 캠코더, 전자레인지 등도 선을 보였다. 기술 진보의 결과인 이들 제품들은 대중들의 선풍적인 인기를 얻었으며, 차츰 수백만 소비자들의 일상을 바꾸어 나갔다.

위: IBM 회로, 1982년 (에리히 하르트만)
옆: CD 플레이어, 1986년 (기 르케렉)

"앞으로 우리는 삶의 질을 향상시키는 요소와 저하시키는 요소를 구분할 수 있을까?"

데이비드 볼티모어, 노벨 생물학상 수상자

5월 4일 누벨 칼레도니: 민족해방전선(FLNKS) 지도자 장-마리 지바우가 우베아 섬에서 암살.

5월 12일 조지 부시가 소련 정부에 "철의 장막을 찢으라"고 제안.

5월 16일 헝가리 공산당 실권.

6월 4일 폴란드 국회의원 자유선거에서 자유노조가 승리.

7월 16일 베를린필하모니의 상임지휘자로서 세계적 명성을 떨쳤던 헤르베르트 폰 카라얀 사망.

8월 23일 발트 연안 국가 리투아니아, 레토니아, 에스토니아에서 소련 점령에 항거하기 위해 1백만 명의 시민들이 모여 인간 띠를 만듦.

9월 13일 오스트리아와 헝가리 국경 개방으로 동독 인구가 대거 탈출.

9월 19일 니제르 상공에서 프랑스 UTA 소속 DC10 항공기 테러.

9월 27일 베트남 군대가 캄보디아에서 철수.

10월 7일 헝가리에서 공산당이 집권당으로서의 권리 포기 | 12월 1일: 동독에서 공산당 실권 | 12월 29일: 폴란드에서 공산당 실권.

10월 17일 샌프란시스코에서 강한 지진이 일어나 베이브릿지가 무너짐.

10월 18일 동독 수상 에리히 호네커 퇴임.

10월 31일 터키에서 투르구트 외잘이 케난 에브레트 장군으로부터 정권 승계, 민주화의 물꼬를 틈.

11월 9일 베를린 장벽 붕괴.

11월 17~11월 29일 체코슬로바키아에서 일어난 "벨벳 혁명"으로 공산 정권 실권.

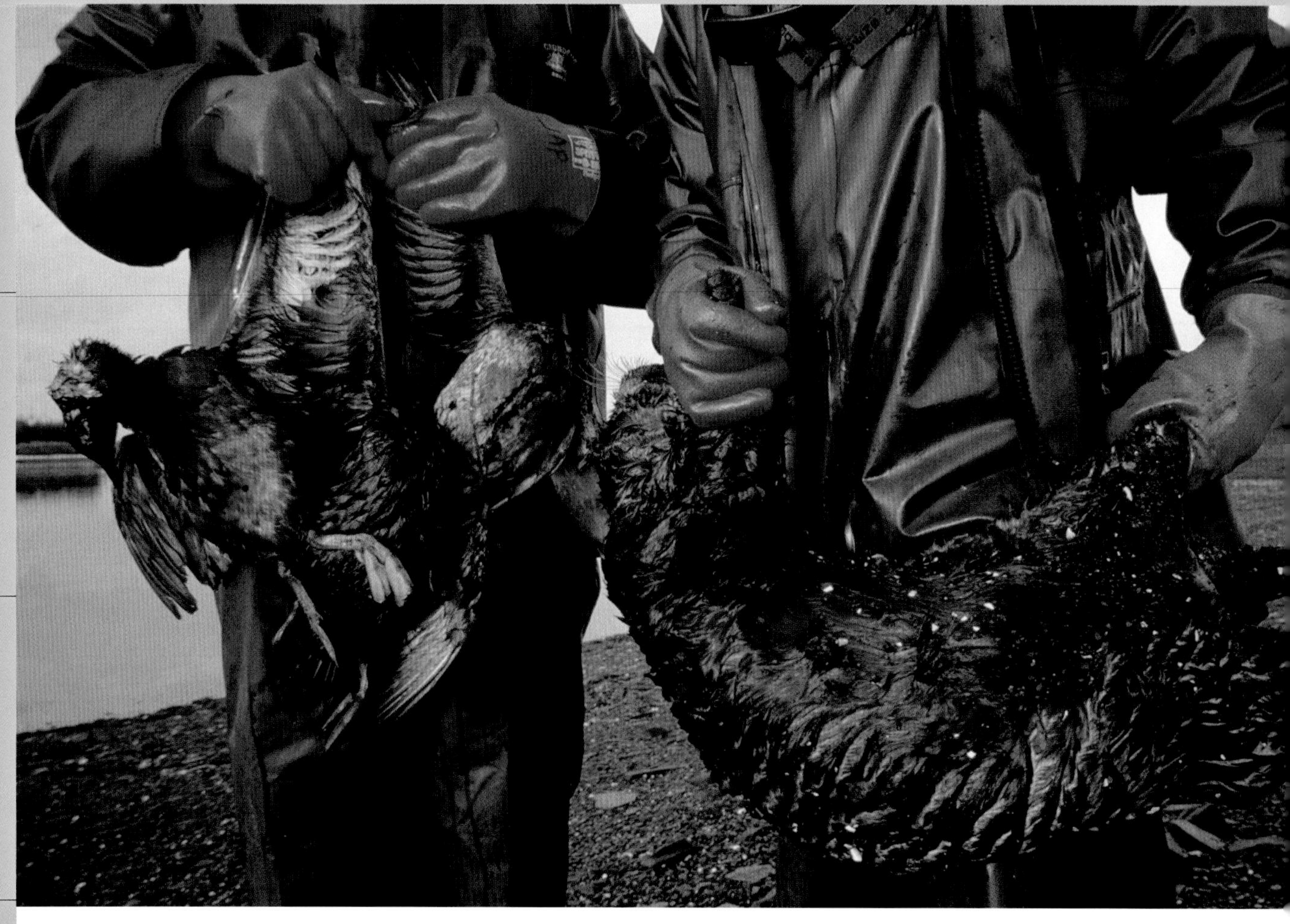

"우리는, 우리가 갚을 수 없으리라는 사실을 잘 알면서도, 다음 세대로부터 환경 자원을 빌어쓰고 있다."

유엔, 브런트랜드 보고서, 1987년

위험에 처한 자연

1989년 3월, 유조선 엑슨 발데즈 호가 알래스카연안에서 좌초, 4만 톤의 원유가 바다로 흘러 들어, 이제까지 한 번도 겪은 적이 없던 엄청난 오염 기록을 세웠다.

탄자니아 곰브 국립공원에서 침팬지의 습성을 연구한 영장류 전문가 제인 구달이 우수한 원숭이들은 도구를 만들어서 사용할 수 있음을 증명해보였다. 1977년에 설립된 제인 구달 연구소는 동물 세계에 관한 지식을 넓힐 뿐 아니라 동물의 보호를 위해서도 활동한다.

위: 엑슨 발데즈 호로 오염된 해안, 알래스카, 1989년 (폴 푸스코)

옆: 제인 구달, 탄자니아, 1989년 (크리스 스틸-퍼킨스)

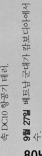

“내가 보기에 숲은 일종의 사원이다.
빛으로 활기가 넘치는 성당에서 나뭇가지들이 돔을 형성한다.”

제인 구달

11월 27일 헬무트 콜 독일 수상이 독일 통일안 발표.

12월 2일 고르바초프와 조지 부시가 몰타에서 회동. 부시 미국 대통령은 냉전 종식을 선언.

12월 20일 파나마에서 쿠데타를 일으킨 장본인이며 과거 CIA 요원이었던 마누엘 노리에가 장군을 저지하기 위해 미군 개입.

12월 22일 루마니아 공산당 실권 | 12월 25일: 니콜라이 차우셰스쿠와 그의 부인에 대해 약식 재판을 거행, 사형에 처함.

12월 29일 바츨라프 하벨이 체코슬로바키아 대통령에 선출.

아프가니스탄에서 떠나는 소련군

군대 철수, 1989년

1989년, 소련은 군대를 철수시킴으로써 10년 동안 끌어온 전쟁에 종지부를 찍었다. 소련의 붉은 군대는 애국 정신과 이슬람 신앙 그리고 미국이 지원하는 무기로 무장한 아프가니스탄 게릴라들과의 승산없는 전투로 진이 빠질 대로 빠진 상태였다. 소련의 패배는 시대의 종말을 고하는 것처럼 상징적이다. 전 세계인들이 지켜보는 가운데 소련은 붉은 군대가 지녔던 위엄이 빛이 바랬음을 인정하지 않을 수 없었기 때문이다. 특히 이 전쟁이 아무런 실익도 없으면서 인명 손실만 야기한다고 반대하던 소련 국민들을 볼 면목이 없어진 형국이었다.

(스튜어트 프랭클린)

"그러니 어쩌잔 말이오? 영원히 전쟁을 계속하겠다는 소리오? 우리 군대가 처참하게 패배할 때까지 체념하지 않겠단 말이오?"

고르바초프, 1986년 11월

영화 제임스 카메론 감독의 「어비스」 개봉 | 스티븐 소더버그 감독의 「섹스, 거짓말, 그리고 비디오테이프」가 칸영화제에서 황금종려상 수상.

사회 베를린에서 최초의 러브 퍼레이드 개최.

과학과 기술 인터넷 도메인 수 10만 돌파 | 월드 와이드 웹(www) 발명.

"자유를 사랑하는 자들이여, 우리의 날개를 펼치자
마음이 따뜻한 자들이여, 우리의 가슴을 내밀자
민주주의를 신봉하는 자들이여, 우리의 힘을 한데 모으자."

호우더지안이 톈안먼 광장에서 작곡한 노래, 1989년 6월 2일

베이징의 봄

톈안먼 광장, 1989년

"프라하의 봄"(1968년)을 연상시키는 "베이징의 봄"이라는 표현은 1989년 4월과 5월, 중국에서 대학생들이 대대적으로 시위를 벌인 사건을 가리킨다. 학생들은 기본적인 자유조차 누릴 수 없을 정도로 지나치게 경직되어 있는 체제를 개혁하고자 했다. 덩샤오핑 정부는 이들을 가혹하게 진압했다. 이 사진들은 톈안먼 광장에서 찍은 것으로, 한 남자가 용감하게 탱크 대열에 맞서고 있다.

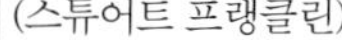

(스튜어트 프랭클린)

스튜어트 프랭클린

"나는 진압 초기에 탱크에 맞서서 저항한 사나이의 모습을 사진기에 담은 두세 사람 가운데 한 명이다. 이렇게 된 건 대부분의 언론인들이 톈안먼 광장에서 3킬로미터나 떨어진 호텔로 숙소를 옮겼기 때문이었다. 그곳 음식이 좀더 맛있다는 이유였다. 솔직히 그곳에서는 좀 나은 햄버거를 먹을 수 있었다. 나는 약간의 안락함이 주는 유혹을 뿌리치고 사건의 현장에 남아 있었다. 때문에 내가 이 사진을 찍은 건 운이 좋아서가 아니라 어디까지나 철저한 직업 의식 덕분이었다고 생각하고 싶다."

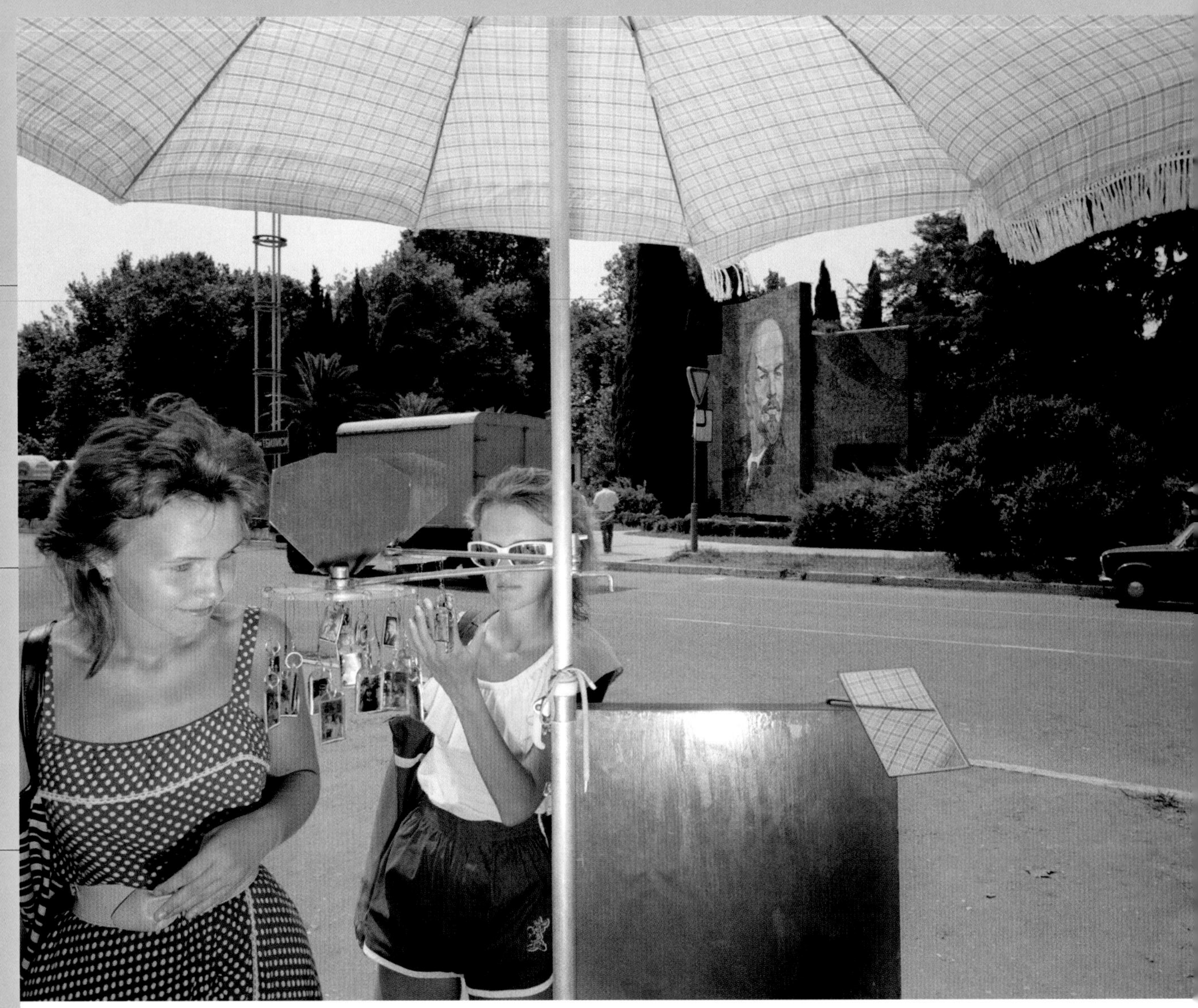

페레스트로이카

1985년부터 소련을 통치해온 미하일 고르바초프는 정치, 경제, 사회 전 분야에서 개혁을 추진했으며, 이는 흔히 페레스트로이카라는 용어로 표현된다. 이 정책을 통해서 소련은 공산주의 이론을 실행에 옮기기 위해 마련한 궤도에서 벗어나야 했다. 비판의 대상이 되어온 서구 자본주의 자유경제로의 접근이 경제 개혁안으로 추구되었다. 이로써 오래 전부터 길게 줄서기나 텅 빈 가게에 익숙해져 있던 소련인들은 수줍게 그러나 기쁜 마음으로 소비 사회로 진입하게 되었다.

위: 소련의 리비에라 해안 소치, 1988년 (칼 드케이저)
오른쪽: 그룹 '시크릿', 부카레스트, 1990년 (레오너드 프리드)

"페레스트로이카의 성공 여부에 사회주의의 미래와 평화의 미래가 달려 있다."

고르바초프, 1987년

"이 얼마나 근사한 소식인가, 그리스도가 탄생하신 날 반그리스도가 죽다니!"

라디오 부카레스트, 1989년 12월 25일

차우세스쿠의 실권

텔레비전으로 재방송된 차우세스쿠 부부의 재판, 1989년 12월 25일

니콜라스 차우세스쿠는 1965년부터 공산주의 국가이자 바르샤바조약 가입국인 루마니아 사회주의 공화국을 혼자서 통치해왔다. 차우세스쿠는 독재자로서 권력을 행사했다. 국민에게 외면당하고 군대로부터 배신당한 그는 1989년 12월 실권했다. 12월 25일, 그는 자의적으로 형성된 재판정에서 아내와 함께 약식 재판을 받았으며, 재판 후 곧 처형되었다.

(압바스)

"독일 국민은 지구상에서 가장 행복하다."

발터 몸퍼, 서베를린 시장

ㅔ를린 장벽 무너지다

989년 11월 9일과 10일, 베를린을 두 개로 갈라놓던 장벽이 길게 늘어선 사람들에 의해서 구너졌다. 이 사건은 자유에 목말라하던 동독 사람들의 거듭된 시위와 서쪽으로 도망가는 동쪽 사람들을 막지 못한 관리 부실이 복합적으로 작용하여 빚어낸 결과였다.
ㅔ를린 장벽의 와해는 냉전 시대의 종말을 상징적으로 보여준다.
ㅔ를린이야말로 50년 전 냉전이 시작된 도시이기 때문이다. 베를린 장벽의 와해는
ㅡ 독일 통일, 인민 민주주의의 종말 그리고 소련의 공중분해(1991년)를 알리는 전조였다.
요컨대 공산주의가 종말을 맞은 것이다.

오른쪽: (레이몽 드파르동)
왼쪽 위: (레이몽 드파르동)
왼쪽 아래: (마크 파워, 기 르케렉)

90
麦当劳

1990년대

이제 냉전 시대가 종말을 고했다

1990년 10월 3일, 헬무트 콜 수상이 통치하던 독일이 마침내 통일을 이루었다. 대단히 상징적이게도, 냉전은 40년 전 냉전이 시작된 바로 그곳에서 막을 내렸다. 역사의 전환점이 된 독일 통일은 소비에트 연방의 해체와 공산주의 체제의 몰락을 앞당겼다. 동유럽의 인민민주주의를 소련과 연결해주던 바르샤바 조약은 1991년에 해체되었다. 따라서 1990년대는 동유럽에 자유의 바람이 몰려온 시기라고 할 수 있다. 소련의 지배로부터 해방된 동유럽 국가들은 민주주의와 시장 경제를 동시에 경험하게 되었다. 폴란드에서는 노벨평화상 수상자이자 폴란드의 자유노조 지도자로 소련 정권을 곤경에 빠뜨리던 레흐 바웬사가 공화국의 대통령으로 선출되었다. 그러나 바웬사는 1995년 선거에서는 과거 공산당 지지세력에 패배한다. 폴란드를 비롯하여 과거 동유럽 인민민주주의 국가들이 반세기 동안 지속되어온 공산주의와 완전히 결별하기란 결코 쉽지 않은 일이었다.

서유럽에서는 통합 유럽 건설에 한층 더 박차를 가했다. 유럽연합은 스웨덴, 핀란드, 오스트리아 등 3개국을 새로운 회원으로 받아들여 규모를 키웠다. 1999년 1월 1일 11개국이 단일 화폐 '유로'를 채택함으로써 유럽연합의 입지는 한층 강화되었고, 회원국 간의 연대감도 공고해졌다. 유럽연합이 경제적으로는 거대해졌으나 정치적으로는 아직 강력한 힘을 발휘하지 못하는 것이 사실이다. 유럽연합 15개국이 공동 대처할 수 있는 방안을 채택하는 데 실패한 유고슬라비아 위기가 이를 증명해준다.

불타는 쿠웨이트 유전

도처에서 전쟁이 끊이지 않는다

유고슬라비아 내전은 소련의 종말과 유럽에서 민족주의의 부상이라는 두 현상의 결과라고 볼 수 있다. 1991년부터 유고슬라비아는 슬로베니아, 크로아티아, 보스니아-헤르체고비나, 세르비아, 몬테네그로, 마케도니아, 이렇게 6개의 공화국으로 분열되었다. 서로 다른 종족 간에 끊임없이 갈등과 긴장이 고조되며, 보스니아 내전이나 코소보 전쟁 등으로 1990년대 발칸 반도는 20세기 초반과 마찬가지로, 다시금 유럽의 화약고가 되어버렸다.

1990년대 초반에는 걸프 전쟁도 일어났다. 1990년 사담 후세인이 통치하는 이라크가 쿠웨이트를 침공하자, 미국은 유엔의 기치 아래 '사막의 폭풍' 이라고 이름 붙인 작전을 개시했다. 제1차 걸프 전쟁은 전 세계로 생중계되었으며 연합국 측의 승리로 끝났다.

중앙아프리카 지역에 위치한 르완다에서도 후투족과 투시족 간에 끔찍한 내전이 벌어졌다. 후투족의 극단주의자들이 점진적으로 투시족을 말살하려는 의지를 표명한 이 전쟁을 일컬어 특별히 '종족 말살' 이라는 용어를 사용하기도 한다. 이 동족상잔의 전쟁으로 1994년 4월부터 7월까지의 기간 동안 무려 50만 명 내지 80만 명이 사망했다.

라이베리아, 소말리아, 시에라리온 등지에서도 내란이 일어났으며, 러시아와 체첸 독립주의자들 간에도

테레사 수녀

전쟁이 벌어졌다. 그러므로 1990년대는 도처에서 무력 도발이 끊이지 않았던 격렬한 시기였다. 전쟁으로 암울한 이 시기에 한 가닥 희망이 있다면, 그것은 1990년 2월 11일 남아프리카공화국의 지도자인 넬슨 만델라가 27년간의 수감생활 끝에 자유를 되찾았다는 사실이다. 넬슨 만델라는 프레데릭 드 클레르크 대통령과 함께 인종차별(아파르트헤이트) 정책에 종지부를 찍었다. 이 정책으로 말미암아 흑인들은 수십 년 동안 남아프리카공화국에서 2등 시민에 머물러 있을 수밖에 없었다. 1994년 5월, 넬슨 만델라는 남아프리카공화국 대통령에 선출된다.

인류는 지구를 보존해야 할 의무가 있다

1990년대는 국제사회 차원에서 볼 때 지구를 더 이상 훼손하지 말고 보존해야 한다는 의식이 확산된 시기라고 할 수 있다. 산림 벌채, 대기, 토양, 수질 오염, 물이나 석유 같은 천연자원의 고갈 현상을 비롯하여 몇몇 자연 재해 등은 이 같은 이해를 도왔다. 1992년 브라질의 리우에서 열린 지구 정상회담에 모인 100여 개 국가의 최고지도자들은 생물의 종을 보존하고, 위험하고 유해한 상품을 제거하며, 특히 지구온난화의 주범인 온실가스 배출량을 줄이기 위해 노력할 것을 다짐했다.

1990년대는 또한 반세계화(세계화에 반대) 움직임이 표면화된 시기이기도 하다. 반세계화 움직임은 곧 대안적 세계화, 즉 다른 식의 세계화가 가능하다고 주장하는 움직임으로 대체되었다. 대안적 세계화주의자들은 지나친 자유경제가 부의 편중 현상, 선진 국가와 저개발 국가 사이의 격차 심화의 주범이라고 주장한다. 프랑스 출신 조제 보베는 이 같은 움직임을 대표하는 인물이다. 그는 유전자 변형 식품에 대항하는 투쟁으로 일반 대중들에게 널리 알려졌으며, 금전적인 이익만을 최우선으로 삼아 건강에 해로운 식품을 파는 다국적 기업의 상징이라는 근거로 패스트푸드 음식점 맥도날드를 공격한 것으로도 유명하다. 특히 1996년부터 광우병 위기로 말미암아 식탁의 안전이 위협받는다고 느낀 세계인들은 유해음식이라는 주제에 한층 세심한 관심을 표명하기 시작했다.

도처로 확산되는 3차원 가상 이미지

전기코드를 꽂는 것만으로는 충분치 않다, 네티즌으로 살자!

1994년 5월 6일 해저 터널이 준공됨으로써 영국은 대륙과 연결되었고, 따라서 더 이상 섬나라라고 할 수 없게 되었다. 유럽에서 가장 큰 두 도시, 즉 런던과 파리는 이제 철도로 연결되었다. 그렇지만 철도가 아니더라도 서로 다른 나라 국민들 간의 거리는 이제 정보 통신의 발달로 날로 가까워진다. 정보와 사상의 소통을 가속화하는 인터넷은 어마어마한 성공을 거두고 있다. 휴대폰도 출현하자마자 대중들의 마음을 사로잡았다. 휴대용 컴퓨터와 인터넷 카페 등도 '지구촌', 다시 말해 각 개인이 신기술을 이용해서 세계의 각종 공동체에 즉각적으로 가담할 수 있는 사회를 만드는 데 크게 일조하고 있다. 정보와 사상, 지식은 예전보다 훨씬 빠른 속도로 이동하며 점점 더 많은 사람들이 이용할 수 있게 되었다. 이 같은 현상이야말로 바로 세계화의 핵심이다.

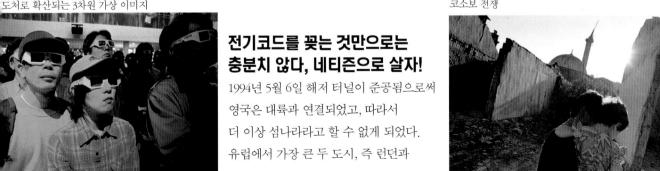

코소보 전쟁

1월 8일 동독에서 독일 통일을 염원하는 대규모 시위.

1월 20일 소련군 아제르바이잔 입성.

1월 24일 알바니아의 코소보에서 시위가 일어나 강력하게 진압됨.

1월 31일 모스크바에 최초의 맥도날드 개점.

2월 12일 남아프리카공화국에서 27년 동안 수감되어 있던 아프리카민족회의(ANC) 지도자 넬슨 만델라 석방.

2월 14일 알바니아에서 복수정당제 실시.

2월 25일 니카라과의 총선에서 비올레타 차모로가 다니엘 오르테가를 누르고 승리.

3월 1일 코소보에 비상계엄령 발효.

독일의 통일

1990년 10월 3일, 베를린 장벽이 무너진 지 1년 만에 헬무트 콜 서독 수상의 주도로 독일은 통일을 이룩했다. 두 개의 독일 시대가 막을 내림으로써, 오랫동안 직접적으로 냉전을 체험해야 했던 독일의 공산주의 또한 막을 내렸다. 하지만 환희와 단결의 시기가 지나자 독일인들은 냉혹한 현실에 직면해야 했다. 서독에 비해 상당히 뒤떨어진 동독을 위해 특별한 정책과 투자가 시급했기에 세금 증가가 불가피했고, 이는 곧 불만으로 터져나왔다. '철의 장막' 뒤에 갇혀서 세계와 단절된 채 공산주의 체제에서 고통받았던 동독인들은 서방 세계가 주는 매력에 이끌려 베를린 장벽이 무너지자 떼를 지어 서구 발견 장도에 올랐다. 이들은 트라반트 자동차(오른쪽 사진)를 타고 유럽 전역을 누볐다.

위: 브란덴부르크 문, 1990년 10월 3일 (레오너드 프리드)
오른쪽: 라이프치히 가도를 달리는 트라반트 승용차, 1990년 (레이몽 드파르동)

"같은 하나의 몸에 속한다면 이제 함께 성장해야 한다."

빌리 브란트, 서독 수상(1969~74년)으로 1971년 노벨평화상 수상

한 독일인이 저 유명한 동독제 트라반트 승용차의 머플러로부터 나오는 독특한 냄새를 깡통에 담아 과거를 그리며 향수를 느끼는 사람들에게 3.98유로라는 값을 매겨 팔았다.”

로이터 통신의 송고, 2005년 7월 19일

“이 세기를 마감하면서 1990년대는, 유럽의 얼굴을 변화시키고 유럽으로 하여금 요동치는 세계 속에서 평화와 자유의 대륙으로 남을 수 있는 역사적인 기회를 우리에게 선사했다.”

헬무트 콜, 독일 수상(1982~98년)

3월~5월 발트연안공화국(에스토니아, 레토니아, 리투아니아) 독립 선언.

3월 11일 리투아니아가 독립을 선언하자 모스크바가 봉쇄령을 내려 응징.

3월 15일 미하일 고르바초프가 소비에트 연방 의장에 선출됨.

3월 21일 나미비아 독립.

4월 8일 헝가리가 소비에트연합으로부터 독립 선언.

5월 20일 루마니아가 소비에트연합으로부터 독립선언, 론 일리에스쿠 대통령 선출.

5월 21일 남예멘과 북예멘 통일.

5월 30일~6월 3일 부시와 고르바초프가 미래의 군비축소 협약, 전략무기와 화학무기를 50퍼센트 축소하기로 합의.

6월 8일 체코슬로바키아에서 최초로 자유 선거 실시. 공산당 반대당이 승리.

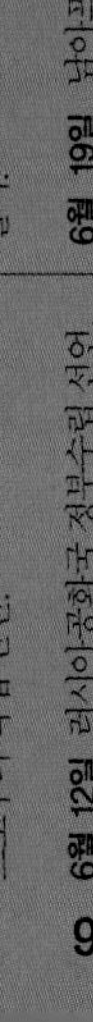

6월 9일 체코슬로바키아가 소비에트연방으로부터 독립 선언.

6월 17일 불가리아에서 최초의 자유선거 실시.

6월 26일 세르비아가 코소보 지방 정부와 의회의 기능을 중단시킴.

7월 4일 수천 명의 알바니아인들이 서방 국가 대사관으로 피신.

8월 6일 파키스탄 수상 베나지르 부토가 부패 혐의로 사직.

6월 12일 러시아공화국 정부수립 선언.

6월 19일 남아프리카공화국에서 인종차별 철폐.

7월 2일 슬로베니아 정부수립 선언.

8월 2일 이라크가 쿠웨이트를 침공. 미국이 즉각적으로 반격.

8월 7일 미국이 '사막의 방패' 작전 개시. (차후에 '사막의 폭풍'으로 작전명 변경)

**"이런 종류의 음악은 절대 거짓말을 하지 않는다.
모든 상상력은 기계를 통해 표현된다."**

호소노 하루오미, 옐로우 매직 오케스트라의 단원

테크노 음악과 파티

테크노 퍼레이드, 러브 퍼레이드, 게이 퍼레이드…. 1990년대에 들어와 유럽의 대도시들은 앞다투어 대규모 음악 콘서트를 열었다. 이 홍겹고 다채로운 퍼레이드들은 테크노 음악 소리에 맞춰 도시 곳곳을 옮겨다녔으며, 도시는 곧 거대한 댄스장으로 변해갔다. 스페인 발레아레스 제도의 이비자 섬은 음악과 춤에 젖어 독특한 방식으로 홍겨운 밤 시간을 보내는 장소로 유명하다. 춤추기 좋아하는 사람들이 전 세계에서 몰려온다.

위: 이비자의 '거품의 밤', 1991년 (데이비드 앨런 하비)
왼쪽: 베를린에서 열린 러브 퍼레이드, 1998년 (존 빙크)

"나는 턴테이블 앞에서 이토록 짜릿한 쾌감을 맛본 적이 없다. 이비자 시즌 개시를 알리는 주말 행사를 위해서 전 세계에서 관중들이 모여들었다. (…) 거대한 테라스에 모여 모두 함께 춤을 추기 위해 기꺼이 비행기를 탄 이 사람들이 진정한 축제광들임을 새삼 말할 필요가 있겠는가."

디제이 데이비드 구에타의 블로그, 2006년 6월

8월 8일 이라크가 쿠웨이트 합병.

10월 1일 르완다에서 피난 중인 투시족에 대한 공격 개시.

10월 3일 동독과 서독 통일.

10월 15일 미하일 고르바초프 노벨평화상 수상.

11월 12일 일본에서 아키히토 천황 즉위.

11월 14일 폴란드와 통일독일 간에 오더-나이스 경계 확인하는 협약 체결.

11월 23일 마가렛 대처 영국 수상 퇴임. 이어 28일에 보수당 소속 새 수상 존 메이저 임기 시작.

11월 29일 유엔이 이라크에 최후 통첩. 1월 15일까지 유엔결의문 수락을 종용.

12월 1일 도버 해저터널 공사 중간 지점에서 영국과 프랑스 합류.

12월 9일 레흐 바웬사 폴란드 대통령에 당선.

12월 16일 아이티에서 사제 출신 장 베르트랑 아리스티드가 대통령에 당선.

과학과 기술 관측 위성 마젤란 호에서 보내온 최초의 금성 이미지 | 천체망원경 허블 개발 | 필름이 없는 최초의 디지털 사진기 발명.

영화 「늑대와 함께 춤을」 개봉.

1991

1월 17일~2월 28일 대규모 연합군이 이라크를 상대로 '사막의 폭풍' 작전 개시.

2월 알바니아인들이 대규모로 이탈리아 항구 도시로 탈출.

3월~6월 남아프리카공화국에서 인종차별법 폐지.

3월 3일 쿠웨이트 전쟁 종결.

3월 21일 나미비아 독립.

"빌니우스에서 리스본까지, 에든버러에서 아테네까지, 우리는 모두 하나의 유럽." 호세 보렐 폰텔레스, 스페인 정치가

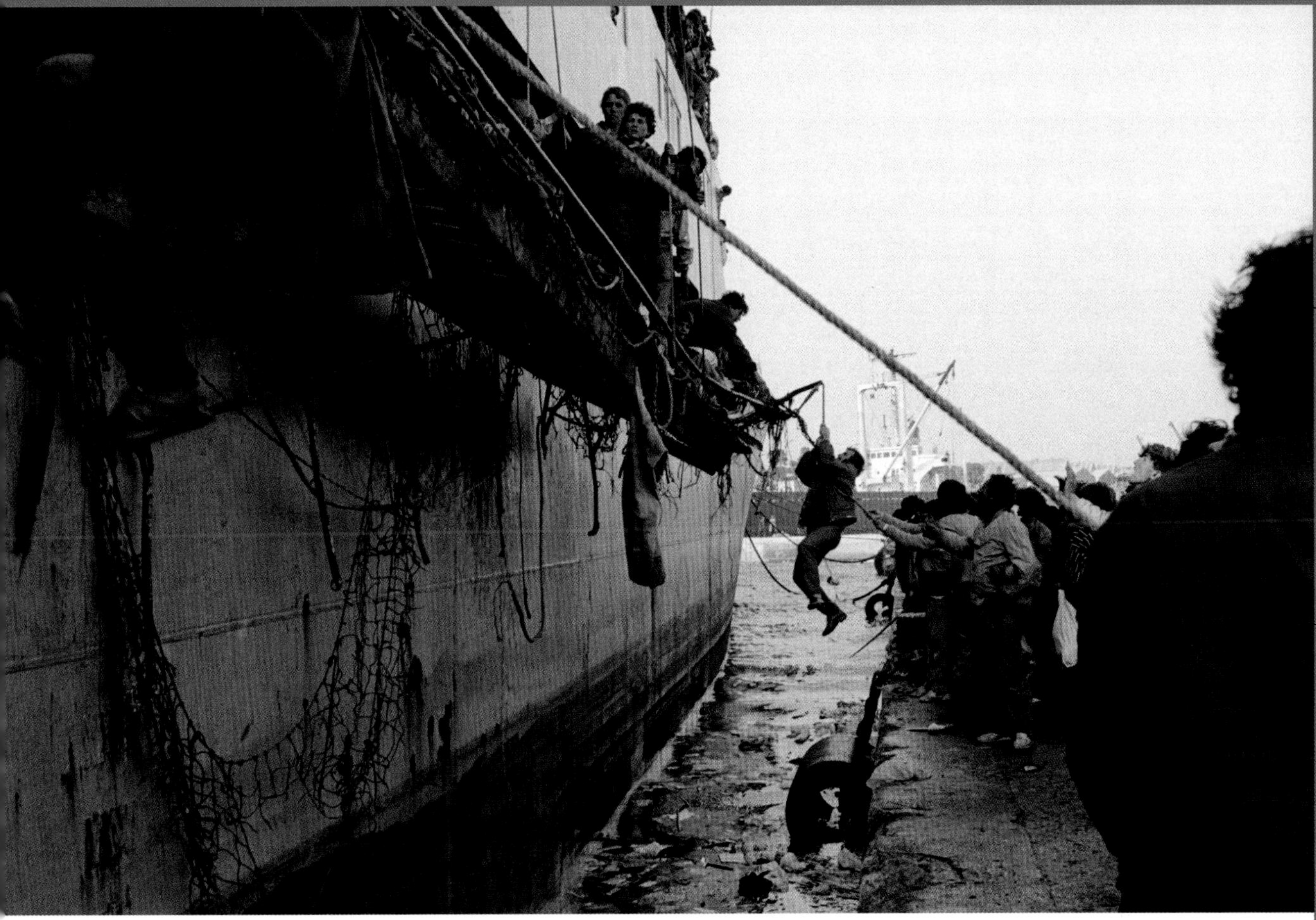

“진정한 의미의 망명은 현재를 박탈당했을 때 시작된다. 과거의 시간을 추억하고 미래만을 기다릴 때 시작된다는 말이다.” 이라크 출신 시인 차우키 압델라미르

발트해 연안국가의 독립

독립 1주년 기념 행진, 1991년, 빌니우스
에스토니아, 레토니아, 리투아니아 등 발트해 연안 3개국은 1990년대 초반 독립을 선언함으로써 소련 해체의 시작을 알렸다. 독립을 선언함으로써 소련에 의해서 1940년에 병합되었던 이들 3개국에서는 민주화와 시장 경제로 특징지어지는 새로운 시대가 열리게 되었다.
(크리스 스틸-퍼킨스)

이탈리아로 밀려드는 알바니아 난민

브린디시: 티라나 항구에서 배에 오르려는 알바니아인들, 1991년
오랜 공산주의 치하에서 내전과 빈곤으로 지친 수천 명의 알바니아인들이 1990년대 초반 고국을 등졌다. 대부분은 이탈리아에서 새 삶을 찾을 수 있기를 희망했다.
(페르디난도 시아나)

“사람들은 조국에 의해 불살라지고 피바다가 된 고향을 버려둔 채 새로운 터전을 찾아 서둘러 떠난다.”

반치엘 레카, ‘찢어진 독수리’

3월 26일 남아메리카 지역 경제공동체 메르코수르 창설.
4월 9일 조르지아(티빌리시) 독립.
5월 21일 인도의 라지브 간디 수상 암살.
5월 28일 에티오피아의 아디스 아베바에 티그레해방인민전선(PFLT) 군대가 진입.
6월 12일 보리스 옐친이 러시아 대통령에 선출.
6월 14일 필리핀 피나투보 화산 폭발.
6월 19일 콜롬비아에서 메델린 카르텔 조직의 우두머리인 파블로 에스코바르가 편의시설과 신변 안전을 보장받고 자수.
6월 25일 슬로베니아와 크로아티아 독립 선언. 유고슬라비아 내전 발발(1995년 12월까지 계속).

7월 1일 바르샤바 조약 해체.

7월 23일 캄보디아 내란을 종결짓는 평화 협정 체결.

7월 31일 미국과 러시아가 전략무기를 25~30퍼센트 감축하는 조약(START-1) 체결.

8월 9~31일 타지키스탄, 에스토니아, 라트비아, 우크라이나, 벨로루시아, 몰다비아, 아제르바이잔, 우즈베키스탄, 키르기스스탄 독립.

9월 8일 마케도니아 독립.

9월 21일 아르메니아 독립.

10월 11일 러시아 KGB 해체.

10월 15일 보스니아-헤르체고비나 독립 선언.

"그들이 새로운 인간이라고 믿는 인간만이 인간의 유일한 개념이라고 강요한 것은 전체주의가 범한 실수, 아니 범죄였다."

스탈린에 대해서 프랑스 철학자 폴 리쾨르가 한 말

부다페스트

스탈린 동상 조각에서 찍은 패션 화보, 1990년

1990년 부다페스트를 비롯하여 다른 인민민주주의 국가에서 스탈린의 동상이 해체되었다. 이는 동유럽 국가에 대한 소련과 독재의 화신이었던 소련 지도자 스탈린의 지배가 끝났음을 상징적으로 보여주었다.

(페르디난도 시아나)

페르디난도 시아나

"이 해체된 스탈린 동상은, 혹시라도 공산 시대에 관한 영화를 만들 때 소용이 될까 싶어서 부다페스트 영화 스튜디오로 옮겨졌다. 그래서 나는 그 사진을 찍었다. 그런 다음 나는 세 명의 여자들(『슈테른』 잡지의 부다페스트 특집호를 위해 이 여자들과 사진 작업을 하는 중이었다)과 동상을 같이 찍었다. 그 순간 나는 이 장면이 악몽의 끝을 아주 잘 표현한다고 생각했고 지금도 변함없이 그렇게 생각한다."

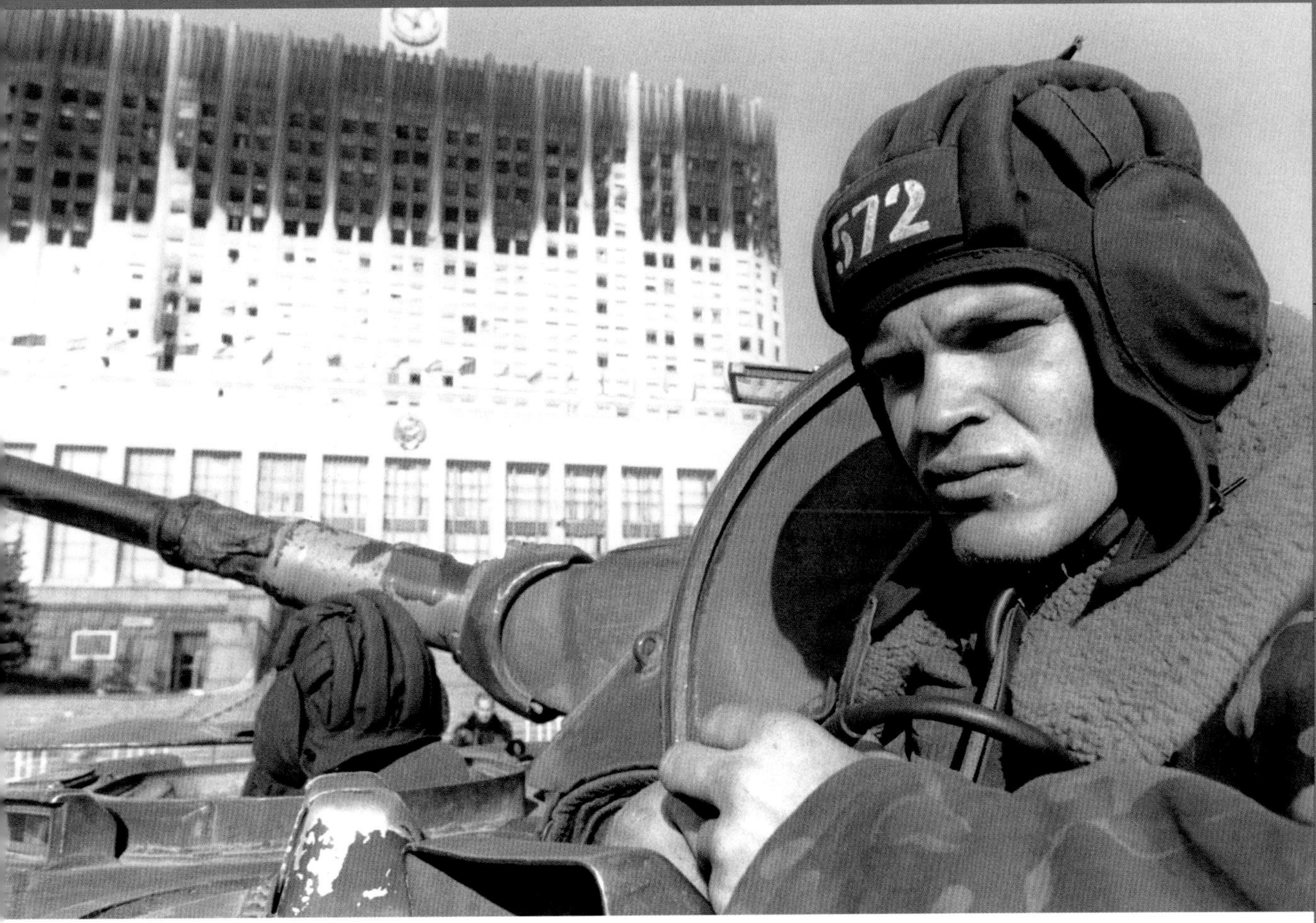

"보리스 옐친은 미국이 바라던 대로 정국을 주도했으므로, 세계적인 지도자로서의 지위를 얻을 만하다."

폭동에 대한 조지 부시의 반응

보리스 옐친을 반대하는 폭동

반쯤 불탄 모스크바 의회, 모스크바, 1993년 10월 6일

1993년 9월 21일, 러시아 대통령 보리스 옐친은 자신이 제안한 개혁에 반대하는 의회를 해산해버렸다. 이어서 10월 4일, 옐친의 군대는 옐친에게 거세게 대항하던 의회로 진입했다. 일부에서는 쿠데타라고도 표현하는 이 무력 시위는 서방 세계의 지지를 얻었다. 이로써 옐친은 러시아에서 자신의 권력을 한층 공고히 할 수 있었다.

(감바스)

10월 21일 프랑스에서 에이즈에 '감염된 혈액' 사건과 관련하여, 역대 보건부장관을 비롯한 책임자들에 대한 수사가 시작.

10월 27일 투르크메니스탄 독립.

12월 8일 ISC(Independant States Community 독립국가공동체: 옛 소비에트연방 구성국가) 창설.

12월 13일 남한과 북한 화해 협정.

12월 16일 카자흐스탄 독립.

12월 25일 미하일 고르바초프가 소련의회 의장직에서 사임(소련은 12월 8일부터 소멸).

12월 26일 알제리 총선에서 FIS(이슬람구원전선)가 1차 투표에서 승리.

12월 31일 엘살바도르 내전 종식.

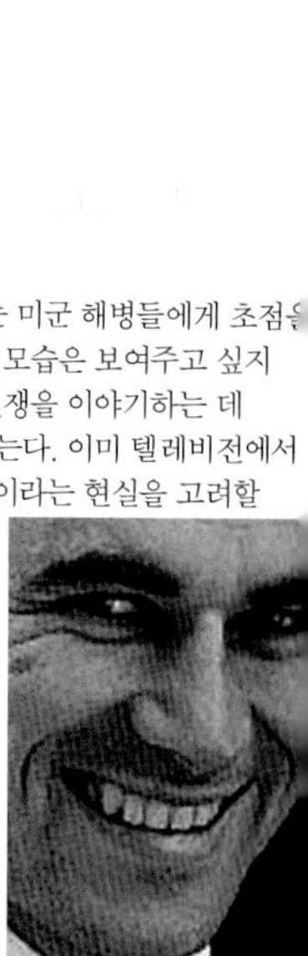

과학과 기술 이탈리아 알프스에서 5300년 전에 죽은 것으로 보이는 미라 오치 발견 | 최초의 리눅스 버전 출시.

음악 너바나의 앨범 「네버마인드」 발매 | 프레드 머큐리(그룹 퀸의 보컬) 에이즈로 사망 | 마일즈 데이비스 사망.

영화 조나선 뎀 감독의 「양들의 침묵」이 오스카 최우수작품상과 최우수감독상 수상.

1992

1월 11일 알제리에서 쿠데타가 일어나 총선 무효 선언, 내란 시작 | 3월 4일: FIS 해체.

“쿠웨이트의 해방은 ‘사막의 폭풍’이라는 이름으로 시작되었다.”

백악관 대변인 말린 피츠워터, 1991년 1월 17일, 0시 14분(GMT)

제1차 걸프 전쟁

1990년 여름, 쿠웨이트의 유전을 차지하려는 야심을 가진 이라크의 사담 후세인은 쿠웨이트를 침공하여 이라크에 병합시켰다. 국제사회는 한 목소리로 이 같은 침략 행위를 규탄했다. 미국의 주도 아래 여러 나라가 연합군을 형성, 이라크 독재자가 쿠웨이트를 떠나도록 하기 위해 유엔의 인가를 얻어 군사적인 개입을 시도했다. ‘사막의 폭풍’이라는 이름의 이 군사 작전은 대대적인 성공을 거두었다. 단 몇 주 만에 이라크 군대는 연합군에 패했으며 쿠웨이트는 국가 주권을 되찾았다.

위: (스티브 맥커리)
오른쪽: (브뤼노 바르비)

브뤼노 바르비

“나는 불타고 있는 유전을 수색하는 미군 해병들에게 초점을 맞추었으며, 죽은 이라크 병사들의 모습은 보여주고 싶지 않았다. 나는 전사자들의 사진이 전쟁을 이야기하는 데 대단한 역할을 한다고 생각하지 않는다. 이미 텔레비전에서 매일 보고 있지 않은가. 물론, 전쟁이라는 현실을 고려할 필요는 있다. 하지만 오늘날 전쟁은 산업화되어 버렸다. 나는 ‘연민’이라는 것을 경계하는 편이다. 일부 기자들은, 자기들이 찍은 사진이 세상을 바꿀 수 있기를 바라면서 시각적으로 매우 강렬한 느낌을 주는 장소들을 선호한다. 그렇지만 나는 불행하게도 그런 확신을 할 수가 없다.”

우리 아이들 몇몇은 추위로 죽었다. 우리는 서로 포개져서 산다. 우리는 거의 아무런 생존수단 없이 살아간다.”

NGO 단체인 메디코 인터내셔날에서 취재한 피난민

2월 7일 유럽연합의 탄생을 기정사실화하는 마아스트리히트 조약 체결.

3월 17일 남아프리카공화국에서 흑인들의 정치 참여를 인정하는 국민투표 가결.

3월 31일 1989년에 일어난 두 건의 항공기 테러 사건에 연루된 리비아에 전면적인 통상금지령이 내려짐.

4월 5일 보스니아-헤르체고비나 전쟁 발발(1995년까지 계속).

4월 8일 프랑스에서 핵실험 정지령.

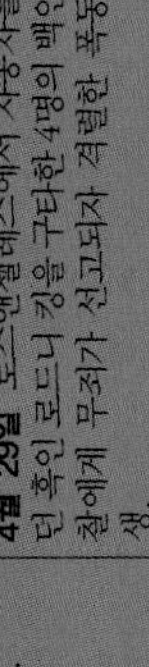

4월 29일 로스앤젤레스에서 자동차를 몰던 흑인 로드니 킹을 구타한 4명의 백인 경찰에게 무죄가 선고되자 격렬한 폭동 발생.

5월 21일 프랑수아 미테랑 대통령과 헬무트 콜 수상이 유로코(유럽군대) 창설.

5월 23일 이탈리아에서 마피아를 수사하던 팔코네 판사 암살.

6월 3~14일 리우데자네이루에서 최초의 지구 정상회담 개최. 환경과 개발 문제 논의.

6월 22일 프랑스에서 '감염된 혈액'을 수혈한 사건 재판 시작.

6월 29일 알제리 대통령 무하마드 부디아프가 경호원에게 암살당함.

8월 2일 보스니아에 세르비아 포로수용소가 있음이 밝혀짐. '인종 청소'의 시작.

9월 6일 레바논 총선에서 헤즈볼라가 승리.

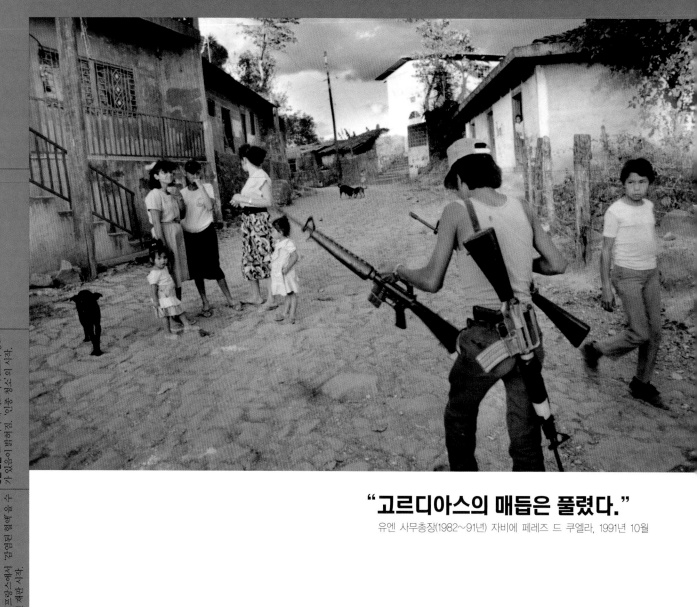

10월 4일 모잠비크에서 정부와 저항 세력이 오랜 내란에 종지부를 찍으며 평화 협정 체결.

"고르디아스의 매듭은 풀렸다."

유엔 사무총장(1982~91년) 자비에 페레즈 드 쿠엘라, 1991년 10월

엘살바도르 휴전

무기를 들고 산으로 들어가는 게릴라, 페르킨, 1991년

라틴 아메리카의 작은 나라 엘살바도르에서는 민주주의가 고전을 면치 못하고 있다. 독재 정권이 연달아 정권을 잡자, 혁명을 외치는 단체들이 우후죽순처럼 늘어나 저항을 계속한다. 엘살바도르는 1980년부터 1992년 사이에 격심한 내란에 시달렸으며, 내란으로 인한 희생자 수가 10만 명이 넘는다.

(래리 토웰)

래리 토웰

"사진은 대상에 깃든 정신을 관찰하는 데 집중함으로써 끔찍한 것을 아름답게 표현할 수도 있고, 반대로 아름다운 것을 흉하게 보여줄 수도 있다."

“동지여, 수백만의 헐벗은 민중이여, 민족의 진정한 창시자이자 계승자들이여, 우리는 형제들의 부름에 따를 것이다.”

EZLN 라칸도네 정글 선언, 1993년 12월

치아파스들의 항거

멕시코의 부사령관 마르코스, 1994년

부사령관 마르코스는 수천 명의 치아파스 인디언들로 구성된 혁명 단체(자파타 민족해방군: EZLN)의 핵심 지도자이자 대변인이다. 비교적 평화적인 단체인 EZLN은 치아파스 지역 원주민들의 권익을 보호하고, 서구 자본주의 사회로 상징되는 문화적 · 정치적 · 경제적 제국주의에 저항하는 것을 목적으로 한다.

(압바스)

압바스

“마르코스 부사령관은 자신에게 우호적인 언론까지도 능수능란하게 조정하는 비상한 재능을 지녔다. 그는 전 세계에 이미 알려진 마스크 외에도 파이프, 운동모자, 머플러, 배지, 탄약통 등 자신의 이미지를 홍보할 수 있는 다른 물건들도 많이 지니고 다닌다. 그래도 나는 그가 무섭지 않았다.”

12월 6일 인도에서 힌두교 민족주의자들이 아요디아 이슬람 사원을 파괴. 격렬한 폭동으로 이어짐.

12월 9일 소말리아에서 유엔과 미국이 기근 퇴치를 위한 '희망 재건' 운동 시작.

12월 31일 체코슬로바키아가 두 개의 독립 국가, 체코와 슬로바키아로 분리.

사회 바티칸 교황청이 갈릴레이를 복권시킴.

과학과 기술 은행용 전자카드 발명.

영화 스파이크 리 감독의 「말콤 X」 개봉. 시릴 콜라르 감독이 에이즈를 주제로 만든 작품 「야수의 밤」 개봉.

1월 1일 단일화된 유럽이 시장에 진입하기 시작.

1월 3일 모스크바에서 미국과 ISC 간에 전략적 핵무기 축소를 확인하는 조약(START-II) 체결.

2월 26일 뉴욕의 세계무역센터 빌딩에서 폭탄 테러. 사망 6명, 부상 1,000여 명.

4월 19일 미국 텍사스 주 와코에서 경찰의 기습으로 사이비 종교 회원 집단 자살.

5월 24일 아프리카 북동부의 에리트레아가 에티오피아로부터 독립.

9월 9~13일 이스라엘과 팔레스타인 해방기구(PLO)가 상호 국가 인정, 팔레스타인 자치권 인정을 골자로 하는 협약 체결. 이츠학 라빈과 야세르 아라파트가 역사적인 악수를 나눔.

이언 베리

"여행을 거듭할수록, 시간이 흐를수록 나는 아파르트헤이트가 매우 흥미진진한 연구 주제이며 내가 그 주제를 맡아야 한다고 느꼈다. (…) 처음에 나는 인종차별이 그토록 오래 지속되리라고 생각하지 않았다. (…) 나는 아프리카너(남아프리카에 정착한 유럽출신 백인들)를 비롯하여 남아프리카공화국에 사는 백인들이 아파르트헤이트가 오래 지속되리라는 확신을 갖고 있다는 게 너무 놀라웠다."

대통령이 된 만델라

만델라가 나타나기를 기다리는 그의 지지자들, 1994년

아프리카민족회의(ANC)의 회원이었던 넬슨 만델라는 남아프리카에서 흑인들을 2등 시민으로 차별하는 인종차별 정책을 타파하기 위해 벌인 투쟁에서 중심적인 인물이다. 1962년부터 1990년까지 정치범으로 수감생활을 한 그는 인종차별 정책을 종식시키는 데 크게 공헌했으며, 이로 인하여 남아프리카공화국의 프레데릭 드 클라크 대통령과 함께 노벨평화상을 수상했다. 넬슨 만델라는 1994년부터 1999년까지 남아프리카공화국의 대통령으로 재임한다.

(이언 베리)

"선거 결과가 알려지자마자 나는, 화해를 촉구하고 상처를 치료하며 나라 전체에 신뢰감을 심어주는 것이 나의 임무임을 깨달았다." 넬슨 만델라, 『자유로의 긴 행진』

“살해자에게 자기를 바라보는 살해당한 자의 눈은 재앙이다. 그 눈이 바로 살해하는 자에게 가해지는 형벌이다.”

장 하츠펠트, 『칼의 계절』

르완다에서 벌어진 대량 학살

르완다 국경 근처, 1994년

르완다에서 자행된 투씨족 말살로 1994년 4월부터 7월까지의 기간 동안 무려 100만 명이 학살되었다. 후투족과 투씨족 사이의 인종 간 갈등이 벨기에 식민주의자들에 의해 20세기 초반부터 극단적으로 불거져 나온 결과, 인류 역사상 가장 짧은 시간에 가장 많은 사람이 살해되는 참극을 빚었다. 전 세계인들은 이처럼 폭발적으로 터져나오는 증오와 폭력 앞에서 무기력한 방관자였을 뿐이다.

질 페레스)

“첫 번째 규칙은 그저 죽여라였으며, 두 번째 규칙 따위는 없었다. 지극히 단순하게 조직된 살인이었다.”

후투족 판크라스 하키자문길리, 장 하츠펠트의 『칼의 계절』에서 인용

9월 19일 폴란드 총선에서 과거 공산주의자들이 승리.

10월 21일 부룬디에서 멜시오르 은다다예 대통령 암살. 한 달 사이에 투시족 10만 명이 학살당하는 내전으로 이어짐.

12월 10일 남아프리카공화국 넬슨 만델라와 프레데릭 드 클레르크가 노벨평화상 공동 수상.

12월 30일 바티칸과 이스라엘이 상호 국가 인정.

1994

1월 1일 북미자유무역협정(NAFTA) 발효. 미국, 캐나다, 멕시코 참여.

1월 1일 멕시코 치아파스 주에서 자파티스타주의자들의 폭동 시작.

1월 12일 중앙아프리카 프랑화폐가 50퍼센트 평가절하됨.

3월 20일 일본의 도쿄 지하철에 사린가스 테러. 옴교에서 저지른 범행.

4월 6일 르완다와 브룬디 대통령이 타고 가던 비행기 피격, 두 대통령 모두 사망. 르완다에서 내전 개시.

4월 15일 세계무역기구(WTO) 발족.

4월 19일 미국 오클라호마에서 테러.

4월 27일 넬슨 만델라가 남아프리카공화국 대통령에 선출.

5월 4일 팔레스타인해방기구(PLO)가 가자와 제리코 지구 통치권 획득.

5월 6일 도버해협을 잇는 해저 터널 개통.

이스라엘과 PLO의 합의

옆의 사진에는 평화협상 체결 전, 이스라엘의 총격을 피해 달아나면서 돌멩이를 던지는 팔레스타인 젊은이들을 담았다. 무기없이 저항하는 인티파다의 상징이라고 할 수 있다. 1948년 이후 내내 전쟁 상태를 유지해온 이스라엘과 팔레스타인은 1993년 9월 13일 이른바 '오슬로 조약'을 체결함으로써 역사적인 합의를 이루었다. 하지만 평화의 희망은 그리 오래가지 못했다.

위: 가자 지구의 헤브론, 1997년
옆: 가자 지구, 1993년
(래리 토웰)

"팔레스타인들에게는 새로운 시대가 시작되려는 참이다. 70년 동안 계속되어온 분쟁이 마침내 막을 내리려 한다."

야세르 아라파트

“평화를 위한 노래를 불러라, 기도문을 소곤거리지 마라, 우렁찬 목소리로 평화를 위해 노래불러라.”

라빈은 암살당하기 몇 분 전에 평화를 위한 노래를 불렀다.

이츠학 라빈 서거

1995년 텔아비브의 거리, 라빈이 암살 당한 자리에서 한 젊은이가 울먹이고 있다.

이스라엘 군인이며 정치가였던 이츠학 라빈(1922~95년)은 1994년 노벨평화상을 받았다. 그는 1993년에 야세르 아라파트와 함께 오슬로 조약을 체결함으로써, 이스라엘과 팔레스타인 분쟁을 해결하는 데 결정적인 역할을 했다. 유대 출신 극우주의자에 의해 라빈이 암살되자 아직도 불안정한 상태에 놓여 있던 평화협상은 또 다시 흔들리기 시작했다.

(압바스)

5월 10일 이탈리아에서 실비오 베를루스코니가 수상에 임명.

5월 29일 헝가리 총선에서 과거 공산주의자들이 압승.

8월 31일 북아일랜드에서 아일랜드공화군(IRA)이 휴전 선언.

10월 26일 이스라엘과 요르단 평화협정 체결.

12월 24일 무장이슬람그룹(AIG)이 알제리에서 떠난 항공기를 납치, 파리의 에펠탑을 파괴시키려 했으나 테러와 인질범죄 담당부서인 프랑스국립특수헌병부대(GIGN)의 개입으로 마르세유에 착륙.

과학 혜성 슈메이커-레비9와 목성의 충돌.

사회 의학 기술의 도움으로 62세의 이탈리아 여성이 출산함으로써 논쟁 야기 | 그룹 너바나의 보컬 커트 코베인 자살.

1월 17일 일본 고베에서 대지진 발생.

1월 19일 체첸공화국의 수도 그로즈니의 대통령궁이 공습으로 파괴됨.

1월 1일 오스트리아, 핀란드, 스웨덴이 유럽연합에 가입.

1월 1일 남미공동시장 메르코수르 발효.

1995

음악 포티셰드의 앨범 「더미」 발매.

영화 쿠엔틴 타란티노 감독의 「펄프 픽션」이 칸영화제에서 황금종려상 수상. 스티븐 스필버그 감독의 「쉰들러 리스트」가 최우수작품상을 비롯하여 오스카상 6개 부문 석권.

"언덕 위에 서 있는 이 군인이 진흙탕에서 고생하는 건 함께 살기 위해서가 아니다. 오직 적군이 그로부터 빼앗아가려는 이 땅을 사수하기 위해서다."

알리아 이제트베고비치, 보스니아 정치가

압바스

"세르비아 출신 저격병들의 총격 속에 놓여 있어 '죽음의 다리' 라고 불린 모슈타르 다리는 둘로 나뉘어 있던 이슬람 지역을 연결해주던 다리였다. 행인들은 몸을 숙인 채 불안에 떠는 표정으로 다리를 건너곤 했다. 사진 속의 어린 소년은 키가 작아 자유롭게 다리를 건너다녔다. 나는 그 아이가 부러웠다."

보스니아 전쟁

보스니아는 1991년 10월 15일 독립을 선언했다. 이는 유고슬라비아가 해체 국면에 접어들었음을 의미한다. 슬로보단 밀로셰비치를 앞세운 '대 세르비아' 옹호자들은, 보스니아에 사는 150만 명의 세르비아인들을 보호한다는 명분 아래 200만 명의 이슬람 교도들과 75만 명의 크로아티아인들을 상대로 내란을 일으켰다. 보스니아 내란은 1995년까지 격렬하게 계속되었다. 곳곳이 파괴되었으며(특히 사라예보 같은 도시는 완전히 폐허가 되었다), 세르비아인들과 크로아티아인들은 앞을 다투어 인종 말살을 자행했다. 이 전쟁으로 사망한 사람이 20만 명이 넘는다. 보스니아 내란은 결국 미군의 개입으로 종식되었다.

위: 한 소년이 모래주머니들이 쌓인 쓰레기통 앞을 뛰어간다. 이 쓰레기통들은 저격병들로부터 행인들을 보호하기 위해 설치해놓았다. (압바스)

아래: 무너진 모슈타르 다리를 대신해서 설치한 육교를 지나는 여인, 1996년 (질 페레스)

벨그라드의 밤하늘이 우리에게 보여주는 광경은 황홀한 동시에 매우 극적이었다….
일련의 주홍빛 띠가 하늘을 갈랐다. 바로 나토군의 전투기가 쏘아대는 포탄이었다."

알렉산드루 발레리안, 루마니아 기자, 1999년 4월

코소보 전쟁

리스티나, 1999년

998년과 1999년 두 해 동안 코소보 전쟁은 절정에 달했다. 세르비아 변방에서 독립을 주장한] 지역의 인구는 200만 명으로, 90퍼센트 이상이 알바니아 어를 사용하며 이슬람 신자였다. 로보단 밀로셰비치 군대가 벌인 인종말살 정책의 일환으로 일어난 코소보 전쟁은 나토군과 엔군의 개입으로 종식되었다.

압바스)

압바스

"슬로보단 밀로셰비치 정권 하의 세르비아 군대가 벌이는 코소보 탄압을 멈추게 하기 위해 나토군이 퍼부은 공습으로 폐허가 된 곳이다. 이 소년은 담배를 피우기엔 너무 어려보인다. 하지만 소년의 얼굴은 그가 벌써 얼마나 큰 괴로움을 당했는지 말해준다. 소년은 이미 어른이었다."

7월 11일 보스니아-헤르체고비나의 스레브레니차 대학살.

7월 25일 파리의 생미셸 역 테러. 이어지는 테러들의 전조였다.

8월 29일 보스니아-헤르체고비나가 북대서양조약기구(NATO, 이하 나토)군의 계속되는 공습으로 마침내 종전에 동의.

9월 5일 자크 시라크의 결정에 따라 프랑스령 폴리네시아 군도에 마련된 사격장에서 최초의 핵실험. 국제사회의 맹비난을 받음.

10월 30일 캐나다 퀘벡 지역 독립에 대한 국민투표. 독립 반대 의견이 승리.

11월 4일 이스라엘 수상 이츠하크 라빈이 이스라엘 극단주의자에 의해 암살.

12월 14일 보스니아-헤르체고비나 분쟁을 종식시키는 데이튼 평화협정 체결.

12월 21일 러시아 선거에서 공산주의자들이 압승.

3월 27일 '광우병' 때문에 유럽 전체에 영국산 쇠고기 통상 금지령 발효.

4월 10일 이스라엘이 헤즈볼라의 로켓을 발사한 레바논에 항의하기 위하여 '분노의 포도' 작전 개시.

1월 29일 화재로 베네치아의 오페라하우스 파괴.

2월 9일 런던에서 IRA가 17개월간의 휴전 끝에 테러 자행.

1월 야세르 아라파트가 시조르다니아 가자 지역에서 최초로 열린 보통선거에서 팔레스타인 자치기구 의장으로 선출.

1996

과학 최초로 태양계 바깥쪽에 위치한 행성, 즉 외계 행성 발견.

"어떤 여자가 유행을 따르는 옷, 장식이 많다거나 몸매를 드러낼 정도로 달라붙는 옷을 입고 외출한다면, 그 여자는 이슬람 율법에 따라 저주를 받으며 천국에 갈 희망은 아예 버려야 할 것이다."

탈레반 법, 1996년 11월

몸을 가린 여인들

신발 가게, 카불, 1992년

머리끝에서 발끝까지 몸을 완전히 가리는 베일인 '부르카'는, 여성들에게 가해지는 가장 뚜렷한 압박의 상징이 되었다. 1994년 아프가니스탄에서 권력을 장악한 탈레반 극단주의자들은 부르카 착용을 의무화했다. 하지만 이는 현재까지도 지구상 곳곳에서 여자들이 겪고 있는 여러 형태의 자유나 인권 박탈의 한 예에 불과하다.

(스티브 맥커리)

"하라주쿠 소녀들이여, 너희들 스타일 죽이는구나, 나는 너희들이 사는 방식을, 좋아해, 나는 너희들을 최고로 좋아하는 팬이야, 오!"

"Harajuku Girls, you got the wicked style, I like the way that you are, I am your biggest fan, oh!"

그웬 스테파니가 부른 노래 '하라주쿠 걸즈'의 후렴

지나치게 유행에 민감한 여자들

신주쿠 지역에서 만난 젊은 여자들, 도쿄, 1999년

그런가 하면 그와는 아주 대조적으로 자본주의 사회에서는 명품 브랜드의 지배가 점점 더 일반화되고 있으며, 특히 젊은이들의 일상적인 옷입는 방식 또한 갈수록 중요해지고 있다. 그러면서 오히려 옷입는 방식이 지구 도처에서 통일되어가는 경향도 관찰된다. 이른바 '패션 빅팀'들이 늘어나는 추세다!

(크리스 스틸-퍼킨스)

5월 20일 알제리에서 7명의 프랑스 사제가 무장이슬람그룹에 의해 살해.

5월 29일 이스라엘에서 리쿠드당의 벤야민 네탄야후가 시몬 페레스의 후임 수상으로 선출.

7월 27일 미국의 아틀랜타 올림픽 동안 극우주의자 테러가 발생(사망 2명).

9월 3일 미국이 이라크 쿠르디스탄 지역 분쟁을 틀러싸고 신체 공격한 사담 후세인을 응징하기 위해 27발의 로켓 발사.

9월 24일 유엔이 핵실험을 전면금지하는 조약 체결.

9월 27일 아프가니스탄에서 탈레반이 카불을 완전 장악.

11월 5일 베나지르 부토 파키스탄 수상, 부패 혐의로 해임.

12월 10일 유엔이 식량을 사기 위해 석유를 파는 이라크에 관한 결의문 채택.

1997

12월 29일 과테말라에서 대통령과 게릴라 사이에 평화협정 체결. 이로써 36년간의 분쟁 종식.

1월 27일 체첸공화국에서 온건파인 아슬란 마스카도프가 대통령에 선출.

2월 알바니아에서 폭동이 발생해, 나라 전체가 걷잡을 수 없는 혼돈 속으로 빠지기 시작.

4월 11일 앙골라에서 20년간의 내란에 종지부를 찍으며, 통합과 화해 정부 구성.

5월 1일 영국에서 노동당의 토니 블레어가 보수당 존 메이저의 뒤를 이어 수상에 임명.

5월 29일 자이르에서 폭동이 일어나 로랑 데지레 카빌라가 모부투의 뒤를 이어 대통령이 됨. 그후 자이르는 국가명을 콩고민주공화국(또는 킨샤사 콩고)으로 개명.

"우리는 우리 안의 기억으로부터 힘과 영감을 끌어내 세상과 시련에 맞서야 합니다. 편히 가세요, 수녀님!" 『스테이츠먼』, 1997년 9월

"인생은 도전이며 누려야 할 행복이며, 뛰어 들어야 할 모험이다."

테레사 수녀

테레사 수녀 서거

테레사 수녀, 1979년

알바니아에서 출생하여 1930년대에 인도에 정착한 테레사 수녀는 1950년 캘커타에서 사랑의 선교회를 설립했다. 그후 테레사 수녀는 지구의 모든 대륙에 재단을 설립하여 가난한 사람들에게 도움과 위안을 주는 데 힘썼다. 일생 동안 보여준 관대함과 용기로 테레사 수녀는 20세기를 대표하는 아이콘이 되었으며, 1979년 노벨평화상을 수상했다. 2003년엔 교황 요한 바오로 2세로부터 시복 선언을 받았다.

(라구 라이)

“안녕, 영국의 장미여 우리 마음 속에서 당신이 자라나기를
당신은 삶이 찢어진 곳에 자리잡는 축복이었다네….” 엘튼 존이 다이애나 비의 영전에 바친 노래 '캔들 인더 윈드' 가사

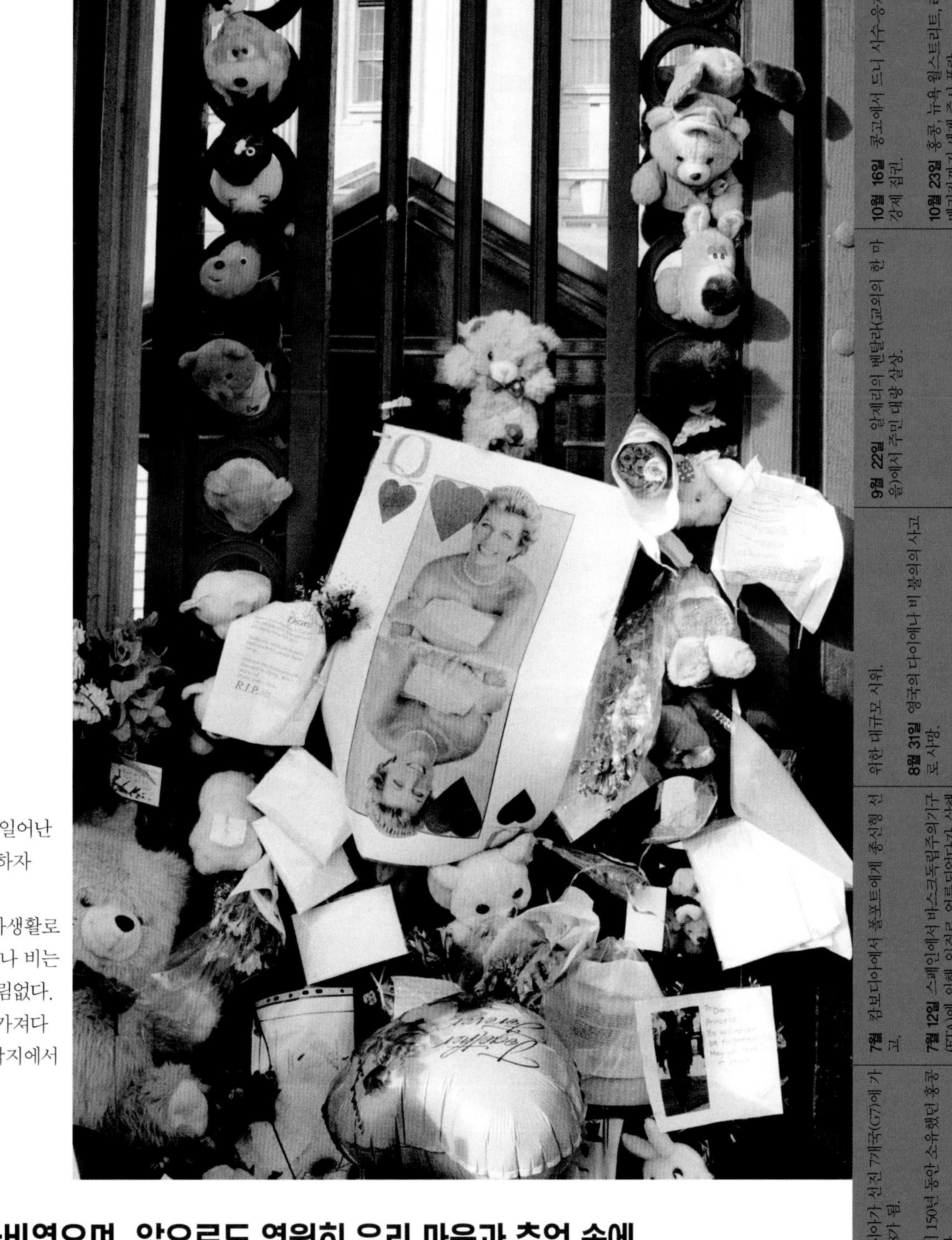

다이애나 비 사망

다이애나 비에게 바쳐진 경의, 1997년

997년 8월 31일 파리의 지하 차도에서 일어난 교통사고로 다이애나 비가 갑자기 사망하자 전 세계는 놀라움을 감추지 못했다. 영국 왕실에 대한 입장과 순탄치 않은 사생활로 논란의 대상이 되었다고는 하나, 다이애나 비는 대중들의 인기를 독차지한 인물임에 틀림없다. 영국인들은 왕실에 현대적인 이미지를 가져다 준 인물로서 그녀를 흠모했으며, 세계 각지에서 많은 사람들이 그녀의 아름다움과 용기, 인도주의적 행동에 찬사를 보냈다.

(마르틴 프랑크)

“그녀는 대중들의 황태자비였으며, 앞으로도 영원히 우리 마음과 추억 속에 그렇게 기억될 것이다.” 다이애나 비가 죽은 다음날 발표한 토니 블레어의 연설문

6월 20일 러시아가 선진 7개국(G7)에 가입함으로써 G8가 됨.

7월 1일 영국이 150년 동안 소유했던 홍콩을 중국에 반환.

7월 캄보디아에서 폴포트에게 종신형 선고.

7월 12일 스페인에서 바스크독립주의자기구(ETA)에 의해 인질로 억류되었다가 살해당한 미구엘 안젤 블랑코에 대해 항의하기 위한 대규모 시위.

8월 31일 영국의 다이애나 비 불의의 사고로 사망.

9월 22일 알제리의 벤탈라(교외의 한 마을)에서 주민 대량 살상.

10월 16일 콩고에서 드니 사수-응게소가 강제 집권.

10월 23일 홍콩, 뉴욕 월스트리트, 라틴아메리카까지 세계 증시 폭락.

"**세계화란 좋은 것이다. 인터넷, 휴대폰, 컴퓨터….
하지만 지구상 인구의 절반도 안 되는 사람들만이 이 모든 것들을 사용할 뿐이다!**"
지미 카터, 전 미국 대통령

"**나는 항상 전화처럼 사용하기 편한 컴퓨터를 꿈꿔왔다. 그런데 이제 내 꿈은 실현되었다. 더 이상 전화를 어떻게 사용하는지 알 수 없게 되어버렸으니까.**"
비아른 스타워스트럽, 미국의 컴퓨터 연구가

신기술

1990년대에는 근로 현장이나 여가 생활 속에서 신기술의 영향력이 날로 커져갔다. 게임보이, 휴대폰, 노트북 컴퓨터 등이 등장해서 즉각적으로 폭넓은 대중들, 어린 고객들의 폭발적인 인기를 얻었다. 최초의 로봇이 출현해 기계가 인간을 위해 일하는 시대를 꿈꿔온 사람들에게 새로운 지평을 열어주었다.

게임보이와 휴대폰, 중국, 1992년 (마르크 리부)
로봇 강아지 아이보, 일본, 1999년 (크리스 스틸-퍼킨스)

11월 1일 인도네시아 금융위기에 대처하기 위해 세계은행과 아시아개발은행이 긴급 개입.

11월 8일 중국에서 양쯔 강의 산샤 댐 공사를 위해 강의 흐름을 바꾸는 공사 개시.

11월 17일 이집트의 룩소르에서 관광객 대상으로 테러 발생.

12월 1~12일 지구온난화에 대한 국제회의, 온실가스 감축을 위한 '교토의정서' 채택.

사회 세계에서 가장 고령자였던 잔느 칼망 사망(122세 5개월 14일) | 테레사 수녀 사망.

과학과 기술 최초의 복제양 돌리 탄생(2월 27일) | 세계체스챔피언 개리 카스파로프가 컴퓨터 '딥 블루'와의 경기에서 패배 | 화성 탐사로봇 마르스 패스파인더 성공리에 임무 수행 | 구글 사이트 개설.

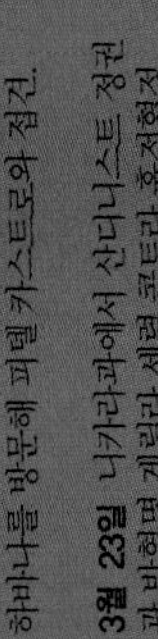

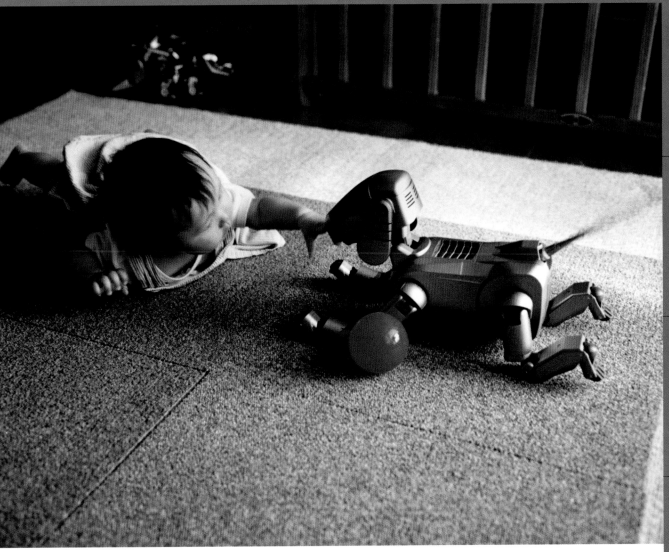

“인공지능이란 자연적인 아둔함의 반대라고 정의하면 된다.”

우디 앨런

문학 해리 포터 시리즈 1권 출간.

건축 스페인의 빌바오 구겐하임 미술관 개관.

1998

1월 12일 유럽이사회가 인간복제 금지.

1월 20일 체코공화국에서 바츨라프 하벨이 대통령에 선출.

1월 21일 교황 요한 바오로 2세 성황리에 하바나를 방문해 피델 카스트로와 접견.

3월 23일 니카라과에서 산디니스트 정권과 반혁명 게릴라 세력 콘트라 휴전협정.

4월 10일 북아일랜드에서 가톨릭교도와 개신교도들이 이른바 '성 금요일' 평화협정 체결.

5월 5일 에티오피아와 에리트리아 간에 전쟁 발발.

5월 5일 프랑스 영토인 누벨 칼레도니에 상당 부분 자치권을 인정하는 누메아 협약 체결.

5월 11~13일 인도에서 다섯 차례 핵실험 강행. 그 뒤를 이어 파키스탄에서도 핵실험.

5월 21일 인도네시아에서 1주일간의 격렬한 폭동 끝에 독재자 수하르토 실권.

6월 2~8일 15세 이하 어린이들에게 너무 위험한 형태의 작업을 금지시키는 국제 협약 제안서 채택.

6월 3일 프랑스에서 대안적 세계화 운동의 하나로 국제 금융 관세연대(ATTAC, 이하 아탁) 발족. 아탁은 금융거래에 세금을 부과할 것을 주장.

"나는 오늘날의 모델들이 떠받들어지는 존재가 아니라고 생각한다. 그들은 날개 꺾인 천사들과 닮았다." 투팍 사커

투팍 사커

팍 사커(혹은 잉카 제국 최후의 황제 이름을 따서 '투팍 아마루'라고 부르기도 한다)의 삶은 랩과 폭력 사이의 관계를 아주 잘 드러낸다. 욕 빈민가에서 태어난 투팍은, 자신에게 크나큰 명성을 가져다 줄 래퍼로서의 재능을 키워가는 동시에, 일찌감치 범죄의 나락으로 빠져든다. 퍼로서의 성공도 그의 인간적인 면모나 생활방식을 바꾸어놓지는 못했다. 투팍은 여러 차례 암살당할 위험을 넘겼음에도 결국 1996년 스베이거스에서 일어난 총격전에서 살해당한다. 왼쪽 사진 속에 보이는 그림은 그를 추모하기 위해 제작된 것으로(뉴욕의 휴스턴 거리, 97년), "투팍 사커. 무기와 더불어 살았다. 무기로 인하여 죽었다"라고 적혀 있다.

쪽 위: 1990년에 암살당한 래퍼 투팍 사커를 기념하는 벽화, 뉴욕, 1997년 (잉게 모라트)

벽화 예술

순한 태그에서부터 정교한 벽화에 이르기까지, 그래피티(대부분 남의 눈을 피해 몰래 프레이 염료를 사용하여 제작된다)의 부활은 힙합 문화와 따로 떼어놓고는 생각할 수 없는 상이 되어버렸다. 뉴욕에서 1970년대 말에 처음 시작된 이 시각 표현 양식은 1980년대 내내 전을 거듭했으며, 1990년대에 들어와 활짝 꽃피었다.

: 남아프리카공화국 요하네스버그에서 (게오르기 핀카소프)
래: 그래피티 예술가 앤드류 찰스, 뉴욕 (잉게 모라스)
쪽 아래: 뉴욕의 벽화 (토마스 회프커)

6월 15일~7월 17일 반인류범죄 재판을 위한 국제사법재판소 창설.

6월 25일 알제리에서 카빌 출신 가수 마투브 루네스 살해당함.

8월 7일 케냐와 탄자니아에서 반미 테러.

9월 5일 북한에서 김정일이 최고인민회의 의장으로 선출.

9월 23일 유엔 안전보장이사회가 세르비아 군대가 코소보에서 철수할 것, 협상 개시할 것을 요구.

9월말~10월초 전 세계적으로 증시 폭락세.

10월 8일 미국에서 르윈스키 사건에 대해 위증한 혐의로 빌 클린턴 대통령에 대한 탄핵 절차 시작.

10월 16일 영국에서 칠레 독재자 아우구스토 피노체트 체포.

12월 6일 베네수엘라 선거에서 휴고 차베스가 대통령에 당선.

12월 16일 미군과 영국군이 이라크 기습 공격.

사회/음악 파리에서 최초의 테크노 음악 퍼레이드 개최.

기술/건축 일본에서 세계에서 가장 긴 현수교 개통(아카시가이쿄 연결).

1999

1월 18일 미국과 중국의 중개로 제네바에서 남북한 대표 회동.

3월 12일 헝가리, 폴란드, 체코공화국이 나토에 가입.

3월 24일~6월 10일 나토군이 코소보를 공습함으로써, 그곳에 주둔하고 있던 유고슬라비아 군대 철수.

"나는 내가 생각하는 말레이시아의 정수, 즉 문화적 자산과 미래를 향한 멋진 비전을 표현해보려고 시도했다."

시저 펠리, 말레이시아 타워를 설계한 건축가

ㅏ초

)99년 12월 12일 피니스테르 연안에서 에리카 호가 침몰하면서 거대한 양의 기름이 흘러나와 ㅏ다를 뒤덮었다. 10만 톤 이상의 경유가 브르타뉴부터 서부의 샤랑트마리팀 지방]근 해역까지 흘러들어갔다.

ㅓ 높이 더 높이

]저 펠리가 설계한 페트로나스 쌍둥이 빌딩이 말레이시아의 수도 쿠알라룸푸르의 하늘을 랐다. 1998년 완공되면서 이 빌딩은 높이 452미터로 세계에서 가장 높은 빌딩으로 기록되었다 하지만 이 기록은 2004년에 높이 508미터짜리 타이페이 타워가 건립됨으로써 갱신되었다). 빌딩은 170미터 높이에(건물층으로는 41층과 42층에 해당) 지어진 구름다리로 연결된다. 단 기술의 쾌거라고 할 수 있는 이 빌딩은 말레이시아 경제력의 상징이기도 하다.

]: 에리카 호의 침몰, 1999년 12월 (장 고미)
쪽: 페트로나스 타워, 쿠알라룸푸르, 1997년 (스튜어트 프랭클린)

"해안이 오염되고 나서야 비로소 관리 방침이 만들어진단 말인가…."

조슬랭 드 로앙, 브르타뉴 지방의회장

3월 24일 프랑스와 이탈리아를 잇는 몽블랑 터널에 화재.

4월 1일 캐나다에 이누이족 보호구역 설치.

4월 15일 알제리 선거에서 압델아지즈 부테플리카가 대통령에 당선.

4월 20일 미국 콜럼바인 고등학교에서 총기 난사(고등학생 12명, 교사 1명이 두 명의 학생들이 쏜 총에 사망. 총을 쏜 학생들은 현장에서 자살).

5월 17일 이스라엘 노동당 에후드 바라크가 베냐민 네타냐후의 뒤를 이어 수상에 임명.

5월 27일 세르비아의 슬로보단 밀로셰비치 대통령이 반인류범과 전범들을 재판하는 국제사법재판소에 의해 제소됨.

6월 18일 선진 8개국(G8)이 빈곤국가들의 채무를 줄여주기로 결정.

7월 23일 모로코에서 하산 2세가 사망, 그의 아들 무하마드 6세가 왕위를 계승.

자본주의에 문호를 개방하는 중국

여러 세기 동안 중국, 즉 '중심에 있는 제국'은 세상의 중심이 아니라 자신을 중심으로 한 세상에만 신경쓰느라 바깥 세상을 향해서는 거의 닫혀 있었다. 하지만 1980년대 이후 중국은 공산주의 체제를 유지하면서도 세상을 향해 문을 열었으며, 시장 경제에도 눈을 떴다. 세계화의 역동성에 힘입은 이와 같은 변화는 크게 두 가지 방식으로 구체화되었다. 우선 중국은 경제 분야에서, 기록적인 성장속도를 보이기 시작했고, 현재 세계에서 가장 강력한 경제 대국으로 부상 중이다. 문화 분야를 보자면 중국 사회는 이제 막 패션에 눈뜨는 시기로 맥도날드처럼 서양에서 많이 이용되는 상품들과 서비스를 받아들이기 시작했다. 이와는 대조적으로, 북한은(옆 사진) 아직까지도 세계에서 가장 폐쇄적인 독재 국가 중 하나로 남아 있다.

아래: 맥도날드 식당, 베이징, 1999년 (스튜어트 프랭클린)
옆: 김일성 기념일, 평양, 1982년 (히로지 구보타)

"중국이 잠에서 깨어나면 온 세계가 요동칠 것이다." 나폴레옹이 한 말로 알려져 있음

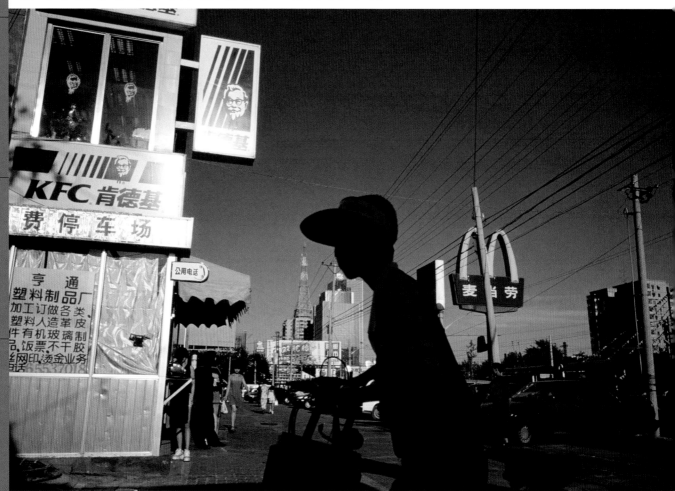

8월 12일 프랑스에서 농민연합 지도자 조제 보베가 맥도날드 레스토랑을 기습. 그는 유전자 변형작물을 재배하는 밭에서 식물을 뽑아내는 시위를 벌이기도 함.

8월 30일 동티모르에서 실시된 국민투표 결과가 독립을 찬성하는 쪽으로 기울자, 인도네시아군이 즉각적으로 격렬하게 개입.

9월 30일 체첸공화국에서 전쟁 재개.

10월 11일 파키스탄에서 군부가 쿠데타를 일으켜 나와즈 샤리프 실권, 페르베스 무샤라프 장군이 정권 장악.

10월 13일 미국 상원이 핵실험 금지 조약 비준 거부.

11월 30일 미국 시애틀에서 세계화 반대 시위.

12월 12일 유조선 에리카 호가 프랑스 브르타뉴 인근 해역에서 좌초, 바다가 기름으로 오염.

12월 19일 포르투갈이 마카오를 중국에 반환.

오늘날 시장자본주의에게는 상대가 될 만한 이념적인 경쟁자가 거의 없다. 그러므로 가장 강력한 위협은 내부로부터, 자신으로부터 온다. 시장자본주의가 번영과 정의사회를 동시에 구현하지 못한다면, 결코 영원히 성공할 수 없을 것이다."

코피 아난, 다보스, 1997년

세계화

0세기 말에 급속도로 발전한 정보기술과 더불어, 경제의 세계화 현상은 점점 더 강화되고 있다. 다국적 기업들의 체질이 강화되고, 국제 수준에서 분업이 이루어지며, 자본과 정보는 국경 없이 이동한다. 1971년에 설립된 세계경제포럼은 해마다 스위스 다보스에서 세계 각국의 정치가들과 기업 총수들이 모여 토론을 벌이는 공간이다. 이들 '결정권자들' 은 세계 경제가 나아가야 할 방향과 목표를 제안한다. 1990년대와 2000년대에 와서 점점 더 중요한 위치를 차지하게 된 다보스 포럼은 그러나 세계화에 대항하기 위해 세계사회포럼을 만들어 대안적 세계화를 주장하는 사람들의 표적이 되었다.

위: 홍콩 증권거래소, 1997년 (칼 드 케이저)

옆: 다보스 포럼, 1997년 (스튜어트 프랭클린)

"이제 세계화를 저지하는 것은 불가능하기 때문에, 다만 지난 세기에 기계를 제어했던 것처럼 이를 통제할 수 있어야 한다."

클라우스 슈바브, 다보스 포럼 창시자이자 의장

영화 최고의 제작비가 투입된 「타이타닉」이 개봉하여 최다 관람객 기록을 세웠으며, 4개 부문에서 골든글로브상, 11개 부문에서 오스카상을 수상.

사회/기술 최초의 기구 세계일주 | 최초의 로봇 강아지 아이보 탄생 | 최초로 인간 염색체 유전자 코드 판독.

12월 31일 미국이 파나마 운하 인근 지역을 파나마에 반환.

12월 31일 러시아에서 보리스 옐친 대통령 전격 사임. 블라디미르 푸틴이 새 대통령에 취임.

12월 22일 베네수엘라에서 집중호우로 진흙 사태가 일어나 1만 5,000~3만 명 가량의 사망자 발생.

20
Jobs
經理
百萬

21세기의 여명 속에 들어서다

2001년 9월 11일의 충격

진정한 의미로 21세기는 2001년 9월 11일 뉴욕에서 시작되었다고 말할 수도 있으리라. 수십억 명의 텔레비전 시청자들은 세계무역센터 쌍둥이 빌딩이 공중납치범들에 의해 기수를 돌린 두 대의 비행기와 충돌한 후 허물어져 내리는 광경을 거의 실시간으로 지켜보면서 바야흐로 새로운 시대가 시작되는 것 같다는 느낌을 받았기 때문이다. 1941년 일본이 진주만을 공격한 이후, 미국이라는 초강대국을 상대로 이 같은 도전장을 내민 나라는 아직 없었다. 그날 미국은 심장부를 강타당했다. 맨해튼의 금융 중심지뿐 아니라 워싱턴의 국방부도 테러를 당했다. 한편, 네 번째 비행기는 펜실베이니아 주의 피츠버그 부근에 추락했다. 테러 사건의 이미지가 인터넷과 텔레비전 덕분에 단지 몇 분 만에 온 세계에 전해졌기 때문인지 충격의 파장은 한층 더 강렬하게 느껴졌다. 이렇듯, 충격적인 이미지를 보여주는 정보사회는 테러리스트들에게 가장 효과적인 무기 역할을 한다. 사우디아라비아 출신 억만장자 오사마 빈 라덴이 이끄는 이슬람 원리주의자 집단 '알 카에다'는 미국의 강력한 권위를 흔들며, 이슬람이 지닌 본래적 가치라고 여기는 가치들을 고양시키려는 요량으로 테러 행위를 감행했다고 밝혔다. 이슬람 원리주의자들의 테러 행위는 2001년 9월 11일 이후, 국제사회가 심각하게 고민해야 할 새로운 변수로 등장했다.

새로 세워진 독일 국회의사당

미국은 여전히 '세계의 헌병'인가?

9월 11일 테러 이후 미국은, 부시 대통령의 표현대로라면, '악의 축'을 형성하는 모든 나라들에게 전쟁을 선포했다. 2001년 10월, 빈 라덴의 은거지로 의심 받던 아프가니스탄이 공격을 받았다. 이로 인하여 이슬람 원리주의자들이 장악하고 있던 아프가니스탄의 탈레반 정권이 순식간에 전복되었다. 2003년 3월엔 사담 후세인이 이끄는 이라크가 미군의 공격대상이었다. 미국은 사담 후세인이 세계의 안전을 위협하는 독재자임을 빌미로 이 공격을 정당화했다. 미국은 국제사회의 여론을 고려하지 않은 채, 유엔의 동의도 없이, 오로지 영국의 지원을 받아 이라크에서 군사 작전을 감행한 것이다. 이라크를 상대로 한 전쟁에서 미국은 단숨에 승리를 쟁취했고, 독재자 사담 후세인은 완전히 권력을 잃었으나(그는 2006년에 사형 선고를 받았다), 그럼에도 불구하고 이 지역에서는 일련의 무력 분쟁이 이어지고 있으며 현재까지도 소요 사태는 계속되고 있다.
이제까지 미국이 수행해왔던 '세계의 헌병'으로서의 역할은 국제사회에서 점점 더 지탄의 대상이 되고 있으며, 특히 중동 지역 이슬람 세력권에서 유난히 거센 반발에 직면하고 있다. 세계의 헌병을 자처하는 미국의 정책은 유엔에 대한 강력한 도전이 아닐 수 없다. 따라서 유엔이 본래의 취지대로 세계평화 수호자로서의 임무를 제대로 수행할 수 있는 여건을 구비하는 일이 시급하다. 한편, 미국의 정책은 유럽연합에도 시사하는 바가 크다. 영국, 이탈리아,

패션 모델: 비쩍 마른 몸매 숭배?

스페인 그리고 예전에 바르샤바 동맹국이다가 최근 유럽연합으로 편입된 동유럽권 국가들은 미국의 이라크 침공을 지지한 반면, 프랑스와 독일은 반대함으로써 통일된 방향을 보여주는 데 실패했기 때문이다.

폭발의 불씨가 도처에 산재해 있다

냉전이 종식되고 공산 진영이 전격적으로 해체되면서 수없이 많은 지역 분쟁이 고개를 들었다. 발칸 반도만 하더라도 아프가니스탄, 타지키스탄, 체첸공화국의 정치적 불안정, 티베트나 동티모르, 과테말라 등 폭발의 불씨는 산재해 있다. 중동 지역은 걷잡을 수 없는 유혈 사태에 휘말렸다. 팔레스타인 주민들이 자살 테러를 감행하면 곧 이어 이스라엘 측이 무차별 보복을 가하는 식이다. 가난에 에이즈까지 겹쳐서 날로 피폐해지는 아프리카에서도 연일 내란이 계속되고 있는데, 짧게는 몇 년에서 길게는 몇 십년씩 앙금처럼 가라앉아 있는 불화의 씨앗이 정기적으로 표면화되는 경우가 대부분이다. 알제리, 라이베리아, 앙골라, 시에라리온, 기네-비소, 소말리아, 에리트리아, 수단, 르완다, 부룬디, 콩고, 코트디부아르 등지에서 벌어지는 내란들이 모두 여기에 해당된다. 아시아에서도, 2006년 10월 북한이 핵실험을 실시한 이후 강대국 간의 지정학적 균형이 허약하게 보이기 시작했다. 이 지역에서도 군비 경쟁이 치열해질 수 있다.

세계화가 풀어가야 할 수많은 문제들

아시아와 남아메리카, 특히 아프리카에는 세계화에 동참하지 못하고 언저리에 머물러 있는 나라들이 상당히 많다. 세계화는 국제적인 수준에서 상품과 자본의 교류를 극대화시키는 방편이다. 세계의 일부는 점점 더 부자가 되는 반면, 나머지 지역은 개발이 이루어지지 않고 가난하며 늘 주변국으로 머물러 있게 마련이다. 대안적 세계화 운동은 무제한 자유교류 정책이 가져오게 될 참담한 결과에 대해 세계 여론을 상대로 경종을 울린다. 세계화는 문화적인 측면도 내포하고 있다. 텔레비전과 인터넷 덕분에 정보와 사상, 예술 경향 등이 개인과 개인 사이로, 한 문화권과 다른 문화권 사이로 왕래한다. 이 과정에서 '세계적인 문화'도 만들어진다. 이렇게 만들어진 문화는 영화 같은 오락 산업을 통해서, 혹은 대단위로 보급되는 책을 통해서 전파된다. 영국 출신 작가 조앤 K. 롤링이 쓴 『해리 포터 시리즈』는 전 세계 2억 5,000만 명이 넘는 독자들을 사로잡았다. 50개 이상의 언어로 번역된 해리 포터 시리즈는 영화로도 제작되어, 전 세계적으로 흥행에 성공했다. 새로이 탄생하는 '세계적' 문화는 지역 단위 혹은 국가 단위의 기존 문화와도 얼마든지 양립 가능하며, 이들 문화를 보다 역동적으로 변화시키기도 한다.

로스앤젤레스의 크럼프 댄서

녹아내리는 킬리만자로의 만년설

1월 1일 '서기 2000년에 나타날 버그'에 관한 무성한 소문과는 달리 평온한 21세기 시작.

1월 21일 에콰도르에서 쿠데타가 일어나 자밀 마우아드 대통령 실권.

1월 29일 몬트리올에서 138개국이 모여 유전자 변형 식품에 관한 무역 규칙 제정. 특히 의무적으로 표시를 부착하기로 결정.

2월 1일 프랑스에서 법정 근로시간을 주당 35시간으로 결정.

3월 26일 러시아에서 보리스 옐친의 사임으로 대통령직을 수행하던 블라디미르 푸틴이 정식으로 대통령에 선출.

5월 24일 1978년부터 레바논 남부를 점령하고 있던 이스라엘 군대 철수.

"전문가들은 서기 2000년의 버그가 해결되지 않으면, 전화선도 불안정해지고 각국의 정부 기능이 마비될 것이며, 비행기들이 연착할 거라고 예측했다. 하지만 실제로 우리 생활은 지금과 거의 비슷할 것이다."

데이브 베리, 미국 기자이자 유머 작가

서기 2000년으로 진입

밀레니엄 돔, 런던, 1999년 12월 31일

컴퓨터가 천재지변에 가까운 엄청난 버그를 일으킬 우려가 있다고 두려워했고, 그런가 하면 새로운 시대가 열린다고 기대에 부풀게 했던 서기 2000년 시작을 맞아 세계 곳곳에서는 갖가지 잔치와 축제가 벌어졌다.

(마크 파워)

"나는 이 세기의 정수를 맛볼 행운을 누렸다. 이 세기는 너무도 커다란 희망을 가져다 주었기에 때로는 너무도 큰 실망도 안겨주었다."

넬슨 만델라

“유로화는 복잡할 게 하나도 없다. 가령 외국에 여행을 가서 한 사흘쯤 지내면 우리는 그곳 화폐를 사용하는 데 익숙해진다. 그런데 유로화의 경우엔 그저 휴가가 끝없이 계속된다고 생각하면 된다.” 안 루마노프, 유머 작가

단일 통화의 탄생

유로화의 심벌 마크, 프랑크푸르트

2002년 1월 1일부터 유럽연합 12개국에서 유로화가 통용되기 시작했다. 이는 유럽연합 회원국들 간의 경제적 관계는 물론 정치적 관계를 한층 공고히 만들어주는 아주 중요한 초석이 될 것이었다. 자국의 화폐를 버리고 공동의 화폐를 사용한다는 것은 한 국가가 자국 주권의 일부를 위임한다는 고도의 상징성을 지니기 때문이다. 그러나 유럽연합 모든 회원국이 유로화 사용을 수락한 것이 아니라는 점도 주목할 필요가 있다. 예컨대 영국, 스웨덴, 덴마크 같은 나라는 유로화 지역에 포함되기를 거부했다.

브뤼노 바르비)

6월 13~15일 남북한 정상, 분단 이후 최초로 공식적인 접촉.

7월 25일 프랑스 국영항공 에어 프랑스 소속 파리-뉴욕 운행 초음속 비행기 콩코드 기가 고네스 시 상공에서 폭발.

8월 12일 러시아 잠수함 쿠르스크 호가 승무원 118명을 태운 채 좌초.

9월 28일 아리엘 샤론이 이슬람 성전이 있는 예루살렘 광장을 방문, 팔레스타인 자치 구역에서 두 번째 봉기가 일어나는 도화선이 됨.

사회/음악 최초로 인터넷에서만 판매하는 앨범 등장(지미 페이지와 블랙 크로우즈).

1월 20일 조지 W. 부시가 빌 클린턴의 뒤를 이어 미국 대통령에 취임.

1월 25~30일 브라질 포르토알레그레에서 최초의 세계사회포럼 개최. 이 포럼은 스위스에서 해마다 열리는 경제포럼과 같은 날짜에 열렸음.

2월 6일 아리엘 샤론이 이스라엘 수상에 취임.

3월 1일 아프가니스탄의 회교정부가 바미안 석굴을 파괴.

3월 14일 마케도니아에서 정부군과 알바니아 반란군 사이에 격렬한 전투.

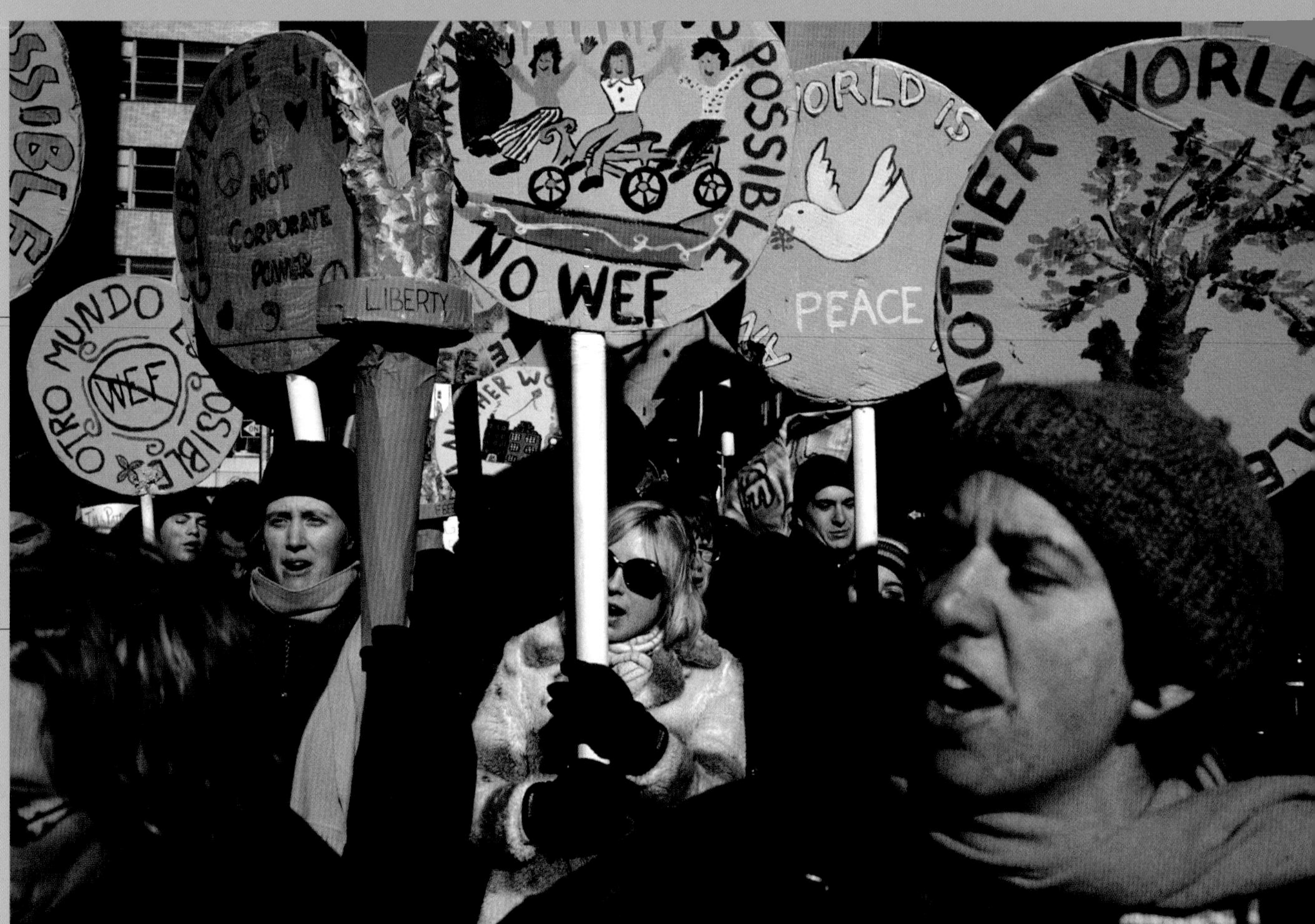

“지금과 다른 세계를 만드는 일은 가능하다!”

대안적 세계화 운동의 구호

세계화 반대와 대안적 세계화

1980년대에 시작된 대안적 세계화 운동은 그후 지속적으로 세력을 확산시켰다. 이 운동은 세계화의 경제적 측면, 즉 세계 시장에서 일정한 규제없이 무조건 자유 교류를 일반화하면 선진국 부자 나라와 저개발국 가난한 나라 간의 불평등이 더욱 심해질 뿐이라는 이유를 들어 세계화 반대를 외치는 사람들을 규합해나가고 있다.

“희망을 세계화하기 위해 투쟁을 세계화하자!”

조제 보베

위: 세계경제포럼 반대 시위, 뉴욕, 2002년 (알렉스 웹)
오른쪽 위: 대안적 세계화를 주장하는 시위, 뉴욕, 2002년 (알렉스 마졸리)
오른쪽 아래: 선진 8개국 정상회담(G8)에 반대하는 시위, 제노아, 2001년 (알렉스 마졸리)

“세상은 상품이 아니다!”

3월 23일 우주정거장 ‘미르’가 지구 대기권에 진입하면서 해체됨.

4월 1일 네덜란드에서 최초로 동성애자 결혼식 거행. 곧이어 벨기에와 스페인, 캐나다도 동성애자 결혼을 허가. 미국에서는 매사추세츠 주에서 허용됨.

5월 10일 프랑스에서 노예제도를 반인류 범죄로 규정하는 ‘토비라 법’ 제정.

6월 15일 스웨덴의 괴테보르그에서 유럽연합 정상회담 개최. 경찰이 반세계화 시위대에게 발포, 3명 부상.

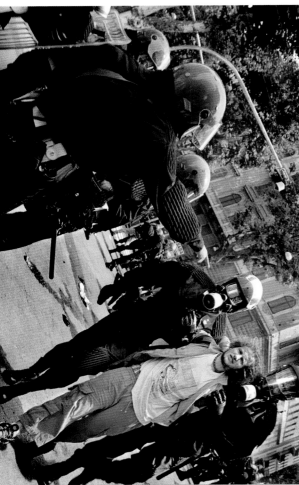

7월 20~22일 이탈리아 제노아에서 선진 8개국 정상회담(G8)이 열리는 가운데, 반세계화주의자 카를로 줄리아니가 경찰에 의해 사망.

9월 9일 아프가니스탄의 사령관 마수드 암살.

9월 11일 미국 뉴욕의 세계무역센터 빌딩과 펜타곤에 테러. 오사마 빈 라덴이 이끄는 이슬람원리주의자들 '알 카에다' 그룹의 범행으로 추정.

9월 17일 중국, 세계무역기구(WTO)에 가입.

9월 21일 프랑스 툴루즈의 화학공장 AZF에서 대규모 폭발 사고.

10월 7일 9월 11일 테러에 대한 보복으로 아프가니스탄에 미군과 영국군 개입. 탈레반 정권은 11월에 붕괴.

사회 게임 보이 어드밴스 출시.

"우리나라를 상대로 어제 자행된 고의적인 살생 행위는 테러리즘 이상의 범죄로, 가히 전쟁이라고 해야 마땅하다."

조지 W. 부시, 텔레비전을 통해 중계된 백악관 연설

2001년 9월 11일

2001년 9월 11일, 수백만 명의 텔레비전 시청자들은 뉴욕의 세계무역센터 쌍둥이 빌딩이 무너지는 광경을 생방송으로 지켜보았다. 3,000명 이상의 목숨을 앗아간 이 대담무쌍한 테러 행위는 오사마 빈 라덴이 지휘하는 이슬람 조직 '알 카에다'가 저지른 만행이었다. 생방송으로 이 사건을 지켜본 사람들은 누구나 미국의 권위에 반대하며, 한편으로 '테러리즘'이라는 쉽게 포착할 수 없는 위협이 도사리는 새로운 시대가 시작됨을 통감했다. 이 사건이 일어난 직후 미국의 조지 부시 대통령은 그가 '불량배 나라'라고 부르는 나라들에 대한 적대 정책을 한층 강화했다.

무너지는 세계무역센터 빌딩 1 (스티브 맥커리) 빌딩 2로 들어서는 비행기, 비디오 캡쳐 (에반 페어뱅크스)

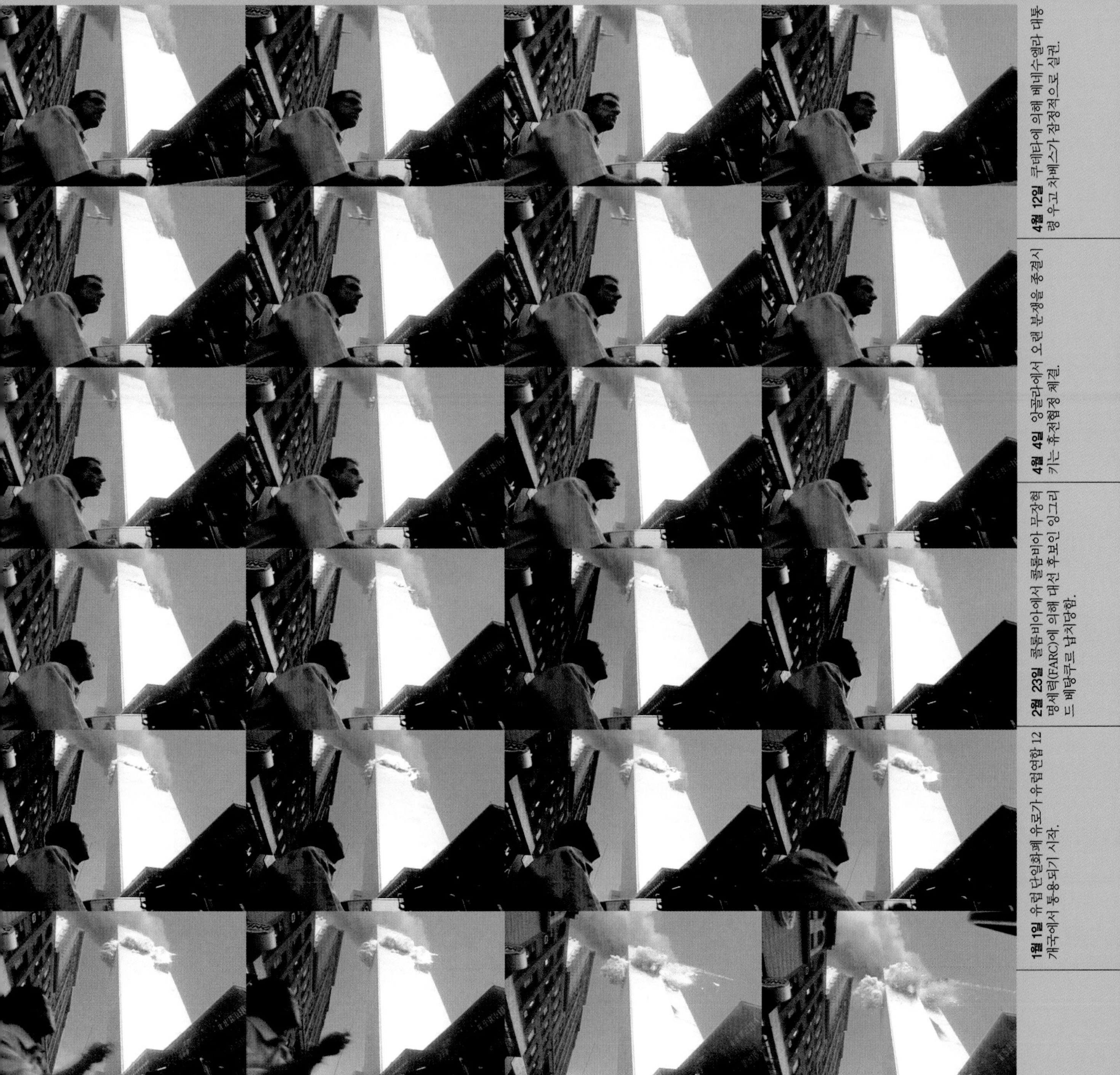

2002

1월 1일 유럽 단일화폐 유로가 유럽연합 12개국에서 통용되기 시작.

2월 23일 콜롬비아에서 콜롬비아 무장혁명세력(FARC)에 의해 대선 후보인 잉그리드 베탕쿠르 납치당함.

4월 4일 앙골라에서 오랜 분쟁을 종결시키는 휴전협정 체결.

4월 12일 쿠데타에 의해 베네수엘라 대통령 우고 차베스가 잠정적으로 실권.

"테러를 통해 정당화될 수 있는 정의로운 요구란 없다."

코피 아난, 유엔 사무총장

4월 21일 프랑스에서 놀랍게도 극우정치가 장-마리 르펜이 대통령 선거 1차 투표를 통과. 결과적으로 5월 5일 2차 결선 투표에서 자크 시라크가 압승(지지율 82퍼센트).

5월 20일 동티모르 독립.

8월 26일~9월 4일 요하네스버그에서 지구 정상회담.

10월 12일 인도네시아 발리의 디스코텍에서 이슬람원리주의자들이 테러를 일으킴.

10월 22일 브라질 대선에서 좌파 후보자 루이스 이냐치오 다 실바(일명 룰라)가 대통령에 당선.

"우리나라는 완전히 초토화되었다. 나에게도 부분적으로 책임이 있다. 왜냐하면 나도 전쟁에 참가했기 때문이다. 하지만 이 전쟁은 어디까지나 자유를 위한 전쟁이었음을 상기해야 한다."

마수드 사령관

압바스
'판시르의 사자'라는 별명을 가졌던 마수드 사령관은
공산 세력으로부터 방금 아프가니스탄의 수도를
되찾았다. 사람들은 항상 그를 영광스러운 영웅이라고
칭했다. 2001년 9월 9일 그가 빈 라덴 측에 의해서
살해된 후 나는 그의 또 다른 면모, 즉 수피교
신비주의자인 그의 모습을 보여주는 이 사진을 떠올렸다."

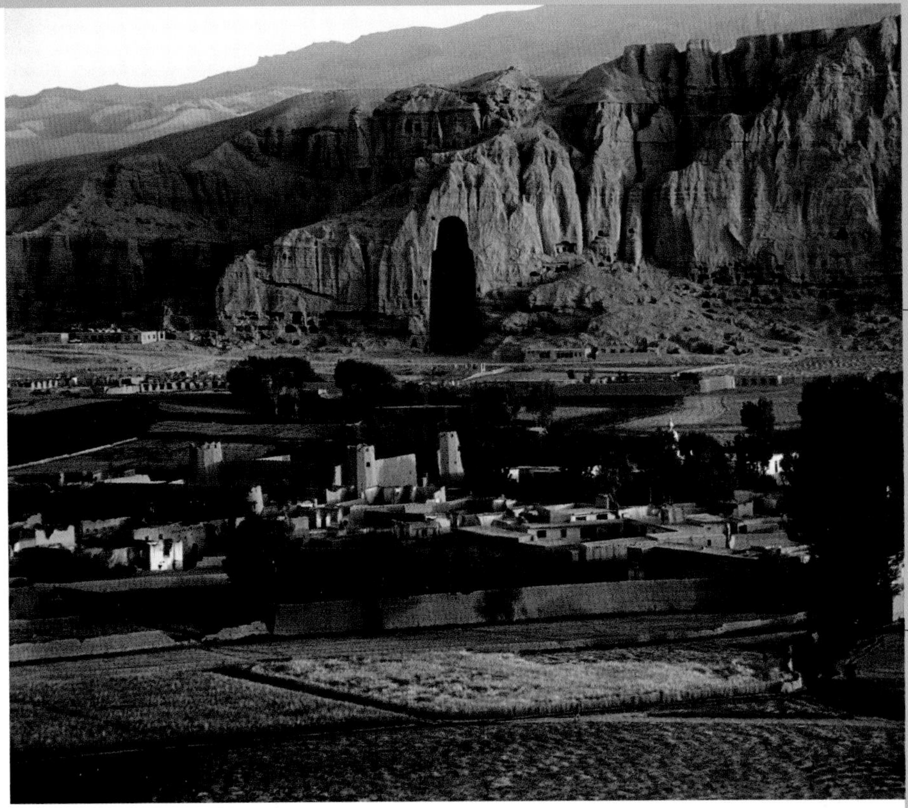

바미안 불상

바미안 불상은 원래 아프가니스탄 바미안 계곡의 한 절벽에 새겨진 한 쌍의 부처 조각상을 가리킨다. 서기 5~6세기경에 만들어진 이 기념비적인 불상들은 그리스 양식과 불교 양식의 혼합을 잘 보여준다. 불상이 발견된 지역은 귀중한 가치를 지닌 곳으로 유네스코 문화유산으로 지정되었다. 그런데 2001년 2월과 3월 사이에 탈레반 정권이 폭약과 대포를 사용해 이 불상들을 파괴해버렸다. 이슬람 원리주의자들은 이 불상들이 우상 숭배의 대상이 되므로 이슬람 원칙에 어긋난다고 생각했기 때문에 이 같은 만행을 저질렀다.

마수드

뛰어난 용맹으로 세운 혁혁한 무훈 덕분에 '판시르의 사자'라는 별명을 지녔던 아흐메드 샤 마수드(1953년 1월 9일~2001년 9월 9일)는 아프가니스탄 저항군의 영웅이다. 북부 연합군 자미아트-이슬라미의 사령관이며 이슬람 군대의 최고 수장이었던 그는 소련 점령군을 상대로, 그 후에는 탈레반 정권을 상대로 투쟁을 벌였다. 그러던 그가 2001년 9월 9일, 아프가니스탄 북동부에 위치한 크와즈다 바후딘에서 자살 테러로 사망했다. 그의 죽음은 자유를 위해서, 또 모든 형태의 정치적·종교적 압박에 대항해서 싸운 용감한 인물의 위엄을 한층 더 빛나게 한다.

위: 불상이 사라져서 텅 빈 자리, 2002년
옆: 파괴되기 전 불상, 1994년 (스티브 맥커리)
왼쪽: 마수드 사령관, 카불, 1992년 (압바스)

10월 23일 모스크바 극장에서 체첸공화국 게릴라들이 수백 명의 관객들을 대상으로 인질극을 벌임. 러시아 특수부대원들이 투입되어 인질 구출 작전을 수행하던 중에 수많은 사망자 발생.

11월 19일 유조선 프레스티지 호가 포르투갈과 스페인 인근 해안에서 좌초, 기름으로 바다 오염.

12월 17일 킨샤사-콩고에서 평화 협정 체결됨.

2월 1일 미국 우주왕복선 컬럼비아 호 비행 도중 분해.

2월 10일 프랑스, 독일, 러시아가 미국과 영국이 제시한 이라크 개입안에 공식적으로 반대 의사 표명.

2월 15일 전 세계 600개 도시에서 이라크 전쟁 반대 시위.

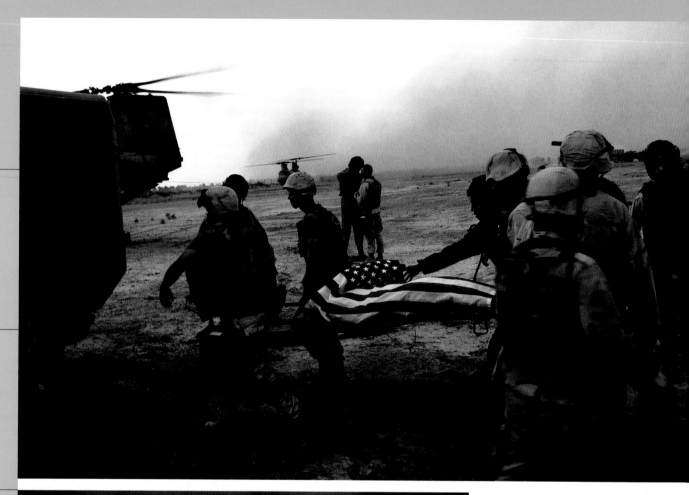

3월 20일 미국과 영국의 연합군이 나토의 승인 없이 이라크 공습을 시작함.

2003

이라크 전쟁

아프가니스탄의 탈레반 정권에 이어 이번에는 사담 후세인의 이라크가, 2001년 9월 11일 뉴욕 테러 이후 '악의 축'을 상대로 조지 부시 미국 대통령이 벌이는 전쟁의 표적이 되었다. 2003년에 시작된 이라크 전쟁은 이 지역의 지정학적 균형을 위협하며 대량살상 무기를 지니고 있다고 알려진(잘못된 정보임이 판명되었다) 독재자 축출을 목표로 삼았다. 바그다드 정권은 쉽사리 무너졌고 사담 후세인은 2003년 12월에 체포되었다. 그는 2006년 12월 30일 교수형에 처해졌다.

전쟁에 반대하라

래: 이라크 전쟁 반대 시위, 뉴욕, 2003년 3월 (필립 존스 그리피스)

국의 일부 여론과 대부분의 국제사회 여론은 미국의 이라크 침공이 정당하지도 않거니와 무런 득이 없다는 이유로 이 전쟁에 적대적인 입장을 취했다. 정당하지 않다는 근거는 전쟁은 유엔의 동의도 없이 미국이 일방적으로 결행했기 때문이며, 아무런 득이 없다고 수밖에 없는 이유는 전쟁 후 이라크는 내란으로 걷잡을 수 없는 수렁 속으로 빠져들었기 문이다. 그 와중에 미군과 영국군의 인명 손실 또한 계속 불어나고 있다.

쪽 위: 전사한 미군 장병의 후송, 2003년 4월 (알렉스 마졸리)

쪽 아래: 사담 후세인이 머물던 궁전 가운데 하나에 쏟아지는 공습, 2003년 3월 21일 (일카 위모넨)

, 시계방향으로: 미군의 바그다드 입성 후 사담 후세인의 동상을 부수는 이라크인들과 미국인들, 2003년 월 (일카 위모넨)

투가 끝난 뒤 전장으로 동생의 시체를 찾으러 온 한 남자를 저지하는 군인들, 2003년 (크리스토퍼 앤더슨)

허가 된 후세인의 궁전에서 여유로운 시간을 보내는 미군 병사들, 2003년 (토마스 드보르자크)

4월 9일 이라크에서 사담 후세인의 독재 체제 붕괴. 미국이 정권 장악.

5월 15일 아르헨티나에서 네스토르 키르슈너가 대통령에 당선.

5월 16일 모로코 카사블랑카에서 자폭 테러가 발생하여 41명 사망.

7월 17일 영국에서 유엔 감사원을 지냈으며 세균무기 전문가였던 데이비드 켈리가, BBC 방송과 영국 정부 간에 이라크 문제로 갈등이 빚어진 지 얼마 지나지 않아 죽은 채로 발견.

8월 1~15일 서유럽에 뜻하지 않은 혹서.

12월 14일 이라크에서 지하 동굴에 은신하고 있던 사담 후세인 체포.

문신과 피어싱

자신의 몸을 하나의 예술작품으로 만들기, 타인과 다름을 과시하기 혹은 반대로 자신이 특정 그룹에 소속되어 있음을 보여주기, 금기를 깨기, 또는 심리적 억압 상태에서 벗어나기 등. 이유야 어찌되었든 피어싱과 문신이 20세기 말부터 21세기 초반부에 걸쳐 대유행이다. 이러한 장식은 더 이상 유난히 반항심 많거나 아웃사이더로 머물러 있는 자들만의 전유물이 아니다. 어찌나 넓게 확산되었는지, 패션 액세서리만큼이나 보편화되었다고 해도 그다지 틀리지 않는다.

위와 오른쪽: (마르틴 파르)
옆: (질 페레스)

음악 화이트 스트라이프스의 앨범 「엘리펀트」 발매.

과학과 기술 초음속 비행기 콩코드 마지막 비행 | 폴크스바겐 사 비틀 생산 중단 | 우주탐사선 갈릴레오가 목성으로 발사됨 | 태양계 열 번째 행성을 발견했으나 논란이 계속됨.

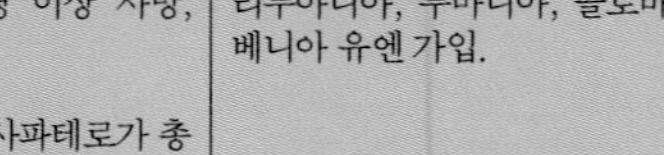

"문신은 일종의 영구 부적이며, 몸에서 떼어놓을 수 없는 살아 있는 장신구다."

미셸 투르니에

2004

2월 6일 모스크바 지하철에서 테러.

3월 11일 스페인 마드리드에서 이슬람 원리주의자들의 테러로 200명 이상 사망, 1,500명 이상 부상.

3월 15일 스페인에서 호세 사파테로가 총선에서 승리.

4월 2일 불가리아, 에스토니아, 레토니아, 리투아니아, 루마니아, 슬로바키아, 슬로베니아 유엔 가입.

4월 4일 이란이 비밀핵기지를 소유하고 있지 않다고 주장.

4월 28일 아부 그라이브에 수감된 이라크 포로들에게 미군이 고문과 모욕 등 잔혹행위를 저질렀음이 언론에 폭로됨.

5월 1일 유럽연합에 10개국이 새로이 가입. 사이프러스(그리스 영토), 에스토니아, 헝가리, 레토니아, 리투아니아, 몰타, 폴란드, 체코공화국, 슬로바키아, 슬로베니아.

9월 1~3일 체첸 게릴라들이 북오세티아 지역의 베슬란 학교 학생들을 대상으로 인질극을 벌임. 인질 구출을 위해 특수부대 요원들이 투입되는 과정에서 많은 어린이들을 포함하여 인질 335명 이상이 희생됨.

10월 9일 아프가니스탄에서 최초의 민주주의 선거.

10월 24일 브라질 최초의 위성 발사.

11월 11일 야세르 아라파트, 파리에서 사망.

12월 14일 프랑스에서 세계에서 가장 고도가 높은 밀로 다리 준공.

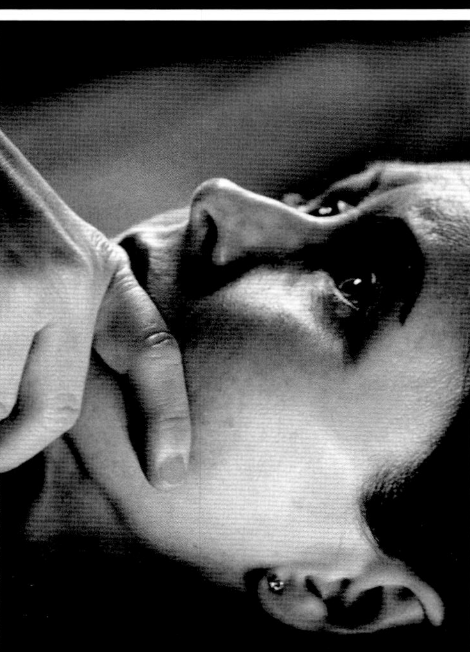

세상은 선한 자와 악한 자로 나뉘어져 있는 것이 아니라 부자와 가난한 자로 나뉘어져 있다.” 요한 바오로 2세

교황 요한 바오로 2세 서거

ㄹ마, 2005년

005년 4월 2일 바티칸에서 교황 요한 바오로 2세가 서거하자 전 세계 기독교인들이 ᄏ 슬픔에 잠겼다. 그는 28년간 교황직을 수행하면서 상당한 논란을 야기했다. ᄀ회를 개혁하고 다른 종교들과의 대화에 힘을 쓴 반면, 에이즈의 확산을 막는 유일한 ᄇ편인 콘돔 사용을 금지함으로써 적지 않은 사람들의 불만을 샀기 때문이다. 005년 4월 19일, 베네딕토 16세가 그의 뒤를 이어 265번째 교황이 되었다.

ㅏ올로 펠레그린)

“두려워 말라! 무엇을 두려워 하지 말라는 말인가? 무엇보다도 스스로에게 진실하기를 두려워 말라.”

요한 바오로 2세

영화 멜 깁슨 감독의 「패션 오브 크라이스트」가 격렬한 논쟁을 야기 | 마이클 무어 감독의 「화씨 9/11」이 칸영화제에서 황금종려상 수상.

사회 세계 노예제도 폐지의 해

12월 26일 인도양에서 발생한 해저 지진으로 쓰나미가 몰려와 25만 명 이상 사망.

"평화 협상은 지뢰가 잔뜩 깔린 곳에서 신혼 첫날밤을 보내는 것과 같다."
시몬 페레스

인티파다 재개

라말라(가자 지구) 소요 기간 중에 만난 팔레스타인 젊은이, 2000년

인티파다 또는 '투석전'은 점령지대에서 이스라엘 군대를 상대로 벌이는 항전을 가리킨다. 최초의 인티파다는 1987년에 시작되었고, 두 번째는 2000년에 재개되었다.

(크리스토퍼 앤더슨)

"그들이 한창 건설 중인 벽과 더불어 결국 정치적 게토가 생겨나게 될 것이다."
우나 킹, 평등을 위한 유대인위원회 회원이며 노동당 국회의원

2005

1월 9일 팔레스타인 대선에서 마흐무드 압바스가 승리.

2월 10일 북한이 핵무기를 가지고 있다고 선언.

2월 14일 레바논 전 수상 라픽 하리리 암살.

2월 16일 온실가스 배출 축소를 약정한 교토의정서 발효.

4월 2일 교황 요한 바오로 2세 서거.

4월 9일 영국 찰스 황태자가 카밀라 파커 볼스와 결혼.

"통곡할 만큼 한심한 사람들의 벽"

"인종차별의 벽"

"수치의 벽"
벽 건립을 반대하는 사람들이 이 벽을
묘사하기 위해 사용한 몇몇 표현

새로운 벽이 건설되다

칼킬리아(시조르다니)에 새로 만들어지는 벽에 반대하는 시위, 2003년

치안을 이유로 이스라엘은 2002년 이스라엘과 시조르다니 지역을 갈라놓는 벽을 쌓기 시작했다. 헤이그 국제사법재판소에서 불법이라고 판정을 내린 이 벽은 부분적으로 높이가 무려 8미터에 달하며, 이스라엘과 이웃 아랍국가들 간에 60년 전부터 이어져 내려오는 불화를 상징한다.

(파올로 펠레그린)

5월 29일 프랑스에서 유럽 헌법 제정에 대한 찬반을 묻는 국민투표에서 '반대'가 승리.

6월 29일 프랑스의 카다라슈가 핵융합발전기 ITER 건설 부지로 결정.

7월 7일 런던 지하철에서 테러.

7월 28일 북아일랜드에서 아일랜드 공화군이 35년간의 무력항쟁 종식.

8월 15일 팔레스타인의 가자 지역에 위치한 유대인 거주 지역 해체 시작.

8월 23일 미국에 몰아친 열대성 저기압 카트리나로 뉴올리언즈 일대 극심한 피해.

10월 1일 인도네시아의 발리섬 휴양지에서 여러 차례 폭탄 테러.

10월 8일 파키스탄에 강력한 지진 발생.

10월 19일 동족 학살, 반인류범죄, 전쟁 범죄 등의 죄목으로 체포 구금된 사담 후세인 재판 시작.

과학과 기술 토성의 가장 큰 위성인 타이탄에 관측기 장착 | 최초의 얼굴 부분 이식 수술.

스포츠 미국인 랜스 암스트롱이 프랑스에서 열리는 자전거 경기 투르 드 프랑스에서 7년 연속 우승. 그의 빛나는 경력은 하지만 약물 복용 등과 관련된 의심으로 다소 얼룩져 있음.

영화 클린트 이스트우드 감독의 「밀리언 달러 베이비」가 오스카상 수상.

"우크라이나인들은 13년 동안 독립적으로 살아왔다. 이제 그들은 자유다."

빅토르 유시첸코

우크라이나의 '오렌지 혁명'

1991년 소련이 붕괴하면서 독립국가연합의 회원국이 된 우크라이나는, 많은 어려움에도 불구하고 시장 경제와 민주주의를 받아들였다. 그러나 2004년 이전까지는 전혀 볼 수 없었던 대규모 시위와 파업이 연일 계속되어 온 나라가 요동쳤다. 이른바 '오렌지 혁명'이라 불리는 우크라이나 사태는 2004년 11월에서 12월 사이에 진행된 대통령 선거를 기점으로 하여 시작되었다. 외국인들로 구성된 선거 감시인단은 선거에 부정이 있었다고 보고했으며, 실제로 부정 행위가 적발되었다. 대통령 선거에 출마했던 빅토르 유시첸코와 그의 지지자들은 그가 패배했다는 공식적인 선거 결과를 인정하지 않았다. 그들은 전국적인 집회를 조직했으며 총파업을 선동했다. 철저한 감시 속에서 실시된 3차 투표에서 빅토르 유시첸코는 51.99퍼센트의 지지를 얻어, 44.19퍼센트의 지지를 얻은 경쟁자 빅토르 야누코비치를 물리치고 우크라이나공화국의 대통령에 당선되었다.

위: 키에프에서의 시위, 2004년 11월 (토마스 드보르자크)
옆: 빅토르 유시첸코, 2004년 11월 (토마스 드보르자크)

**“러시아 군대는 우리가 보는 앞에서 체계적인 살상을 저질렀다.
그로즈니는 지도에서 거의 완벽하게 사라져버렸으며,
수백 개의 다른 지역도 같은 운명에 놓였다.”** 아슬란 마스카도프, 저항군 사령관

절망에 잠긴 체첸공화국

로즈니, 2002년 3월

시아연합을 구성하는 공화국이었던 체첸공화국은 독립을 주장했으나 중앙권력은
를 거부했다. 그 때문에 1994년 이래로 전면전과 게릴라전이 끊임없이 이어지고 있다.
허가 된 수도 그로즈니에서 보듯이, 체첸공화국은 완전히 폐허가 되어버렸다. 푸틴 대통령은
시아 군대가 저지르는 만행을 승인했을 뿐 아니라, 부패를 이유로 들어 분리를 주장하는
대 세력들의 독립 의지를 잠재우려는 야심을 감추지 않는다. 체첸분리주의자들은 강력한
족주의로 고양되어 있으며, 이슬람 신앙도 이들의 정신 무장 강화에 일조하고 있다.

마스 드보르자크)

2006

1월 15일 칠레 대선에서 미첼 바첼렛이 당선. 칠레 최초의 여자 대통령.

1월 17일 국제사회가 베이징에 모여 조류독감을 퇴치시키기 위한 자금 투자에 동참할 것을 호소.

6월 3일 몬테네그로 독립 선언.

6월 8일 알 카에다 이라크 책임자였던 테러리스트 아부 무사브 자르카위 사망.

7월 12일 이스라엘과 레바논 갈등 재개.

7월 30일 콩고민주공화국에서 1960년 이후 처음으로 민주선거 실시.

10월 9일 북한 최초의 핵실험 강행.

12월 10일 오랫동안 독재 권력을 유지해왔던 칠레의 아우구스트 피노체트 사망.

12월 30일 이라크의 사담 후세인이 148명의 마을 주민을 살해한 죄로 교수형에 처해짐.

과학과 기술 우주 공간에서 50억 킬로미터 이상을 주행한 미국 탐사선 스타더스트 호가 지구에 혜성 먼지를 운반해 옴 | 닌텐도 위 출시.

사회 최초로 정보 사회의 날이 제정됨.

“개인의 기량이 가장 중요한 건 아니다. 이기고 지는 것은 팀이다.”

지네딘 지단

"도덕성의 본질과 인간의 의무에 관해 내가 아는 모든 것은 축구에 빚지고 있다"

알베르 카뮈

축구광

국가대표 축구팀이 다섯 번이나 세계 챔피언에 등극한 브라질은 축구를 위해 선택받은 땅이라고 할 수 있다. 축구는 국경을 초월하며 전 세계에서 대단한 인기를 누리고 있다.

왼쪽: 리우데자네이루에 진열되어 있는 유니폼 (레이몽 드파르동)
시계 방향으로: 모로코(브뤼노 바르비), 일본(마르틴 파르), 이란(압바스), 사우디아라비아(압바스), 포르투갈(토마스 회프커)

변함없이 창궐하는 에이즈

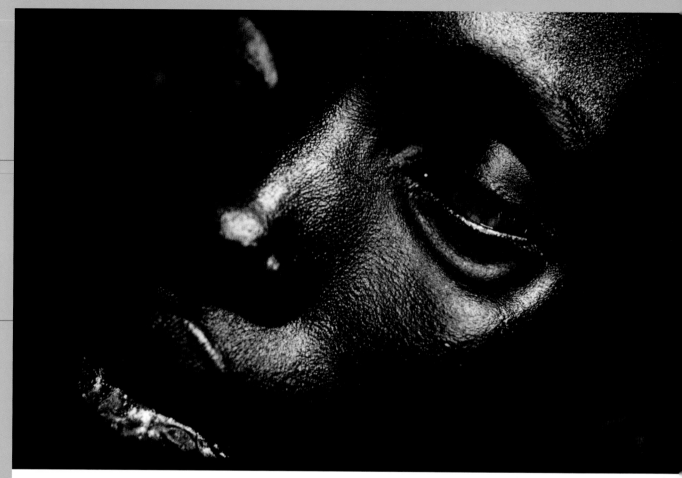

에이즈 바이러스가 발견된 지 20년이 지난 지금, 이 질병으로 가장 심한 타격을 받은 대륙은 아프리카다. 일부 국가에서는 에이즈 때문에 인구 다섯 명 중 한 명꼴로 사망할 정도다. 이와 같은 현상은 공중 보건이나 인구 면에서는 물론 경제 면에서도 심각한 결과를 초래한다. 요컨대, 이 질병의 창궐은 아프리카 대륙이 안고 있는 수많은 문제점들을 더욱 어렵게 만들고 있다.

위: 에이즈를 앓는 여자 환자, 우간다, 1995년 (파올로 펠레그린)

옆: 에이즈 퇴치를 위한 벽화, 남아프리카공화국, 2005년 (브뤼노 바르비)

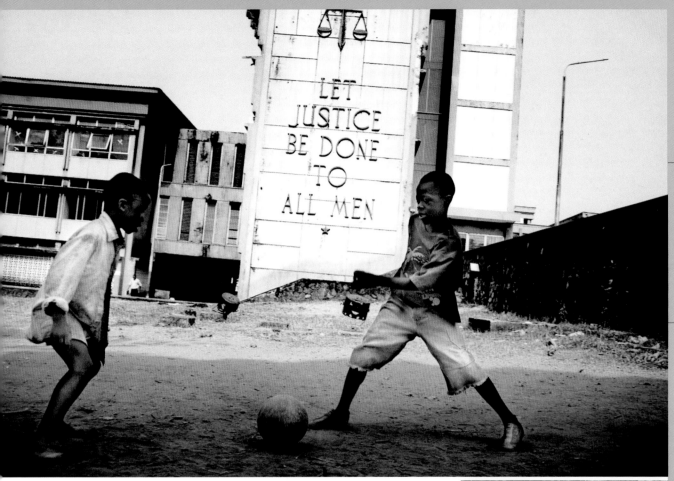

"우리는 계속해서 잊혀진 이 난민들을 도와달라고 국제사회에 호소할 것이다. 이들의 생존은 우리에게 달려 있다."

테세마 네가슈, 케냐의 세계식량프로그램 담당자

다르푸르와 라이베리아에서의 분쟁

ㅏ르푸르는 20년 전부터 격렬한 내란과 기근에 시달리고 있으며, 이로 인해서 수천 수만의 ᅮ단인들이 고향을 등지고 있다. 이 지역은 카르툼 정권의 감시가 소홀한 틈을 타서 혹은 이들과 공모했을 수도 있다) 부족 간의 전쟁을 부추기고 있는 잔자위드 용병대 때문에 ㅣ해를 입고 있다. 다르푸르 분쟁으로 이미 30만 명이 넘는 사망자가 발생했으며, 00만 명이 넘는 난민이 발생했을 것으로 추정된다.

ᅡ편, 15년 동안 참혹한 내란이 계속되어온 라이베리아에 대해서 유엔은 2003년 종전을 명령했다. ᅡ이베리아는 세계에서 가장 가난한 나라 가운데 하나로 분류된다.

ㅓ: 라이베리아, 2006년. 건물에 새겨진 글귀: 모든 사람들에게 정의가 행해지도록 하라 (파올로 펠레그린)
ᅧ: 차드의 다르푸르에 세워진 난민 수용소, 2007년 (토마스 드보르자크)

"내 임기가 끝날 때 브라질에 하루 세 끼 식사를 하지 못하는 사람이 한 명도 없게 된다면, 나는 내 인생에 부여된 사명을 다했다고 생각할 것이다." 룰라, 당선 후 첫 대국민 연설

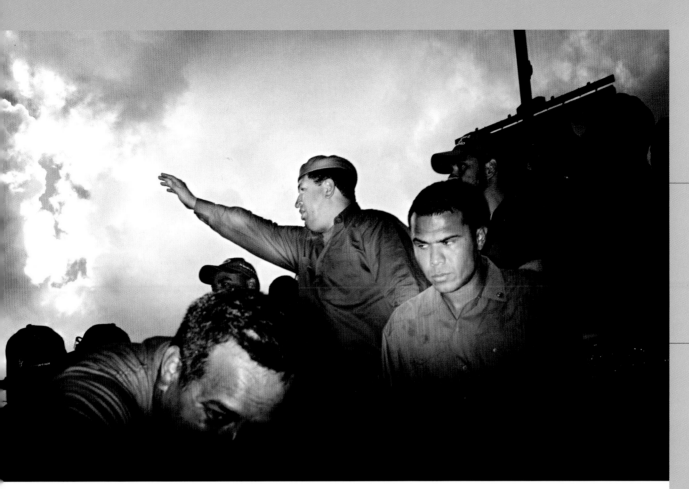

브라질 대통령에 당선된 룰라

002년, 루이스 이냐치오 룰라 다 실바, 보통 '룰라'라고 불리는 이가 브라질 대통령에 당선되면서 브라질 국내는 물론 국경 너머 이웃나라에서까지도 온통 열광의 도가니를 이루었다. 빈민 가정에서 태어나 노동자로 근무하면서 노동조합원으로 활동한 룰라는 불평등이 극도에 달한 브라질 사회를 변화시키고 가난한 사람들을 돕겠다고 천명했다. 초기 의욕에 비해 그다지 훌륭하지 못한 성과와 부패 스캔들에도 불구하고 그는 2006년 선거에서 대통령에 재선되었다. 알렉스 마졸리)

베네수엘라 대통령에 당선된 차베스

우고 차베스는 1999년 이후 베네수엘라 대통령으로 재임하고 있다. 그는 다분히 포퓰리즘 경향이 짙은 사회주의 정책을 실행 중이다. 차베스 대통령은 석유를 국유화했으며, 라틴 아메리카 대륙의 다른 나라들과 긴밀한 관계를 유지하는 데 전력을 다하고 있다. 이는 베네수엘라의 영향력을 확산시키려는 목적뿐 아니라, 차베스가 부정적으로 생각하는 미국의 영향력을 차단하려는 계산에 따른 것이다. 차베스는 대안적 세계화를 지지하는 대표적인 정치가 가운데 한 명이다.

위: 우고 차베스, 카라카스, 2006년 (크리스토퍼 앤더슨)
옆: 깃발을 파는 상인, 상파울루, 브라질, 2003년 (페르디난도 시아나)

대건축가들이 지은 거대 박물관

위: 쿠리티바, 브라질, 오스카 니마이어가 지은 누오보 무세오(신박물관)

흔히 '눈'이라는 별명으로 불리는 이 현대미술관은 우리 시대 건축 거장 가운데 한 명인 오스카 니마이어의 작품이다. 그는 브라질에 여러 건축물을 남겼다. (패트릭 자크만)

옆: 프랭크 게리가 설계한 빌바오 구겐하임 미술관

프랭크 게리 건축사무소가 설계한 이 현대미술관은 그 자체로서 하나의 예술 작품이다. 이 건축물은 철과 돌, 티타늄과 물을 주요 컨셉으로 하여 구상되었다. 구겐하임 미술관은 빌바오 도시와 스페인 바스크 지역 전체의 랜드마크가 되었다. (데니스 스톡)

오른쪽: 런던 테이트 모던갤러리에 설치된 덴마크 출신 예술가 올라푸르 엘리아슨의 작품

이 설치 미술 작품은 2003년 방문객들에게 매우 독특한 경험을 선사했다. 미술관에 들어와 일광욕을 하게 해준 것이다! 관람객들은 눕거나 앉아서 이 따뜻하고 평온한 오렌지빛 공간 속에서 충분히 해바라기를 즐겼다. (피터 말로)

“여성의 몸에 경의를 표하는 건축물들”

오스카 니마이어

"처음엔 그저 대수롭지 않은 일이라고 생각했다. 곧 엄청난 일이 벌어졌다. 그들은 곧 구조대가 도착할 거라고들 말했다. 하지만 헛소리였다. 도대체 구조대는 어디 있단 말인가?"

레이 나긴, 뉴올리언즈 시장

"이 재앙은 우리가 예상했던 것보다 훨씬 끔찍하다. 수십 킬로미터에 걸쳐서 남은 거라곤 아무 것도 없었다."

존 버드, 유니세프 책임자

열대성 저기압 카트리나

열대성 저기압 카트리나가 2005년 8월 29일 뉴올리언즈를 덮쳤다. 이 태풍은 일찍이 경험하지 못한 강력한 힘으로 방파제들을 무너뜨렸으며, 거대한 홍수를 몰고와 뉴올리언즈와 루이지애나 일대가 완전히 물에 잠겼다. 태풍이 지나간 후 이 지역은 비탄에 잠겼다. 수백 명이 목숨을 잃었고, 수천 명의 이재민이 발생했다. 태풍으로 인한 재산 손실은 수십 억 달러에 이른다. 구조의 지연과 비효율성으로 말미암아 부시 정권은 한때 루이지애나 지역 주민의 대다수를 구성하는 흑인들의 복지에 무관심하다는 비난을 감수해야 했다.

(토마스 드보르자크)

아시아에 몰아닥친 쓰나미

인도네시아, 2005년

004년 12월 26일, 인도양에 면한 아시아 국가들의 해안은 거대한 쓰나미에 휩쓸렸다. 지진으로 발생한 이 거대한 파도는 인구가 밀집한 해안 일대를 집어삼켰으며, 엄청난 인명 손실을 초래했다. 30만 명 이상이 죽고 00만 명 이상이 재난을 당했다.

(파올로 펠레그린)

"이 도시들은 오염 수준에 따라 세계에서 가장 최악으로 판정된다. 인간과 환경에 위협을 주지 않는 수준보다 몇 배는 더 심각한 인구 집중이 그 원인이다."

유엔 발전 프로그램 보고서

거대 도시들과 오염

계화는 여러 기능을 복합적으로 행사하며 광대한 영역에 걸쳐 조성되는 대도시들의 형성을 추긴다. 그 중에서도 가장 거대한 도시들, 예컨대 인구 1,000만 명이 넘는 도시들은 가폴리스, 즉 '거대 도시'라고 부른다. 상파울루, 뉴욕, 상하이 같은 도시들이 대표적이다. 거대한 도시들은 공간 포화, 교통 체증, 오염 등 거대한 규모 때문에 발생하는 특수한 문제들과 면하게 된다. 상파울루는 특히 재활용을 장려하고 오염을 축소시킬 수 있는 새로운 기술을 전시키는 면에서 돋보인다.

쪽 위: 상하이 (토마스 회프커)
쪽 아래: 상파울루 (스튜어트 프랭클린)
: 뉴욕 (히로지 구보타)

"나는 표면 아래로 가고 싶다. 내가 나뭇잎이나 돌, 나뭇조각을 가지고 작업을 할 때 흥미를 느끼는 건 소재 그 자체가 아니라, 그 소재 내부 또는 주위에 펼쳐지는 생명의 과정이며 그 속으로 들어갈 수 있는 열린 가능성이다. 내가 작업을 끝낸 이후에도 이 과정은 계속된다." 앤디 골드워디

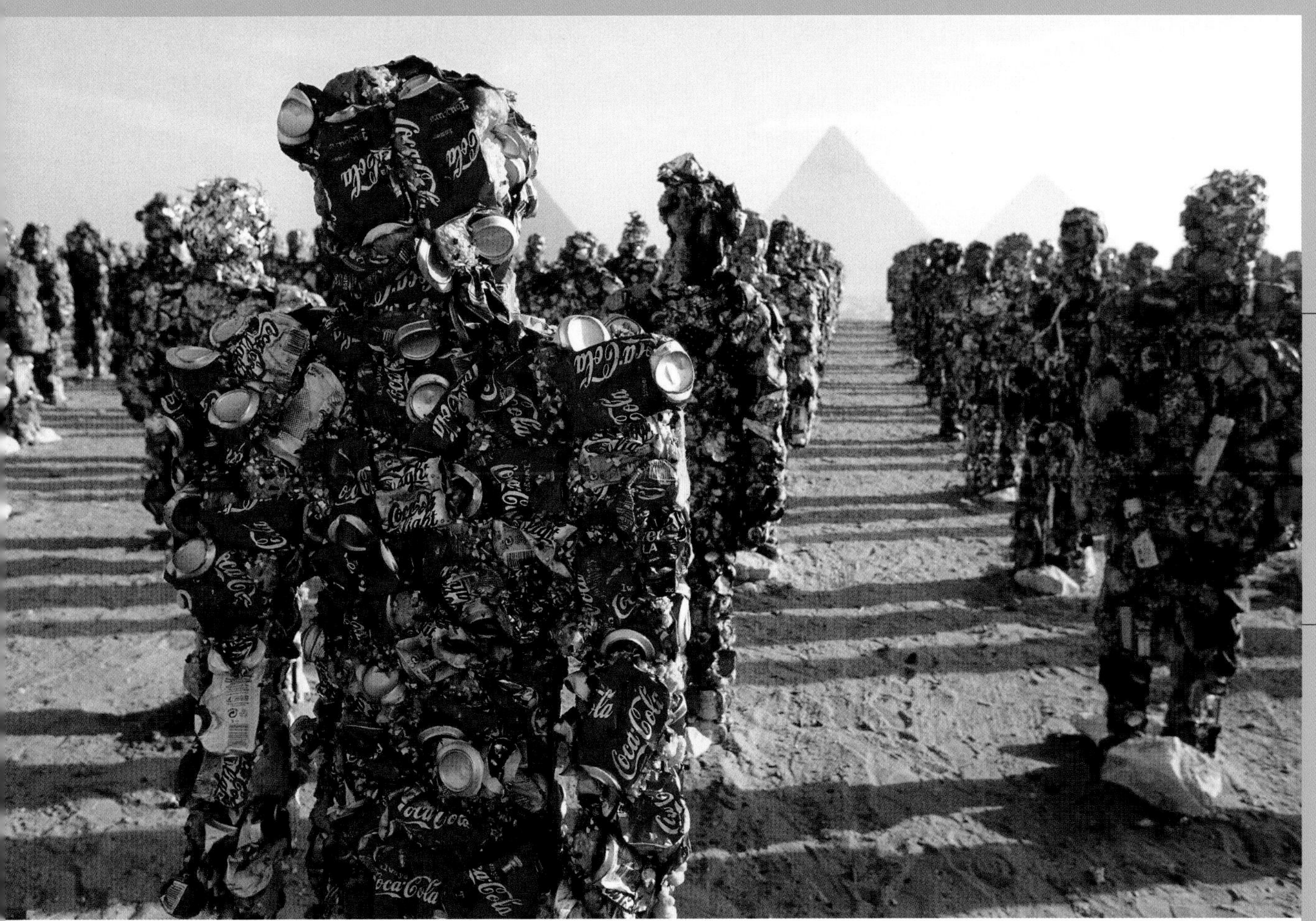

자연에 관심을 기울이는 예술가들

메트로폴리탄 뮤지엄에서 전시회를 갖는 앤디 골드워디, 뉴욕, 2004년

랜드 아트(Land Art)는 경치와 자연을 예술 행위의 중심에 놓는 현대 예술의 새로운 사조를 가리키는 말이다. 앤디 골드워디는 이 랜드 아트의 중심을 이루는 예술가로서, 오로지 자연에서 얻어지는 재료만을 가지고 작품을 만든다. 따라서 그의 작품은 영구적일 수 없고 일시적이다. 작품의 소멸 시기는 몇 초부터 몇 년까지 다양하다.

알렉 소스)

H. A. 슐트의 설치 작품 '쓰레기 인간', 이집트, 2002년

'쓰레기 인간'은 무기물 쓰레기들을 가지고 인간 크기로 만든 천 여개의 조각으로 구성되어 있다. '행위 예술'의 추종자인 독일 출신 작가 슐트는 이 '군대'를 중국의 만리장성, 파리, 모스크바, 이집트의 기자(2002년) 등 전 세계 곳곳에서 전시했다. 쓰레기로 만든 이 조각들은 인간이 인간이 이룩한 문명에 의해 파멸된다는 상징적인 의미를 담고 있다.

토마스 회프커)

“정치는 미인대회에 비하면 한낱 어린애 장난에 불과하다.”

이레네 샹스, 베네수엘라 출신 미스 유니버스

"15퍼센트. 프랑스에서 비만 판정을 받은 어린이의 비율이다.
20년 전에 비해서 3배가 늘어난 수치다." 『르 몽드』 2006년 1월 20일

잘못된 식생활과 비만

일본, 1998년

몇 해 전부터 '잘못된 식생활'이라는 주제는 선진국 국민들과 통치자들에게 중요한 화두로 자리잡았다. 그럴 수밖에 없는 것이, 잘못된 식생활 때문에 지출해야 하는 사회적 비용이 엄청나게 커졌기 때문이다. 잘못된 식생활은 심장 순환계통 질병을 일으키며 비만으로 이끄는 첩경이다.

(마르틴 파르)

지나치게 마른 모델들에게로 향하는 우려의 목소리

뉴욕 패션 위크, 2005년 2월

대부분의 패션쇼에는 굉장히 마른 모델들이 등장하며, 이들 중에는 실제로 거식증 환자도 있다. 이 때문에 일부 여론은 이렇게 마르고 뼈가 앙상한 모델들이 청소년들에게 본보기가 될 수도 있음을 들어 불만을 토로한다. 2006년, 스페인은 너무 말랐다고 인정되는 몇몇 모델들의 패션쇼 출연을 세계 최초로 금지시켰다.

(게오르기 핀카소프)

마르틴 파르

"나는 음식 사진을 찍는 것이 우리 사회의 풍경을 바라보는 아주 좋은 방식임을 깨닫고는 적잖이 놀랐다. 내가 찍은 음식들은 대부분 공장에서 생산된 제품들이었고, 이는 부분적으로 빠르게 세계화가 진행되고 있음을 보여준다고 생각한다."

"이 작은 콩을 보렴. 이건 바로 여기야. 우리가 사는 곳이지. 이게 우리야. 인류 역사를 통해서 우리가 느낀 모든 기쁨, 모든 고통, 수천 가지의 종교, 이념, 경제 이론, 사냥꾼, 영웅, 배신자, 문명의 창조자와 파괴자, 제왕과 농부, 사랑하는 연인, 엄마, 아버지, 희망에 가득찬 어린 아이들, 도덕주의자, 부패한 정치가, 슈퍼스타, 위대한 지도자, 성인, 죄인들이 모두 여기에 살았지, 이 한 줄기 햇살 속에 매달린 콩알 만한 먼지 덩어리 속에서 말야."

칼 사강

온난화 현상

몇몇 재앙 시나리오에 따르면, 지구온난화로 극지방의 빙하가 녹아 해수면이 높아지면서 결국 인류가 물 속에 잠겨 멸망할 수도 있다. 이 현상을 일으키는 주범으로 지목된 온실가스의 배출을 줄이기 위해 여러 나라가 동의했다. 이것이 바로 현재까지 156개국이 비준하고(미국과 오스트레일리아는 비준하지 않았다), 2005년 2월부터 발효된 교토의정서의 성과 중 하나다. 지구온난화로 멸종 위기에 처한 북극곰은 위협받는 환경의 상징이 되었다.

대체 에너지

재생 가능하며 환경을 오염시키지 않는 에너지의 개발은 분명 21세기 인류가 해결해야 하는 커다란 숙제일 것이다. 최근 연구는 온실가스 배출이 전혀 없는 바람을 최대한 활용하는 방식, 또는 태양열이나 지열 이용에 집중되고 있다.

우리 자신이 어쩌면 새로운 멸종 부류에 속하게 될지도 모른다."

허버트 리브스

왼쪽: 센트럴 파크 동물원의 북극곰, 뉴욕 (토마스 회프커)

웨일즈 지방의 풍력 발전기, 2004년 (이언 베리)

사진작가에 대하여

고미, 장 Gaumy, Jean

1948년에 태어나 프랑스 남서부 지역에서 성장했다. 1969년부터 1972년까지 대학에서 문학을 전공하면서, 루앙에 기반을 둔 지역신문의 기자 겸 사진작가로 데뷔했다. 그후 1973년 감마 에이전시에 소속되었다가 4년 후 매그넘으로 자리를 옮겼다. 그는 프랑스의 병원과 구치소를 찍은 최초의 사진작가이며, 유럽, 아프리카, 중앙아메리카, 중동 지역 등을 여행하며 많은 르포르타주를 남겼다. 농어촌 사람들의 삶에 관심이 많아 농촌 지역과 물과 관련된 직업에 종사하는 사람들의 사진을 많이 찍었다. 또한 자신이 각본을 쓴 다큐멘터리 영화도 여러 편 만들었다.

구보타, 히로지 Kubota, Hiroji

1962년 도쿄의 와세다 대학에서 정치학 공부를 마친 그는 사진작가가 되고 싶다고 어머니에게 선언하고 곧바로 미국으로 건너가 공부를 시작했다. 1970년 매그넘에 합류해 한국과 중국에서 사진을 찍기 시작했으며, 여러 차례 상을 받았다. 아시아 여러 나라에서 찍은 사진을 묶어 『아웃 오브 이스트』(1997년)라는 책으로 출간했다.

그뤼아르트, 하리 Gruyaert, Harry

1941년에 태어나 1960년부터 1963년까지 브뤼셀 영화텔레비전학교에서 공부했다. 파리로 건너가 패션과 광고 분야에서 일하면서 플랑드르 지역 텔레비전 사진부 책임자로 활동했다. 이 경험 덕분에 사진에 대한 예리한 감수성을 키울 수 있었으며, 날카로운 감각을 세계적 규모의 여러 프로젝트를 수행하면서 십분 발휘했다. 1970년대 내내 그는 사진의 새로운 기법과 색채의 영역을 넓히는 선구자로 군림했다. 이런 경력을 배경으로 1981년 매그넘 에이전시에 합류해 자연스럽게 매그넘의 색채전문가로 통하게 되었다. 여행을 계속하며 도시나 해양, 농촌 풍경을 찍는 다양한 기법을 연마하기도 한 그는 특히 완벽한 구도와 구성으로 아름다움이 넘치는 사진을 찍는다. 그가 현대 예술에 지대한 영향을 끼쳤다는 평가에 아무도 이의를 제기하지 않는다.

그리피스, 필립 존스 Griffiths, Philip Jones

웨일즈의 러들랜드에서 태어나 주로 런던에서 일하면서 『맨체스터 가디언』 지를 위해서 파트타임으로 사진을 찍었다. 1971년 베트남 전쟁을 소재로 한 『베트남 Inc.』가 출간되면서 유명해졌다. 이 책은 여론을 형성하는 데 크게 영향을 끼쳤으며, 미국의 베트남 개입에 대한 서구 사회의 의혹을 기록했다는 점에서 중요한 책으로 평가받는다. 1966년에 매그넘 준회원이 되어 1971년부터는 정회원으로 활동 중이다.

글린, 버트 Glinn, Burt

1925년 피츠버그에서 태어나 하버드 대학에서 문학을 전공하면서 대학신문인 『하버드 크림슨』에 사진이나 기사를 기고했다. 학업을 마친 후 『라이프』에서 일하다가 독립했다. 1951년에 글린은 이브 아놀드, 데니스 스톡 등과 함께 매그넘의 준회원이 되었는데, 당시 이들은 이제 막 설립된 젊은 에이전시에 합류한 최초의 미국인들이었다.

데이비슨, 브루스 Davidson, Bruce

1933년에 태어나 아주 어린 나이에 일리노이 주 오크파크 거리에서 사진의 매력에 빠져들었다. 군대에 입대한 후 파리로 파견된 덕분에 앙리 카르티에-브레송과 만날 기회를 얻었다. 제대를 앞두고 1957년부터 『라이프』에서 일했으며, 1958년에 매그넘의 회원이 되었다. 1970년에는 『대륙을 떠나며』를 비롯하여 여러 편의 영화를 만들었으며, 1986년에는 뉴욕 지하철을 찍은 컬러 사진 작품 전시회를 열었다. 1991년부터 파노라마 사진기와 와이드 앵글을 이용해서 센트럴 파크 연작을 찍고 있다. 그는 뉴욕에서 살면서 작업한다.

드보르자크, 토마스 Dworzak, Thomas

1972년 독일의 쾨츠팅에서 태어났다. 스무 살이 되기 조금 전부터 유럽과 중동 지역을 여행하면서 사진을 찍기 시작했다. 옛 유고슬라비아 전쟁을 카메라에 담은 후, 1993년부터 1998년까지 조르지아에 머물렀다. 이 시기에 그는 카라바 고지대와 아브카지 지역에서 벌어지는 체첸공화국 전투를 취재했다. 특히 911테러와 관련된 분쟁을 주로 다루고 있다.

드케이저, 칼 De Keyzer, Carl
1958년 벨기에에서 태어나 강 미술학교에서 영화와 사진을 공부했다. 그후 1982년부터 1989년까지 교사로 일했다. 이와 병행해서 독립 사진작가로 활동하면서 다양한 주제의 사진을 찍어 출판했다. 그는 XYZ 사진갤러리 창립자이면서 공동경영자이기도 하다. 여러 번의 수상 경력도 지니고 있다.

드파르동, 레이몽 Depardon, Raymond
열두 살 때 처음 카메라를 선물 받은 후 독학으로 사진을 익힌 그는 동료들과 감마 에이전시를 설립했다. 1975년부터 1977년까지 차드에 머물면서 찍은 사진들로 퓰리처상을 받았다. 1978년에 감마 에이전시를 떠나 매그넘의 준회원이 되었다가 이듬해 정회원이 되었다. 1980년에 뉴욕에서 작업한 결과를 프랑스 일간지 『리베라시옹』으로 보냈고, 1984년에는 다타르(datar 프랑스 국토균형 발전 계획)의 일환으로 프랑스의 도시와 농촌 사진 촬영 업무를 수행한다. 1991년에는 국립사진대상을 받았으며 사진 작업과 병행하여 다큐멘터리 영화도 여러 편 제작했다.

라레인, 세르지오 Larrain, Sergio
1931년 칠레의 산티아고에서 태어나 1949년 사진작가로 데뷔하기 전까지 음악을 공부했다. 1953년 산티아고에서 처음으로 전시회를 열었으며, 그후 길거리의 아이들을 찍어달라는 주문을 받았다. 1956~57년에는 『오 크루제이로』 잡지에서 일했으며, 유럽으로 건너와 프리랜서로 일하다가 1959년 매그넘에 합류했다. 1961년 칠레로 돌아간 후에는 라틴 아메리카 여러 나라를 두루 여행했다. 오스카 이차조로부터 요가를 배웠으며, 1970년 이후로는 사진을 찍지 않는다.

라이, 라구 Rai, Raghu
오늘날 파키스탄의 영토에 편입된 자항의 작은 마을 출신이다. 1965년에 처음으로 사진을 찍기 시작했으며, 곧 『스테이츠먼』 사진기자로 취업했다. 1971년 파리에 전시된 그의 작품을 인상 깊게 본 앙리 카르티에-브레송은 1977년 그에게 매그넘에 합류하도록 권유했다. 1982년 그는 『인디아 투데이』의 사진 책임자에 임명되었으며, 현재 인도 전문가로 활동하고 있다.

라이언, 대니 Lyon, Danny
1942년 미국에서 태어나 1963년부터 평화주의 비폭력 학생 단체의 일원으로 활동했다. 1967년에는 매그넘을 위해 세계 노사문제를 취재했으며, 구겐하임 재단의 지원을 받아 여러 개의 영화를 제작했다.

레싱, 에리히 Lessing, Erich
영국 군대에서 조종사, 사진사로 복무한 뒤 1947년 고향 빈으로 돌아온 레싱은 AP통신에서 리포터 겸 사진기자로 일했다. 그는 1950년 스트라스부르에서 최초의 유럽이사회를 취재하러 온 매그넘 창립 멤버 데이비드 세이무어를 만나, 그의 권유로 매그넘에 합류했다. 레싱은 1955년 매그넘의 정회원이 되었다.

르케렉, 기 Le Querrec Guy
기 르케렉이 사회를 향해 던지는 정치적 시선과 재즈를 향한 열정은 그의 사진에 짙게 배어난다. 1941년 브르타뉴 서민 가정에서 태어난 그는 청소년 시절에 울트라플렉스 4.5×6을 가지고 처음으로 사진을 찍었다. 1950년대 말에는 런던에서 재즈 음악가들을 집중적으로 찍었으며, 그후 10여 년 동안 프랑스어권 아프리카를 돌아다니며 르포르타주에 전념했다. 1976년에 매그넘에 합류하면서 중국과 아프리카, 북아메리카 인디언들을 찍었으며, 음악가와 사진작가들의 합동 즉흥연주에 지대한 관심을 보여 1983년, 1991년, 1993년, 세 차례에 걸쳐 공연을 열기도 했다.

리부, 마르크 Riboud, Marc
1923년 프랑스의 리옹에서 태어났다. 1943년부터 1944년까지 레지스탕스로 활동한 후 리옹의 에콜 상트랄에 입학한다. 1950년 엔지니어를 그만두고 사진에 전념하기 시작한다. 그로부터 2년 후 앙리 카르티에-브레송과 로버트 카파의 권유를 받아들여 매그넘에 합류한다. 1955년부터는 인도 전역을 여행하며 아시아 여러 국가와 중동 지역을 취재한다. 1966년에 중국에 관한 책을 출간했으며, 1970년에는 베트남에 관한 책을 펴냈다. 그 성과로 오버시즈 프레스클럽에서 수여하는 상을 받았다.

마노스, 콘스탄틴 Manos, Constantine
그리스에서 이민을 와 남부 캐롤라인에 정착한 가정에서 1934년에 태어났다. 사진작가로서의 경력은 그가 열세 살 되던 해 학교 사진클럽에 가입해 활동하면서 시작되었다. 그후 보스턴 심포니오케스트라를 주제로 작업한 르포르타주가 『교향악의 초상화』라는 제목의 책으로 출간되어 그를 세상에 알렸다. 매그넘에 합류한 것은 1963년으로, 그 전까지는 미국 흑인들의 인권 운동을 주로 찍었다. 1976년, 미국 독립 200주년을 맞이하여 『보스턴 사람들』이라는 제목의 멀티미디어 프로젝트를 완성했다. 1982년부터는 컬러로 미국의 팝 문화를 취재, 1995년 책으로 출간했다.

마졸리, 알렉스 Majoli, Alex
1971년 이탈리아의 라벤나에서 태어났다. 어렸을 때부터 사진에 관심을 가졌던 그는

1945년 열다섯 살의 나이로 고향에 있던 스튜디오45에 들어갔다. 그는 몇몇 사진 에이전시를 위해 사회 문제를 다룬 다큐멘터리 작품을 만들었다. 1989년에는 전업 사진 저널리스트가 되었으며, 그라치아 네리 에이전시에 합류하여 이탈리아의 종교, 발칸 반도의 전쟁 등을 다룬 '사진 소설'을 제작한다. 1994년, 어린이 복지를 위한 세계포럼(IFCW) 프로젝트의 일환으로 30개국 어린이들의 삶을 취재했다. 현재 그는 뉴욕과 밀라노에서 거주하며 작업한다.

말로, 피터 Marlow, Peter

1952년에 영국에서 출생한 말로는 영국에서 가장 상상력 풍부하고 인기 많은 보도사진 작가로 알려져 있다. 그는 1977년 파리의 시그마 에이전시에 합류한 이래 줄곧 국제적인 사건들을 취재했다. 1970년대에 그가 취재한 레바논 사태나 북아일랜드 분쟁 등은 그에게 사진기자로서의 국제적인 명성을 안겨주었다. 1983년 '밤의 런던'이라는 프로젝트를 완수했으며, 1988년 리버풀에 관한 책을 출간했다.

맥커리, 스티브 Mccurry, Steve

전 세계에서 가장 위대한 사진작가 가운데 한 명으로 인정받고 있으며, 여러 개의 권위 있는 상을 수상했다. 감성에 호소하는 컬러 사진으로 잘 알려진 맥커리는 가장 전통적인 다큐멘터리 기법을 통해 전투나 인간의 기쁨의 진수를 표현하기 위해 고심한다. 그가 찍은 사진들 가운데 상당수가 현대의 아이콘이 되었다.

메이셀라스, 수전 Meiselas, Susan

그녀의 비중 있는 최초의 르포르타주는 뉴잉글랜드의 지역 축제에서 스트립쇼를 하는 여인들의 삶을 다룬 작품들이다. 1976년에 매그넘에 합류한 그녀는 특히 니카라과 항거와 라틴아메리카 인권 문제 취재로 널리 알려졌으며, 이 르포르타주는 전 세계로 보급되었다.

모라스, 잉게 Morath, Inge

1923년 오스트리아의 그라츠에서 태어났다. 사진작가 에른스트 하스의 친구였던 그녀는 하스가 찍은 사진들에 글을 썼으며, 그러다가 로버트 카파의 권유로 이제 막 탄생한 매그넘에 합류하게 되었다. 그녀는 1951년 런던에서 사진을 찍기 시작했으며, 1953년과 1954년에는 앙리 카르티에-브레송의 조수로 일했다. 그녀는 1955년 사진 경력 2년 만에 매그넘의 정회원이 되었다. 1965년에는 소련에, 1978년에는 중국에 체류하면서 취재했으며, 1984년 코네티컷 대학이 수여하는 미술 명예박사 학위를 받았다. 1992년에는 오스트리아 사진대상을 수상했다.

바르비, 브뤼노 Barbey, Bruno

1941년 모로코에서 태어나, 스위스 베베이에 있는 기술학교에서 시각디자인을 공부했다. 40년 동안 바르비는 오대륙을 여행, 분쟁 중인 수많은 나라를 누비며 취재했다. 그는 '종군 사진작가'라는 호칭을 한사코 거부하면서도, 나이지리아 내전을 비롯해 베트남, 중동, 방글라데시, 캄보디아, 북아일랜드, 이라크, 쿠웨이트 등 여러 곳의 전쟁을 취재했다. 1968년부터 매그넘의 정회원으로 활동하고 있다.

바르암, 미차 Bar-Am, Micha

베를린에서 태어나 1968년부터 매그넘 특파원으로 활동하고 있으며, 1936년에 가족과 함께 이스라엘(당시에는 팔레스타인)에 정착했다. 주로 1956년 시나이 전쟁 이후 이스라엘과 아랍 분쟁을 취재하고 있다.

베리, 이언 Berry, Ian

1934년 영국의 랭커셔에서 태어났다. 20대 청년이던 시절 남아프리카공화국에 정착하여, 1960년 샤프빌의 대학살을 시작으로 그곳에서 벌어지는 크고 작은 정치적 대변동을 목격했다. 당시 『랜디 데일리 메일』과 아프리카 잡지 『드럼』에서 일했다. 그가 유럽으로 돌아오자, 앙리 카르티에-브레송이 1962년부터 매그넘에서 일하도록 주선했다. 1972년부터는 특히 극동 아시아 취재에 관심을 기울이고 있으며, 1978년에는 『디 잉글리쉬』를 출간했다. 작업 때문에 전 세계를 여행하긴 하지만, 주로는 남아프리카공화국에 살며 그곳에서 작업한다.

뷔리, 르네 Burri, René

스위스에서 1933년에 태어나 취리히 미술학교에서 공부했다. 그가 작성한 최초의 르포르타주는 듣지 못하고 말하지 못하는 청각장애 아동들을 다룬 것으로, '청각장애인들을 위한 음악'이라는 제목으로 『라이프』와 몇몇 유럽 잡지에 소개되었다. 1955년 매그넘의 준회원이 되었고 1959년 정회원이 되었다. 1965년에는 중국에서 「중국의 두 얼굴」이라는 영화를 만들었다. 라틴아메리카와 아시아에 관한 그의 취재 기록은 유명 언론 매체들에 게재되었다. 1984년에는 파리의 팔레드도쿄에서 대규모 회고전이 열렸다. 그는 드로잉과 콜라주 작업도 병행한다.

비쇼프, 베르너 Bischof, Werner

1916년 취리히에서 태어났다. 1932년에서 1936년까지 취리히 기술학교에서 한스 핀슬러, 알프레트 빌리만과 함께 사진을 배웠으며, 그후 사진과 광고 전문 스튜디오를 세웠다. 1949년 매그넘에 합류한 비쇼프는 창립자들을 제외하고는 매그넘에서 일하는 최초의 사진작가가 되었다. 인도, 한국, 일본, 홍콩, 인도네시아 등지를 취재했으며, 유럽과 미국, 멕시코, 남아프리카공화국 등에 관해서도 많은 사진을 남겼다. 그는 1954년 페루에서 교통사고로 사망했다.

빙크, 존 Vink, John

1948년 벨기에에서 태어나 브뤼셀의 캉브르 미술학교에서 사진을 공부했으며, 1971년부터는 독립 사진작가로 활동했다. 1986년 인도주의적 사진에 대해 수여하는 권위 있는 상인 유진 스미스 상을 받은 이후 대중들에게 알려지게 되었다. 빙크는 1986년부터 뷔 에이전시 소속으로 일하면서 사하라 남부 물 부족 문제를 집중적으로 취재했다. 1984년부터 1988년까지 이탈리아 사진을 찍었으며, 1987년부터 1993년까지는 전 세계 난민수용소를 돌아다녔다. 이때 찍은 사진들은 콤팩트디스크 형태로 출판되었다. 1993년에 매그넘으로 소속을 옮겨 '문화적 고도' 프로젝트를 진행하고 있다.

소스, 알렉 Soth, Alec

미네소타 주 미니애폴리스를 근거지로 삼고 있는 알렉 소스는 맥나이트와 제롬 재단에서 지급하는 장학금 수혜자다. 2003년 산타페 사진대상을 받았다.

스미스, W. 유진 Smith, W. Eugene

1918년 캔자스 주 위치타에서 태어난 스미스는 열다섯 살 때 처음으로 사진을 찍어 지역 신문에 기고했다. 노트르담 대학에서 수학한 후 1937년 『지프-데이비스 매거진』의 특파원 자격으로 남태평양을 향해 떠난 그는 미국 공격의 전진 기지였던 여러 섬들 사이를 옮겨 다니며 제2차 세계대전을 촬영했다. 1955년에 매그넘에 합류했으며 4년 후 기고자로 자격을 변경했다.

스톡, 데니스 Stock, Dennis

1928년 뉴욕에서 태어났다. 스톡이 촬영한 할리우드 스타들의 사진은 기억에 오래도록 남아 가히 '미국의 시대정신'이라고 불리는 아이콘이 되었다. 재즈 음악가들과 1960년대 캘리포니아 풍물 사진들도 유명하다.
1951년에 매그넘에 합류하여 1954년 정회원이 되었으며, 수많은 작업을 진행했다.
그의 작품은 전 세계에 소개되었는데, 1968년 영화회사를 설립해 다양한 다큐멘터리 영화를 제작하기 시작했다. 1979년 이후부터 자연과 풍경에 관해 많은 르포르타주를 내놓았으며, 여러 권의 책도 출간했다.

스틸-퍼킨스, 크리스 Steele-Perkins, Chris

1947년 양곤에서 태어났지만 두 살 되던 해에 가족을 따라 런던으로 이주했다.
뉴캐슬어폰타인 대학에서 심리학을 공부한 후 대학신문사에서 일했다. 1971년 런던에서 독립 사진작가로 데뷔했다. 1979년부터 개발도상국가에서 주로 작업했고, 1992년에는 일본과 영국, 네덜란드 텔레비전 방송용 다큐멘터리를 제작하기도 했다.

시아나, 페르디난도 Scianna, Ferdinando

1960년대에 팔레르모 대학에서 문학과 철학, 예술사를 공부하면서 사진을 찍기 시작했다. 당시에 시칠리아 사람들과 그들의 축제를 체계적으로 카메라에 담아냈다. 극적인 빛과 깊은 어둠의 대조를 강조하는 시아나의 스타일에서 이탈리아 네오리얼리즘 영화의 전형적인 특징들이 드러난다. 1966년 주간지 『에우로페오』 전속 사진작가로 활동했으며, 1974년에는 같은 잡지의 파리특파원이 된다. 『르몽드』 등의 잡지에 여러 차례 기고하며 전 세계를 돌아다니며 취재하는 그는 특히 패션 사진에 조예가 깊다.

실버스톤, 마릴린 Silverstone, Marilyn

런던에서 태어나 매사추세츠 웰슬리 대학에서 공부했으며, 1950년대 내내 『아트 뉴스』 『인더스트리얼 디자인』 『인테리어』 같은 잡지의 편집국에서 일했다. 1955년 프리랜서 사진작가로 첫발을 내딛은 후 아시아, 아프리카, 유럽, 중앙아메리카, 소련 등지에서 취재 활동을 벌였다. 1967년에 매그넘에 들어왔으며, 자신의 사진들을 모아 1971년 「겨울의 카슈미르」라는 제목의 영화를 제작했다. 1973년부터는 불교 승려가 되어 네팔에서 머물면서 라자스탄과 히말라야 여러 왕국의 의상을 연구했다.

아놀드, 이브 Arnold, Eve

1913년 필라델피아에 정착한 러시아 이민자 가정에서 태어났다. 1948년 뉴욕의 '사회연구를 위한 새로운 학교'에서 알렉세이 브로도비치로부터 사진을 배웠다. 그후 이브는 미하일 바리슈니코프나 마릴린 먼로처럼 예술가, 정치인, 영화계 인사들을 주로 찍었다.
1957년부터 매그넘의 정회원, 로열 포토그래픽 소사이어티 회원으로 활동하고 있다.
1995년, 국제사진센터(이하 ICP, International Center of Photography)에 의해 사진 분야에서는 가장 큰 영예인 마스터 사진작가로 뽑혔다.

압바스 Abbas

파리에 정착한 이란 출신 사진작가. 압바스는 초기에 비아프라나 베트남, 인종차별 체제 아래서의 남아프리카공화국, 이란 혁명 등 갈등을 안고 사는 국가의 정치적, 사회적 일상을 알리는 데 전념했다. 그러다가 차츰 깊숙한 시선으로 이슬람, 기독교, 다신교 등을 찍은 일련의 사진들을 발표했다. 최근 그는 종교가(그는 종교를 신앙이라기보다 문화라고 정의한다) 국제 분쟁을 야기하는 동력으로서, 즉 정치적 이념으로서 역할하는 방식을 연구하고 있다.

앤더슨, 크리스토퍼 Anderson, Christopher

1970년 영국령 콜롬비아에서 태어나 뉴욕에 정착하기 전 청년 시절 대부분을 텍사스와 콜로라도에서 보냈다. 2002년 뷔 에이전시에 소속되었고, 2005년부터는 매그넘과 일하고 있다.

어위트, 엘리어트 Erwitt, Elliott

파리에 정착한 러시아 출신 부모 아래서 1928년 태어나 이탈리아의 밀라노에서 유년 시절을 보낸 후 미국 이민 길에 올랐다. 할리우드에서 청소년기를 보내는 동안 사진에 관심을 갖게 되었으며, 사설 스튜디오에서 일했다. 1951년부터 1953년까지 군대에 복무하면서 전문 사진작가가 된 그는 로버트 카파의 권유로 53년 매그넘에 합류했다. 1970년 이후부터 많은 영화를 제작했고 현재는 언론용 사진과 광고 사진을 병행하고 있다.

웹, 알렉스 Webb, Alex

1952년 샌프란시스코에서 태어났으며 고등학교 시절부터 사진에 관심을 가졌다. 그의 사진은 찬란한 색감을 지닌 것으로 유명하며, 특히 라틴아메리카나 카리브 지역에서 찍은 사진들이 잘 알려져 있다. 다섯 권의 책을 출간했고 뉴욕 휘트니 미술관이나 하이뮤지엄, 샌디에이고 현대미술관 등지에서 전시회를 가졌다. 1974년부터 독립 사진작가로 활동하기 시작한 그는 『더 뉴욕 타임스 매거진』 『GEO』 『슈테른』 같은 잡지들을 비롯하여 『라이프』와 『내셔널 지오그래픽』 등에 기고했다. 1979년 매그넘에 합류한 이후로는 열대 지역 국가들에 대한 많은 르포르타주를 제작했다. 그는 사진 저널리즘과 예술 사진을 결합시키는 독특한 사진 미학을 발전시켰다. 또한 무려 26년 동안이나 미국과 멕시코 국경지대의 긴장 상태를 취재한 후 『교류』라는 제목으로 저서를 출간했다. 2007년에는 터키의 수도 이스탄불의 복합성을 다룬 『이스탄불, 백의 이름을 가진 도시』를 발표했다.

위모넨, 일카 Uimonen, Ilkka

극지방 바로 남쪽에 위치한 핀란드의 작은 도시 로바니에미에서 성장했다. 고등학교를 졸업한 후 그는 아르바이트로 경비를 마련해가면서 미국과 유럽, 아시아 등지를 여행했다. 스물다섯 살이 되던 해 일하던 런던의 한 술집에서 우연히 카메라를 발견하게 되었고, 사진 저널리스트로서의 그의 경력은 이렇게 해서 시작되었다.

자크만, 패트릭 Zachmann, Patrick

1955년에 태어나 1976년부터 독립 사진작가로 활동했으며, 1990년 매그넘에 합류했다. 공동체의 문화와 정체성이 혼재되어 있는 상황을 드러내는 데 시선을 집중하며, 자신의 영역을 장기 프로젝트로 진행하는 데 능하다. 이민 문제나 공동체 해체 등의 문제에 지대한 관심을 가지고 있기 때문에 그의 작품(사진이나 영화) 대다수는 이 주제를 다루고 있다. 1989년 그가 취재한 '베이징의 봄'은 세계 언론에 의해 전 세계로 퍼져나갔으며, 1995년에 아시아와 유럽 10개국을 돌며 중국 화교 관련 전시회를 열 계획을 세웠다.

카르티에-브레송, 앙리 Cartier-Bresson, Henri

1908년 프랑스에서 태어난 그는 어렸을 때부터 회화에 관심을 가졌으며, 특히 초현실주의에 이끌렸다. 1932년 처음 손에 쥔 라이카 카메라는 그에게 사진을 사랑하게 된 계기를 만들어주었고, 그가 평생 동안 가장 아끼는 카메라가 되었다. '결정적 순간'이라는 컨셉트로 유명한 그는 빌리암 반디베르트, 로버트 카파, 조지 로저, 데이비드 세이무어와 함께 1947년 매그넘을 설립했다. 1948년부터 그는 인도, 중국, 미얀마, 인도네시아, 일본 등을 돌아다녔으며 유럽과 미국, 멕시코에서도 활발하게 활동했다. 『재빠른 이미지』(1952년)를 출간한 후 1972년부터는 자연 풍경 드로잉에 몰두했다. 엄밀한 정확함, 시각적 구성의 효과로 유명한 그는 거리 스케치, 인생의 아기자기하거나 의미심장한 순간들을 포착하는 데 뛰어난 재능을 보였다. 2003년, 그의 이름을 딴 재단이 문을 열어 그의 작품을 보관하고 널리 알리며 그가 가까이 지냈던 사진작가들의 작품을 전시하는 데 주력하고 있다. 그는 2004년 타계했다.

카파, 로버트 Capa, Robert

1913년 헝가리에서 태어나 미국으로 귀화했다. 스페인 내전 사진으로 국제적인 명성을 쌓은 후 '가장 위대한 사진작가'라는 칭호를 얻었다. 카파는 1947년 앙리 카르티에-브레송, 데이비드 세이무어, 조지 로저, 빌리암 반디베르트와 함께 매그넘을 설립했다. 1951년 매그넘의 회장에 임명된 그는 특히 영화와 패션계 인사들의 사진을 찍는 데 관심을 기울였다. 1954년 인도차이나 전쟁을 취재하러 갔다가 베트남 타이빈 근처에서 대인지뢰를 밟아 죽음을 맞는다.

카파, 코넬 Capa, Cornell

제1차 세계대전이 끝나갈 무렵 부다페스트의 유대인 가정에서 태어난 그는 1936년에 자신의 형 로버트 카파가 사진기자로 활약하고 있던 파리에 정착했다. 그러다가 1954년 형의 비극적인 죽음 이후 매그넘에 합류했다. 뉴욕 ICP의 창립자이며, 현재 명예회장직을 겸하고 있다.

쿠델카, 요제프 Koudelka, Josef

1938년 체코 동부의 모라비아에서 태어난 쿠델카는 청소년기부터 가족과 이웃의 사진을 찍었다. 그가 찍은 프라하의 봄 사진은 비밀리에 체코를 벗어나 영향력 있는 국제 언론에 '프라하의 사진사'를 뜻하는 P.P.(Photographe de Prague)라는 이름으로 소개되어, 사건을 알리는 동시에 저항의 상징이 되었다. 1974년에 매그넘의 정회원이 되었다.

토웰, 래리 Towell, Larry

그의 명함에는 '인간'이라는 단어가 적혀 있다. 로베르 두아노와 마찬가지로, 그 역시 여행을 전혀 내켜하지 않는 독특한 취향을 지녔다. 때문에 아주 강렬하게 마음에 와닿는 주제일 경우에만 마지못해 여행길에 나서는데, 대부분의 사진작가들의 성향과 비교하면 무척 희귀한 부류에 속한다 할 수 있겠다. 게다가 시인으로서, 포크 가수로서의 경험은 지극히 개인적이고 독창적인 그만의 스타일을 만들어냈다. 그는 어디를 가든지 깊이 숨어 있는 '내밀한 분위기'를 끄집어내 사진으로 만들어내는 남다른 재능을 지녔다. 1980년대에는 독립 사진작가로 중앙아메리카, 베트남, 가자 지구, 멕시코 등을 누볐다. 현재 그는 온타리오에 살면서 캐나다 구석구석을 카메라에 담고 있다.

파르, 마르틴 Parr, Martin

1952년 서레이 지방의 엡섬에서 태어났다. 어렸을 때 할아버지를 통해서 사진에 관심을 갖게 되었다. 맨체스터 공대에서 수학한 후 1982년부터 1992년까지 뉴포트와 핀란드에서 사진을 공부했다. 이후로 줄곧 사진 관련 여러 작업에 참여했으며, 이런 과정을 통해서 도발적이면서도 독특한 그만의 스타일이 형성되었다. 그는 현대사회의 부조리, 도덕의 부재와 같은 주제를 유모를 곁들여 위트 있게 다룬다.

파워, 마크 Power, Mark

1959년 영국의 하펜덴에서 태어났다. 브라이튼 공대에서 회화를 공부하던 중 우연히 사진에 손을 대기 시작했으며, 출판계에서 일하다가 1992년부터는 학생들을 가르치기 시작했다. 독특한 이력 덕분에 그는 개인적으로 진행하는 장기 프로젝트와 업계에서 들어오는 큰 규모의 프로그램을 병행하곤 한다.

페레스, 질 Peress, Gilles

1946년에 태어나 파리 국립정치학교와 뱅센 대학에서 공부했다. 1972년에 매그넘에 합류하여 유럽 이민자들을 주로 취재했다. 그는 르포르타주 '너의 형제를 증오하라'(불관용과 제2차 세계대전 이후 다시금 고개를 들기 시작한 민족주의를 묘사하는 다큐멘터리 연작)를 연재하고 있으며 그의 다른 작품 활동 또한 이와 같은 주제로 이어진다. 1979년부터는 전쟁 기간 중 적대적인 두 문화(이란 문화와 미국 문화)의 공존 가능성이나, 독일에 정착한 터키 노동자들의 삶처럼 다양한 시사 문제들에 관심을 기울이기 시작했다. 최근 들어 시몬 볼리바르의 업적을 추적하는 르포르타주를 제작했다. 여러 차례 수상 경력도 갖고 있으며, 그의 작품은 세계 각지의 주요 박물관에 소장되어 있다.

펠레그린, 파올로 Pellegrin, Paolo

로마에서 태어났으며, 건축을 배우다가 자신이 사진에 열정을 가지고 있음을 알게 되었다. 그는 여러 가지 다양한 주제를 자유자재로 다룰 수 있는 재능을 지닌 작가로 알려져 있으며, 예술적 깊이로 정제되었으면서도 동시에 화려함을 풍기는 작품을 선보이고 있다.

푸스코, 폴 Fusco, Paul

1930년 매사추세츠 주 레오민스터에서 태어났다. 미국 군대 홍보담당 사진작가였던 그는 1951년부터 1953년까지 한국전쟁을 취재했다. 종전 후에는 오하이오 대학에서 사진 저널리즘을 공부한다. 그후 뉴욕에 거주하면서 잡지 『룩』에 기고하였으며 1973년 매그넘의 준회원이 되었고 이듬해부터 정회원으로 활동하고 있다.

프랑크, 마르틴 Franck, Martine

1978년 벨기에의 안트베르펜에서 태어났으며 미국과 영국에서 성장했다. 마드리드 대학과 파리의 루브르 학교에서 예술사를 전공했다. 1970년에 뷔 에이전시에 소속되었으며, 그로부터 2년 후 비바 에이전시 창립에 동참한다. 1983년 매그넘 에이전시의 정회원이 된 마르틴은 인물 사진을 찍으며 인도주의적 르포르타주에 집중한다. 그녀는 또한 아리안 므누슈킨이 이끄는 태양극단이 창립 이후 무대에 올린 모든 공연물의 사진을 찍었다. 뿐만 아니라 1985년부터 청빈 수도사회를 위해서도 일하고 있다. 1995년에는 로베르 델피르와 공동으로 26분짜리 영화 「아리안과 태양극단」을 만들었고, 2000년에는 토리 섬에서 프랑스 3채널을 위해 파비엔느 트루베가 제작하는 '사진작가 마르틴 프랑크와 함께 하는 아일랜드로의 귀환'이라는 제목의 영화에 참여했다.

프랭클린, 스튜어트 Franklin, Stuart
웨스트서레이 미술디자인학교에서 사진과 영화를 공부했고 옥스퍼드 대학에서 지리학과 박사 학위도 취득했다. 1980년대에 시그마 에이전시 특파원으로 파리에서 일하다가 1985년 매그넘에 합류했다. 전 세계를 돌아다니며 취재하던 중 찍은 탱크 대열에 맞선 중국 학생의 사진은 1989년 톈안먼 학생 항거의 상징이 되었다.

프리드, 레오너드 Freed, Leonard
브룩클린에서 태어났지만 동유럽 출신 유대인 노동자를 부모로 두었다. 1953년 네덜란드에 머물며 처음으로 사진을 찍기 시작했는데, 사진은 곧 그에게 사회적 폭력, 인종차별 등을 탐구하는 수단이 되었다. 그가 취재한 미국 민권운동의 이모저모는 그를 세상에 알리는 계기가 되었다. 1972년 매그넘에 합류한 이래 세계적으로 명성이 높은 언론 매체에 다양한 르포르타주를 제공하고 있다.

핀카소프, 게오르기 Pinkhassov, Gueorgui
초등학생 시절부터 사진에 관심을 가졌던 핀카소프는 1969년부터 1971년까지 모스크바 영화학교에서 영화를 공부했다. 2년간의 군대 복무를 마친 후 모스필름 영화사의 촬영팀 일원으로 일했다. 1988년에 매그넘에 합류하여 1994년에 정회원이 되었다. 1995년부터 파리에 정착한 그는 『GEO』 『그랑 르포르타주』 『뉴욕 타임스 매거진』 등 세계 유수의 언론을 위해 취재 활동을 하고 있다.

하르트만, 에리히 Hartmann, Erich
나치 독일을 피해 1938년 열여섯의 나이로 가족과 함께 미국 뉴욕 주의 알바니에 정착했다. 유명 언론 매체에 실린 그의 사진들을 통해 과학이나 산업, 건축들에 관한 시적인 접근 방식이 잘 드러난다. 1952년 매그넘에 합류했고 이후 여러 권의 책을 출간했는데, 그 가운데 가장 최근에 출간된 『수용소의 침묵 속에서』(1995년)라는 제목의 저서는 독일의 포로수용소를 주제로 삼고 있다.

하비, 데이비드 앨런 Harvey, David Alan
1944년 샌프란시스코에서 태어나 버지니아에서 성장한 하비는 열한 살 때 사진을 처음으로 만났다. 신문배달을 해서 모은 돈으로 중고 라이카를 구입한 그는 1956년 자신의 가족과 이웃의 사진을 찍기 시작했다. 스무 살이 되었을 때 버지니아 주 노포크의 흑인 가정에서 살면서 이 가정의 삶을 사진으로 담았다. 이때 찍은 사진들로 그의 최초의 책 『있는 그대로 말하라』(1966년)가 만들어졌다. 그후 『내셔널지오그래픽』에 40편이 넘는 르포르타주를 기고했다. 또한 『쿠바』와 『분열된 영혼』이라는 중요한 저서를 출간했는데, 두 권 모두 아메리카 대륙에서 스페인 문화의 이동에 관한 심오한 시선을 담고 있다. 하비는 1993년 후보자로 매그넘에 합류했으며, 1997년 정회원이 되었다. 현재 뉴욕에 거주한다.

할스만, 필리프 Halsman, Philippe
라트비아에서 출생한 그는 1930년대에 들어서 파리에서 처음으로 사진을 찍기 시작했다. 1934년 몽파르나스에서 인물사진 스튜디오를 열어 앙드레 지드, 샤갈, 말로, 르 코르뷔지에를 비롯한 많은 문필가들과 예술가들의 사진을 찍었다. 1940년 미국에 정착한 이후 그의 작업은 급속도로 국제적인 명성을 얻게 되었다. 1951년 매그넘 창립자들의 권유에 따라 기고자 자격으로 매그넘에 합류했다.

헌, 데이비드 Hurn, David
영국에서 태어나 독학으로 사진을 공부했으며, 1955년 리플렉스 에이전시의 조수로 사진작가 경력을 시작했다. 그후 독립해서 작업하면서 1956년 헝가리 혁명을 취재한 후 작가로서의 명성을 얻었다. 1965년부터 매그넘에 합류하여 1967년부터 정회원으로 활동하고 있다.

회프커, 토마스 Hoepker, Thomas
예술사와 고고학을 전공했으며, 1960년 독일의 『뮌헨 일루스트리어테』와 계약을 맺고 사진작가로 데뷔했다. 그는 1964년 『슈테른』으로 자리를 옮겼다. 르포르타주와 우아한 색채전문가로서 여러 차례의 수상 경력을 갖고 있다. 1989년에 매그넘 정회원이 되었다.

사진 찾기

찾아보기

ㄱ

ㄴ

ㄷ

ㄹ

ㅌ

ㅍ

ㅎ

사진작가들의 사진

19쪽 디미트리 케셀이 찍은 앙리 카르티에-브레송 23쪽 르네 뷔리가 찍은 데니스 스톡 24쪽 에리히 하르트만이 찍은 베르너 비쇼프 31쪽 에리히 레싱이 찍은 에리히 레싱 35쪽 버트 글린이 찍은 버트 글린 38쪽 마릴린 실버스톤이 찍은 마릴린 실버스톤 50쪽 찰스 로프가 찍은 르네 뷔리 53쪽 브뤼노 바르비가 찍은 마르크 리부 67쪽 르네 뷔리가 찍은 이브 아놀드 82쪽 요제프 델카가 찍은 요제프 쿠델카 123쪽 유진 리처드가 찍은 수전 메이셀라스 126쪽 압바스가 찍은 압바스 143쪽 르네 뷔리가 찍은 질 페레스 163쪽 르네 뷔리가 찍은 스튜어트 프랭클린 178쪽 르틴 프랑크가 찍은 페르디난도 시아나 180쪽 브뤼노 바르비가 찍은 브뤼노 바르비 182쪽 페르디난도 시아나가 찍은 래리 토웰 184쪽 르네 뷔리가 찍은 이언 베리 239쪽 마르틴 파르가 찍 마르틴 파르

각 시대 시작의 디자인에 사용된 사진

1950년대-"1": 26쪽 엘리어트 어위트 사진의 부분, "9": 23쪽 데니스 스톡 사진의 부분, "5": 25쪽 로버트 카파 사진의 부분, "0": 37쪽 베르너 비쇼프 사진의 부분. 1960년대-"1": 63쪽 엘리어트 어위트 사진의 부분, "9": 92쪽 랜디 엘리어트 사진의 부분, "6" 87쪽 하리 그뤼아르트 사진의 부분, "0": 72쪽 마르크 리부 사진의 부분. 1970년대-"1": 1975년 인도의 고아에서 히피들을 촬영한 브뤼노 바르비 사진의 부분, "9": 126쪽 압바스 사진의 부분, "7": 120쪽 버트 글린 사진의 부분, "0": 102쪽 필립 존스 그리피스 사진의 부분. 1980년대-"1": 155쪽 스튜어트 프랭클린 사진의 부분, "9": 2000년에 폴 푸스코가 민스크에서 담은 체르노빌의 희생자들 사진의 부분, "8": 145쪽 토마스 회프커 사진의 부분, "0": 163쪽 스튜어트 프랭클린 사진의 부분. 1990년대-"1": 200쪽 스브 맥커리 사진의 부분, "9": 186쪽 래리 토웰 사진의 부분, "9": 200쪽 스튜어트 프랭클린 사진의 부분, "0": 175쪽 데이비드 앨런 하비 사진의 부분. 2000년대-"2": 217쪽 마르틴 파르 사진의 부분, "0": 209쪽 알렉스 마졸리 사진의 부분, "0" : 210쪽 스티브 맥커리 사진의 부분, "0": 231쪽 피터 말로 사진의 부분.

각 시대별 개괄에 소개된 사진

1950년대-10쪽: 버트 글린, 쿠바, 1959년; 11쪽: 21쪽 이브 아놀드의 사진(왼쪽), 이브 아놀드, 1955년(오른쪽). 1960년대-48쪽: 엘리어트 어위트, 쿠바, 1964년; 49쪽: 토마스 회프커, 시카고, 19 년(왼쪽), 데이비드 헌, 1969년(오른쪽). 1970년대-96쪽: 브뤼노 바르비, 1975년; 97쪽: 피터 말로, 런던, 1978년. 1980년대-134쪽: 파올로 펠레그린, 아프리카, 1995년(왼쪽), 마르크 리부(오른쪽 135쪽: 브뤼노 바르비, 1981년(왼쪽), 피터 말로, 제네바, 1985년(오른쪽). 1990년대-170쪽: 브뤼노 바르비, 쿠웨이트, 1991년(왼쪽), 라구 라이, 캘커타, 1979년; 171쪽: 크리스 스틸-퍼킨스, 도쿄 1999년(왼쪽), 파올로 펠레그린, 코소보, 2000년(오른쪽). 2000년대-204쪽: 브뤼노 바르비, 베를린, 2006년(왼쪽), 게오르기 핀카소프, 2006년(오른쪽); 205쪽: 브루스 길든, 로스앤젤레스, 2006년(왼쪽), 알렉스 마졸리, 탄자니아, 2004년(오른쪽).

24, 31(오른쪽), 34, 39, 67, 74, 99, 109, 143, 163, 180, 182, 184 그리고 239쪽의 사진들은 *Magnum Histoires* (phaidon, 2005)에서 발췌했다. 80쪽 사진은 *Magnum Photos*, "Photo poche" n.69, E CNP 1999에서 발췌했다. 19쪽의 앙리 카르티에-브레송의 말은 그의 일생을 담은 하인츠 부틀러(Heinz Butler) 감독의 전기 영화에서 발췌했다.

옮긴이 **양영란**
서울대학교 불어불문학과를 졸업하고, 프랑스 파리3대학에서 불문학 박사과정을 수료했다.
『식물의 역사와 신화』『미래의 물결』『잠수복과 나비』『나의 연인 뒤라스』 등을 우리말로 옮겼으며,
한국문학번역원의 지원을 받아 김훈의 『칼의 노래』를 프랑스어로 옮겼다. 『코리아 헤럴드』 기자, 『시사저널』 파리통신원으로 일했다.

현장에서 만난 20세기
초판 1쇄 발행 2007년 10월 1일

발행처 · 도서출판 마티 | 발행인 · 정희경
출판등록 · 2005년 4월 13일 | 등록번호 · 제 2005-22호
주소 · 서울시 마포구 서교동 380-14번지 고성빌딩 5층 (121-839)
전화 · 02. 3333. 110 | 팩스 · 02. 3333. 169
이메일 · matibook@gmail.com | 블로그 · http://blog.naver.com/matibook

ISBN 978-89-92053-13-6 03900
값 54,000원

Printed in Singapore